当前视域下的
文化社会学探究

汤秀丽 ◎ 著

中国水利水电出版社
www.waterpub.com.cn
·北京·

内容提要

本书结合20世纪80年代以来学术界对文化和社会之间关系的研究成果，对当前视域下的文化社会学进行了探究，是文化社会学现代发展的一个结晶。

本书在结构上分为三个部分。第一部分详述了文化的含义以及文化社会学的学科内容；第二部分阐述了文化社会学的基本理论以及文化社会学的结构（历史的、生态的、空间的、社会的）；第三部分详述了当代文化社会学的几个主要方面。

本书逻辑清晰、脉络明确，对文化与社会的关系进行了相应研究，适合文化社会研究的相关学者使用。

图书在版编目（CIP）数据

当前视域下的文化社会学探究 / 汤秀丽著. -- 北京：中国水利水电出版社，2016.12（2022.9重印）
ISBN 978-7-5170-5042-1

Ⅰ. ①当… Ⅱ. ①汤… Ⅲ. ①文化社会学－研究 Ⅳ. ①G05

中国版本图书馆CIP数据核字(2016)第322879号

书　　名	当前视域下的文化社会学探究　　DANGQIAN SHIYU XIA DE WENHUA SHEHUIXUE TANJIU
作　　者	汤秀丽　著
出版发行	中国水利水电出版社 （北京市海淀区玉渊潭南路1号D座　100038） 网址：www.waterpub.com.cn E-mail: sales@waterpub.com.cn 电话：（010）68367658（营销中心）
经　　售	北京科水图书销售中心（零售） 电话：（010）88383994、63202643、68545874 全国各地新华书店和相关出版物销售网点
排　　版	北京智博尚书文化传媒有限公司
印　　刷	天津光之彩印刷有限公司
规　　格	170mm×240mm　16开本　16印张　207千字
版　　次	2017年4月第1版　2022年9月第2次印刷
印　　数	2001—3001册
定　　价	48.00元

凡购买我社图书，如有缺页、倒页、脱页的，本社营销中心负责调换
版权所有·侵权必究

前　言

当社会学研究进展到一定程度的时候,人们就会发现,如果回避对文化问题的探究,那么社会学研究也会裹足不前。只是很少有人能把从社会学的视角来关注文化现象当成一个有意义、有价值的研究领域给予重视。文化社会学回应时代和学术研究的需要应运而生了,但没有像文化哲学和文化人类学一样占据显赫的位置。可是,仔细想来,几乎全部的社会现象都离不开其内含的文化法则。或者换句话来说,全部社会问题和现象,都包含着某种文化的意蕴。而从另外一方面讲,全部文化传统和文化现象,又都与当时的社会现实条件和现实问题紧密相连。

社会学是一个人文社会学科,其内在属性是多方面的,一方面,社会学讲求实证,以社会现象为基本研究对象;另一方面,受当代科学发展的影响,社会学还保持学科理性,以及与其他学科不同的逻辑体系。因此,从这一意义上讲,社会学是人文性、实证性和理性多方面综合的学科,而这与文化的本质不谋而合。文化是一个复杂的东西,每个人都明白,但是都不容易讲得通,其中有人文的、科学的、精神的、逻辑的等多方面的内容。我们不可能用一个规则去整合文化的全部内容,而这也是运用社会学去研究文化的根本原因。

文化与社会学双方各有所需。各种不同的文化内容可以用来解释人们行为(如我们在本书第五章和第六章提到的文化控制和文化再社会化),从而发现文化是社会规则得以制定的根本原因。文化还是人们认识社会的重要辅助力量。通过文化规则,人们可以了解到社会运行的秩序原因,从而遵从社会秩序,维护社会稳定。社会学的方法则为当代文化发展的方向提供了新的启示。从文化的发展来看,社会上各种不同力量的相互作用,从动荡到平衡到再次动荡再次平衡的过程,各种不同的文化有了较快的发展,新的文化同时也得到创造。举一个例子来看,当代社会科技迅猛发展,人们为了交流之便,求助于电子信息技术,这无疑使人们受到当代网络的控制,人们像是在网络格子之中的小蜜蜂(这可以引申为马尔库塞所批判的单向度的人),因此我们可以说由笛卡尔发展而来的现代理性和工业革命发展而来的科学技术控制了人们的行为。科技带来的社会稳定终将被打破,这时候批判现代性的后现代哲学思想则使得人们从一个整体走向碎片再走向一个新的整体,而理性之光并没有消失,同时人文性革命却有了较快发展(我们可以认为这是第三次哥白尼革命)。

为了说明上述文化与社会的相互影响过程,本书在结构上可以分为三部分。第一部分包含第一章,详述了文化的含义以及文化社会学的学科内容。第二部分为第二章、第三章、第四章,阐述了文化社会学的基本理论以及文化社会学的结构(历史的、生态的、空间的、社会的)。第三部分为第五章、第六章、第七章,详述了当代文化社会学的几个主要方面。

文化社会学的理论十分庞杂,书中有很多地方还值得探讨,如文化的含义、文化系统理论、中国文化的现代化问题等方面。同时作为一门学科,文化社会学的逻辑体系还不够清晰,如主要研究的问题还不是很明确(究竟是要研究文化的社会功能,还是社会发展对文化发展的推动作用),研究的思路也不清楚。因此希望本书的出版能够在文化社会学的学科建设上做出一点点微薄的贡献。

本书虽然出版了,但是其中还有很多问题存在,要研究清楚本书中提到的一些理论还需要我们同各位学界的专家、学者共同探讨。因此,在这里恳请阅读本书的专家学者们能够给出一些意见和建议,让我们在文化社会学的研究上有更大的进步。

作　者
2016 年 11 月

目 录

前言

第一章 概述 ·· 1

    第一节 文化的复杂含义 ······························ 1

    第二节 文化的结构、分类与功能 ···················· 11

    第三节 文化社会学研究概述 ·························· 18

第二章 文化社会学的理论综合 ···························· 33

    第一节 古典时期的文化社会学理论 ················ 33

    第二节 马克思主义的文化与社会理论 ············· 45

    第三节 西方现代的文化社会学综合 ················ 55

第三章 解构文化的发展轨迹 ······························ 68

    第一节 传统乡民文化 ································· 68

    第二节 前工业社会的文化 ··························· 75

    第三节 现代大众文化 ································· 86

    第四节 后现代文化 ···································· 91

第四章 文化的系统理论 ·································· 102

    第一节 文化生态系统 ································· 102

    第二节 文化空间系统 ································· 126

    第三节 文化社会系统 ································· 140

第五章　文化变迁与控制 …… 161

第一节　文化变迁 …… 161
第二节　文化控制 …… 182

第六章　文化与社会化 …… 199

第一节　社会化的含义 …… 199
第二节　文化与人的再社会化 …… 214

第七章　文化与社会阶层和秩序 …… 230

第一节　文化与社会阶层 …… 230
第二节　文化与社会秩序 …… 236

参考文献 …… 248

第一章 概 述

第一节 文化的复杂含义

文化的含义是学者们长期争论的一个重要问题,同时也是社会学领域探讨的一个关键节点。多年以来,人们一直要给文化下一个属加种差的定义,为文化领域划定界限。实际上,从人类的经验来看,文化在社会之中无处不在,任何一个社会生活内容都可以和文化联系起来。

一、文化是一个长期争论的概念

社会科学是一门涉及面相当广泛的学科,与人类学、民族学、民俗学等均有千丝万缕的关系,同样,与文化也有着不可分割但又难以明确界定的关系,文化在社会学中的应用既拓展了文化的范围,也拓展了社会学的范围,二者相辅相成。但随着社会学的兴起,国内外学术界对于文化概念在社会科学中的应用并未形成一个统一的认识和理论,可谓百家争鸣,各执一端。自19世纪以来,人们始终围绕着文化的含义、内容分类发生着各种各样的、难以得出结果的争论。之所以出现这样的情况原因来自多方面:所采用的方法论的不同、学科体系的区别、政治视野的差异等,这些问题都为我们对文化的概念进行界定造成了困难。

汉语中的文化一词最早出现在《易·象传》之释贲卦:"小利

而攸往,天文也;文明以止,人文也。观乎天文,以察时变,观乎人文,以化成天下。"郑玄注说:"贲,文饰也。"又说:"天文在下,地文在上,天地二文,相饰成《贲》者也。犹人君以刚柔仁义之道饰成其德也。"从以上文字可以看出,文化即人文化成,"人"是这一概念的核心。更进一步来说,中国最原始的文化认知以天文、地文、文明为三个最为重要的维度,文化通过天文和地文刚柔相交而发生流变,从而在漫漫历史长河里形成独具特色的文化形态。从这一方面可以看出,文化在其最初开始形成的时候,就蕴含了精神、物质等不同层面的深意。

将"文化"二字拆开来看。"文"在古汉语中是通假字,通"纹",许慎的《说文解字》中说道:"文,错画也。象交文。今字作纹。"文是象形字,从文从爻,从字像上来看纹理纵横交错,故其本意指花纹、纹理。《孟子·万章上》中说:"故说《诗》者,不以文害辞,不以辞害志。"所以文除了狭义上的"文字"之义,还包括天地万物所表现出来的现象、纹路以及轨迹。

"化"在古汉语中写作"匕"。《说文解字》中记载为:"匕,变也。"徐灏对此加注解释道:"匕化古今字。"是以《易·系辞传》说:"知变化之道。"《礼记·乐记》则说:"和故百物化焉。"化作为变化是自古至今宇宙存在的规律,变化后又演绎为教化,如《周礼·大宗伯》中说:"以礼乐合天地之化。"本句中的"化"已经和现代意义上的"化"的解释相差无几。

1959年,英国著名作家斯诺首先提出了"两种文化"的概念。在剑桥大学的演讲中(题为《两种文化与科学革命》),斯诺将文化定义为两个概念,即文学文化和科学文化。他认为长久以来,文学家和自然科学家由于学科的限制、思考问题角度的不同等原因产生了隔膜与误解,二者不能相融合,故将文化分裂成两种形态。我们暂且不去评判斯诺的说法是否具有科学依据以及是否是科学的理论,但从斯诺的观点中可以看出一个实质性的问题,那就是"一千个读者就有一千个哈姆莱特",人们在对文化概念的界定上由于自身的差异性和封闭性采取了完全不同的态度。

第一章 概 述

不可否认,文化是一个难以解释的、复杂的现象,它就像个大染缸,包含了十分丰富的内容,古往今来,供人们不断汲取知识的养分,在人们不断吸收的过程中,又赋予其时代内涵,推动其进一步丰富和发展。许多学科都把文化视为重要的研究内容,如社会学、人类学、哲学、历史学、伦理学、教育学、文学、艺术学等。不同的学科由于其学科知识的特性、知识面的狭隘性、看待问题的片面性等,在文化概念的界定上各执一词,都为证明自身的正确性毫不退步、据理力争,甚至不惜反目,引起学派论争。文化是一个十分博大的概念,涵盖了全人类的全部文化,任何一个学科都不能认为本学科的知识包含了所有的人类文化,而要以宏大开阔的视野来看待这一概念,博采众长、与时俱新。

时代长河里不乏从自身研究的学科角度对文化这一概念进行定义的现象,它们不统一,甚至是不科学,但是也在一定程度上反映出了人类的智慧和对文化不同角度的解读。如心理学派将文化看作个体心理对种种事物所表现出来的总体感觉以及为满足个体心理所采取的行为方式;历史学派站在历史的角度,将文化看作人类社会的遗产以及全体人类传统的行为方式的总和;结构功能主义者则认为文化是由各种要素或文化特征构成的稳定的体系;而发生论者辩驳道:文化是社会互动及不同个人交互影响的产品。从他们对文化的不同界定可以看出,有的人看重文化观念的作用,有的人关注文化的社会价值,有的人倾向于文化的组成结构……因而或把文化定义为观念联结丛、或把文化界定为人类共同遵守的行为模式、或认为文化是概括其学科知识的大系统等。曾有学者专门对文化的定义进行过统计,仅19世纪70年代到20世纪50年代的80年间,关于文化的定义就高达164种,人们对文化这一概念的关注以及不同的界定由此可见一斑。

中国近现代的文化研究中也不乏这样的状况,陈独秀、李大钊等一批有识之士早在五四运动之前就注意到文化问题,主要学术著作有《东西民族根本思想之差异》(陈独秀)《东西文明根本之异点》(李大钊)。五四运动之后,中国学术界就文化以及如何发展中国的文化等问题展开了激烈的讨论。一石激起千层浪,广大学者纷纷发声,而其中最为著名、影响最大的要属"中国最后一位儒家"之称的梁漱溟于1920年出版的《东西文化及其哲学》。这一著作将视角集中于东西文明的比较研究,认为人类生活的样法可分为三类:精神生活、物质生活和社会生活。这一界定得到了很多学者的赞同。同年,蔡元培在湖南进行了关于"文化是什么"的演讲,从衣食住行各个生活层面,经济、政治、思想各个学科层面对文化进行了剖析,认为"文化是人生发展的状况"。作为继承和发展中国传统文化集大成者的梁启超对文化同样有深刻的体悟,其在著作《中国文化史目录》中对文化进行了极为广泛的定义,认为文化涵盖了朝代、种族、衣食住行、政治、法律、教育、考工、农事等各个方面,并说道:"文化者,人类心能所开释出来之有价值的共业也"。1926年,胡适提出了以文化概念的标准来进行讨论,其在《我们对于西洋近代文明的态度》一文中说:"第一,文明(civilization)是一个民族应付他的环境的总成绩;第二,文化(culture)是文明所形成的生活的方式。"他把文化与文明区分开来自然是对的,但把文化看成是"一种文明所形成的生活的方式",与梁漱溟的文化是"人类生活的样法"是一个意思,即把文化仅仅理解为人类的生活方式,这自然是不全面的。

1952年全国高等院校调整,社会学、人类学等学科被取消,特别是在1957年"反右"运动中,社会学、文化科学被视为"禁区"。此后,关于文化的概念问题也就很少有人提及了。但这并不等于文化概念问题解决了。1982年,中国学术界在上海复旦大学召开"中国文化史研究学者座谈会",出席会议的有来自北京、上海、天津、广州等地30多个单位的知名学者和专家。在讨论中,大家对文化的概念仍然众说纷纭,各持己见。面对这一现状,有的同志干脆认为文化的概念本身就具有模糊性、不确定性,和"模糊逻辑""模糊数学"一样,存在灰色地带,无法进行具体的确定,只要知道它大体的范围就可以了。古今中外,对于文化的论争从未停止,直至今日,学术界还没有形成一个说服性的、统一的概念,人

第一章 概 述

们依然按照自己的理解定义和使用着文化。

文化概念长期争论不清的原因,除了学科知识的狭隘性、片面性及方法论的不统一以外,还有一个重要的原因是学术思想的不同,特别是政治倾向的不同,更影响着人们对文化的看法。在中国五四前后的文化论战、论争中,人们对文化的看法所以相左,原因固然是多方面的,但他们的学术思想及政治倾向的不同,不能说不是一个重要的原因。有时出于偏见,常常把文化的概念弄到非常狭窄的地步。例如,陈独秀在《文化运动与社会运动》一文中说:"有一班人并且把政治、实业、交通都拉到文化里面了,我不知道他们因为何种心理看到文化如此广泛,以至于无所不包?若再进一步,连军事也拉进去,那便成了以武化运动了,岂非怪之又怪吗?"因此,他力主文化"是文学、美术、音乐、哲学、科学这一类的事"。陈独秀的批评固然有特殊的社会文化背景,但把文化仅仅限制在精神文化的范围内,无疑也显示出了一种局限性。

除了上述三个方面的原因外,在文化概念论争中造成混乱和模糊的另外一个因素,是民族语言的表达方式的差异。例如,在德语和法语的民族区中,人们对文化与文明的表达方式是很不同的。在德国古典哲学家的著作中,文化的概念被用于哲学、道德、美学、艺术等深奥的精神生活领域,而科学技术所创造的物质成果则被视为浅薄的"文明"。在法国人的语言中,文化则是与精神生活、物质生活及社会制度、社会地位等联系在一起的。恩格斯无疑注意到了这一点。他在谈到这两个民族之间的竞争的本质时风趣地说:"现在还能怀疑德国的'文化'比法国的'文明'优越吗?"[1]这种语言表达方式的差异,也给我们研究不同国家的文化观念带来了一定的困难,特别是在牵涉到一些社会科学的著作时尤其如此。

文化的概念引起了如此的纷争,又如此地模糊、混乱和不确定,没有一个权威的学者给我们界定一个大家都能接受的文化概

---

[1] 马克思恩格斯全集(第18卷)[C].北京:人民出版社,1972,第324页.

念,现实生活中人们使用的文化概念又如此不统一,这就难怪有些人一提到文化研究就摇头了。

二、文化的社会学含义

"文化"一词由来已久,从中国的古代典籍中可以探寻到其发展的足迹。《易经》贲卦中说:"观乎人文以化成天下",就含有文化的意思。刘向的《说苑·指武篇》中提出:"文化不改,然后加诛。"这里的"文化"虽写法上与现在的"文化"一致,但其表示文治教化,与"武功"相对,和现在社会学中所讲的"文化"概念是不同的,存在较大差异。而我们平时常说的"文化知识""文化水平"等更不是文化社会学所讲的文化概念。

古罗马是西方文明的发祥地之一,因此很多西方的现代词汇都来源于拉丁文,"文化"一词也不例外。文化在英文中表示为"culture",拉丁文则为"cuhura",主要意思指耕作、培养、教育、发展出来的事物,是与自然存在的事物相对而言的。例如,自然生长的禾苗不是文化,在人类精心培育下成长起来的麦、稻、黍、稷等则为文化;自然界的电闪雷鸣不是文化,原始人将其当作人格化的神灵则是文化。由此可见,文化不是自然存在的事物,而是经过人类的探索、加工,由人类创造出来的东西。

在古代希腊罗马时期,随着人们参加社会生活和政治生活的日益频繁,当时文化被理解为培养公民参加这些生活活动的品质和能力。到了欧洲中世纪,由于神学占了统治地位,文化为"祭祀"一类术语所代替,人们改造自然的能力让给了神的创造力。文艺复兴时期的思想家主张人道,反对神道,倡导以古代希腊罗马文化代替宗教神学文化,文化被用以说明人的形成和发展过程。而在18世纪启蒙运动时期的思想家们的著作中,文化与教养联系了起来,"文化程度""文化水平"成了理性的表现。他们把文化历史过程归结为人类理性的发展,用科学、艺术的成就来说明当时的市民社会秩序和政治设施的合乎理性,用人的自然本性及其需求来说明当时的自然观,并与原始民族的"不开化"和"野蛮性"对立起来。在德国古典哲学家的著作中,文化则被视为处于人们社会规范以外的绝对精神领域,人类社会文化发展的真正存在的目的与意义被认为是在于达到这种精神的绝对自由。因此,德国古典哲学家们试图从道德领域(如康德)或美学领域(如席勒)及哲学领域(如黑格尔)来为德国社会的发展寻求出路。不难看出,法国启蒙思想家和德国古典哲学家的文化观点,乃是当时工业社会发展的需要在社会哲学思想上的反映,和后来社会学作为一门学科所讲的文化概念的含义是不同的。

文化一词的真正社会学意义,是19世纪以来随着社会学、人类学的发展而被赋予的。这里,我们不能不说到英国文化人类学家爱德华·泰勒。他在1871年出版的《原始文化》一书中,第一次把文化作为一个中心概念提了出来,并且将它的含义系统地表述为:"文化是一种复合体,它包括知识、信仰、艺术、道德、法律、风俗,以及其余从社会上学得的能力与习惯。"泰勒所说的"文化是一种复合体"的概念,包含的内容是非常广泛的,除了定义中所列举的内容外,其他像社会制度、社会组织等,也无不属文化内容。这种广泛的文化内容几乎可以列成一份长长的清单,但它却缺少物质文化的内容。于是,后来美国一些社会学家、文化人类学家,如奥格本、亨根斯以及威利等人,对泰勒的定义进行修正,补充进了"实物"的文化现象,把泰勒的文化定义修正为:"文化是复合体,包括实物、知识、信仰、艺术、道德、法律、风俗,以及其余从社会上学得的能力与习惯。"[1]泰勒的文化定义虽然是描述性的,但却第一次给文化一个整体性的概念,并给后来的社会学家、人类学家研究文化现象界定了一个基本的范围。泰勒之后,虽然有不少社会学家、人类学家、民族学家和心理学家等给文化重新下过定义,这些定义有历史性的,有规范性的,有心理性的,有结构性的,有遗传性的,自然也有描述性的,但这些定义都没有超出

---

[1] 孙本文.社会的文化基础[M].北京:世界书局,1932,第24页.

泰勒把文化看成是一个复合的整体的基本观念,尽管这些定义的侧重点不同,所揭示的内容也有差别。

　　社会学所讲的文化,内容是非常广泛的。从古代的石器、陶器、铜器、铁器,到现代的飞机、火车、通信卫星、宇宙飞船;从原始的呆教、巫术、风俗,到现代的人生哲学以及各种骗人的把戏;中国的火药、起火、霹雳炮、浑天仪、地动仪、罗盘、造纸术、活字印刷术,西方的玻璃术、望远镜、纺纱机以及哥白尼的天文学、牛顿的力学、爱因斯坦的相对论;中国的孔孟之道、三纲五常,西方的天主教以及自由、平等、博爱、"时间就是金钱"、"效率就是生命"等等,这些都是文化。进步的是文化,落后、鄙俗的也是文化。观风水、测八字、卖假药,是文化;杨柳细腰、守贞自焚、裹小脚是文化;大堂上打死人,后花园里埋婢女以及满口的仁义道德,说不尽的男盗女娼,撒谎、诈骗、扯皮、捣乱,也是文化。总之,凡人类所创造的一切经验、感知、知识、科学、技术、理论、谬论以及财产、制度、教育、语言等,都属于文化现象。大则宇宙观、时空观、人生观、价值观,小则衣食住行、婚丧嫁娶,一切社会的生活方式、行为方式、思维方式、语言方式、等级观念、角色地位、道德规范、价值标准等等,都属于文化的范畴。如果我们使用描述性的语言,还可以列举成千上万的文化现象。

三、文化的定义

　　第一,文化是人类创造的,而不是自然存在的。星星(不包括人造卫星)、月亮、蓝天、白云、太阳黑子不是文化,火山、海岸、湖泊和河流(不包括人造湖和运河)、大地断层不是文化,天上飞的鸟、水里游的鱼也不是文化。因为这些都是自然生成的,是自然界运动、变化、进化的结果。一切非人类创造的生物、物理现象,都不是文化,因为它们对人来说还是自在之物。只有当自然存在物经过人的加工、改造、创造,化为社会的对象、化为人的对象的时候,我们才称之为文化现象。

第二,文化是人类创造的特质。其一,特质是指一种独立存在的且具有一定文化意义的单位,这一单位不可再分,是最小的构成形态。例如,用来耕地的牛是一种特质,如果将牛分割开,产生牛头、牛腿、牛蹄子、牛尾巴等诸多细小的部件,则文化不复存在。当然,这里所指的最小单位时相对而言的,所谓的不能再分也是就其独立性提出的,即使分开后形成了别的分化,但是这种文化是和原来的文化截然不同的,不可以相互混淆。例如完整的自行车可以拆卸为车把、车轮子、车链条等,这些虽然也是文化,但与自行车整体这一特质文化完全不同,属于别的价值范围的文化或者文化要素。其二,特质是指人类创造物的新的内容和独特形式。文化虽然涉及的范围广泛,但并不是任何内容和形式都可以忝居其位,只有当它们以独特的形式表现出新的内容的时候才可以被称为文化。

我国特有的封建社会是一种文化,因为它代表了一定时期内我国的经济、政治形态。中国的宗法制度、印度的宗教制度也属于文化的范畴,因为其代表了一种特有的文化制度。其他如日本的天皇制、英国的女皇制、美国的两院制,也是文化,因为它们是人们所创造的特殊的社会政治制度和国家形式。倘若日本、英国、美国都是一个模式的社会政治制度和国家形式,它们也就不再是独特的文化存在,而变成统一的资本主义社会政治文化了。用物质文化为例更能说明这一点。汽车是一种文化,那是因为它是人类所创造的一种特质。但是,如果把这种特质投入生产,制造成几百万辆汽车出卖的时候,它就不是文化而是商品了。因为,1000辆汽车与一辆汽车没有什么不同,它都是同一种文化,同一个特质。只有当另外的汽车被制造出来,它又与任何别的汽车不同的时候,如小轿车、大卡车,宝马、奔驰等,才能被视为文化。我们观察人类活动的内容和形式,要看它是否构成特质,才能决定它是否为文化现象。

第三,文化是人类创造的特质所构成的复合体。特质是文化的最小的独立单位,但是人类的文化很少是以一种单一的特质存在的,往往是由许多特质构成的复合整体。例如,马车是由马与车复合而成,衣服是由不同颜色、质地的布料与特殊的制作形式、方法复合而成,其他像房屋、饮食以及各种各样的家具、日用品等,无不是复合体。最简单的复合体包含着两种文化特质,而复杂的复合体则是由许多文化特质组成的系列。例如飞机、火箭、宇宙飞船以及现代的工厂、学校、政府部门等,每一种文化都是由各种特质系列构成的复合整体。因此,文化是一个整体性的概念,它是包含着各种特质相互关联的全部总和。

第四,文化是不同形态的特质。在这里,所谓的形态主要是指文化存在的形式和状态。无论是物质的、精神的,还是物质与精神相结合的,都是文化形态。任何文化都不可能离开一定的形式与形态,因为文化创造从本质上说是人类对外部世界各种事物存在的一种价值思维肯定,这种肯定,既是价值的、功能的,又是形式、形态、法则和秩序的。

以上四点就是我们给文化所下定义的全部内涵和外延。它与以往的定义不同的地方主要有三点。

第一,它主要是从文化本身的规定性做出的,避免了仅仅从文化的起源上、历史上或单独从结构上、个别特征上以及价值上界定概念。文化的内容如此广泛,特征如此多样,仅仅从任何一个方面出发界定它,都会挂一漏万。只有从文化本身的规定性,才能说明它的存在的特殊性,说明它的全部内涵和外延。

第二,虽然这个定义包含的内容仍然很广泛,但它努力把文化现象与人类活动的一般的社会、政治、经济等内容和形式区别开来。它指出了人类现象在什么样的情况下才是文化,才作为文化而存在;在什么样的情况下它只是一般的社会、政治、经济活动的内容和形式。这样,文化既是一种普遍存在的现象,又是非常独特的、不同一般的现象。自然,做出这种区分是不容易的。这个问题我们在后文中还要讨论。

第三,这个定义力图把人类创造的各种特质的文化现象与人类的文化心理、文化行为区别开来。文化就其本质来讲是超有机体的,因而也是超个人的和非心理的现象。文化心理、文化行为只是文化教化的结果,而不是相反。虽然人的心理和行为可以反映一定的文化特征,然而人的生物性心理、行为自身还不是文化现象,而是一种生物有机体的表现方式。只有当个体的心理、行为成为文化载体时,或者说成为一定社会和社会群体的文化意识和共同规范时,它才能在社会互动中构成文化现象。

第二节 文化的结构、分类与功能

一个社会生活内容要成为一种文化,必须要具备构成文化的基本因素,符合文化的内部结构构成。大致来看,文化的分类主要有地域类型文化、时间类型文化、载体类型文化等。

一、文化的结构

(一) 文化的构成要素

任何社会的文化都是这个社会自己先后创造的,或借鉴别人所创造成果的一个复合体。它不是许多东西的简单堆积,而是一个有系统、有组织的有机体,其中各个组成部分是相互影响、密切联系的,是由几个基本要素构成之后又比较选择、排列组合形成不同的文化结构。构成文化的主要元素有以下几个。

符号:它是能够有意义地表达其他事物的任何东西。如所有的文字、数字都是符号。符号既可以帮助人们理解抽象的概念,也可以把非常复杂的信息进行传递和储存,还可以把千差万别的事物加以标明和区分。人类的伟大能力,在于符号的运用。通过使用符号,我们可以了解现实,研究历史,探索未来。

语言:这是一套复杂的、重要的符号,是人类意识和思维的具体表现。它能使人们对文化中的价值观念和准则进行最完整的表达。尽管人们同时还使用其他许多别的媒介,如绘画、音乐、雕塑、舞蹈来表达文化,但只有语言才最灵活、最准确,并能为人所理解。没有语言,许多思维活动是不能进行的,更不能深化。

价值观念:它是社会中人们所共同具有的对于区分好与坏、丑与美、对与错,符合或违背人们愿望的观念。价值观是决定一个社会的理想和目标的一般的和抽象的观念。它通常是充满感情的,它为人的正当行为提供充分理由。价值观往往不是独立出现的,而是成双出现的,所以,每一个正面的价值观都有一个反面的价值观与之对应。

规范:社会学家把对人们在特定情况下怎样行动、思维和感受的期待叫规范。社会规范中最为重要的是大多数人所承认的规范。因其调整和约束的对象、程度不同,可以区分为社会风俗、道德、法律等,而且大多数规范都与社会角色相联系。

制裁:一个社会要想运转,就必须设法增强它的规范。必须迫使人们遵守规范,或以社会可以接受的方式行动。这种遵守是由制裁的压力来实现的。制裁可以是正面的(奖励)也可以是反面的(惩罚)。

人类创造物:即人类加工过的物体,包括实际人造物和艺术人造物。也即物质文化,其实质是一个特定的社会技术水平、可得资源与人的需要的综合。人创造了物质文化,也可以改变它。

(二)文化的内部结构

在文化内部结构上,我们应该注意到,一个社会、地区或一个民族的文化,一般有三种情况的结构。

(1)主文化——一种文化形态的主体部分,它在社会上占主导地位,属于社会中绝大部分人所有。如现在中国的伦理道德规范中,以马克思主义的伦理道德观为主。在物质文化中以技术进步的现代物质文明为主文化。

(2)亚文化——也叫副文化,是不占主流地位的文化现象,或是某一局部文化现象。局部文化,如一个社会中因种族、阶级、阶层、职业、年龄、性别等差异,形成了众多的小群体,它们一方面属于主体文化所代表的那个大群体,如中华民族文化中含各少数民族文化。但同时,又具有不同于主体,单属于自己的观念、行为方式、利益。这些小群体、小组织的文化属于亚文化,并分为种族亚文化、职业亚文化、年龄亚文化等。又如,现在中国人相互行礼,一般是点头或握手。但在农村中还有孩子给大人磕头的,在和外国人交往中也有以拥抱作为礼节的。就此而言,在中国现行礼仪文化中,点头、握手是主文化,磕头、拥抱是副文化。但是在清朝,磕头、作揖是主文化,点头、握手是副文化。

　　副文化是人类文化向前发展过程中出现的现象,是在新文化刚刚萌芽的时候,不占主流地位的一种状态。一旦新文化上升到支配地位,原有旧文化的残余则变成了副文化。例如,在我国封建社会里,"父母之命,媒妁之言"的婚姻方式是一种主文化,直到五四运动前后,自由恋爱的婚姻方式还是一种副文化,而到了今天,自由恋爱变成了主文化,"父母之命,媒妁之言"的婚姻方式成为副文化了。又如,在清朝末年,穿长袍马褂是主文化,穿西装是副文化,男人留长辫是主文化,蓄短发是副文化,到了民国初年,有些遗老遗少还穿长袍马褂,坚持留辫子,但这种穿着打扮已成为副文化。同样的道理,太平天国革命时,内部建立了许多独特的制度和规矩,涉及政治、经济、军事等各方面,假如太平天国革命成功了,这些制度、规矩推广到全国,它就将变成主文化,而在当时,就全国而言,这只是一种副文化而已。

　　(3)反文化——是对传统文化的背离和否定,是对现有文化的抵制和对抗,这本身就是一种文化。如现代青年中有男子蓄长发、留大胡子,甚至赌博、吸毒,这是对现有文化的对抗,但它本身也是一种文化,是一种腐朽、颓废、没落的文化。

　　对于反文化要作具体分析,要看它背离和否定的是什么样的传统文化。例如,欧洲文艺复兴时期,出现的人文主义思想,反对中世纪的禁欲主义和宗教观,摆脱宗教对于人们思想的束缚,打倒作为神学和经院哲学基础的一切权威和传统教条。这是一种反文化现象,在当时它对于社会的发展是有推动作用的。但是,现在再搬出人道主义这一套伦理,来否定社会主义文化,就只能是一种文化倒退现象。

总之,副文化和反文化是社会变迁和文化发展过程中一种不可避免的现象,两者往往很难区别。一般来说,当副文化处于与主文化对抗状态时,它也就是反文化;当反文化处于支流地位时,它也就是副文化。在我们当前社会生活中,存在许多主文化、副文化、反文化的现象,我们要认清它们的实质和发展趋势,因势利导,争取朝着有利于社会主义的方向发展。

二、文化的分类

(一)文化分类的意义

首先,文化分类可以使我们认识不同民族文化独特的发展道路。人类生活的环境不同,其创造精神和能力千差万别。可以说几乎每一个人类群体都是在非常独特的条件下进行文化创造的,他们的能力、精神、欲望在历史的道路上凝结,于是就形成了许多民族,许多文化,构成了许许多多特殊的文化现象。

我们只有深入研究不同民族独特的发展道路,才能了解不同文化的特殊本质,才能观察、认识不同民族的文化个性及其精神和品格。

其次,文化类型可以帮助我们认识人类文化的丰富性和多样性。人类散居在地球的各个地方,各用全部的生命进行创造,并没有人给他们规定什么统一的格式和模式,他们基本上是按照有利于生存的原则营造环境。凡可利用的自然界,他们都利用了;凡可继承的历史遗产,他们都不抛弃。每一个历史时代,都是史前的继续,又是新的开端。就这样,不同的人类群体,不断地继承、创造,经过单重或多重的物质运动与精神运动,经过无数次交织和离散,或者与大世界的其他人类发生千丝万缕的联系,或者自己又偏居一隅,这样就形成了多种多样的文化,并且显示出丰富多彩的面貌。这些文化不仅表现了人类各种群体独特存在的方式,也表现了他们不同的人生意向。我们只有研究这千差万别的文化,才能看清人类形形色色的过去,才能认识他们形形色色的现在和将来。

(二)文化的不同类型

由于对文化的分类有许多不同标准,所以很难使分类一致。但是,若从宏观上进行划分,大致有以下几类。

首先,根据文化的内部结构,可以区分为物质文化和非物质文化两类。物质文化,是人类创造力的物质体现,如开凿的运河,修建的水库、堤坝、公路、铁路,建造的高楼大厦以及制造的汽车、火车、飞机、轮船等。非物质文化,也就是精神文化。又可分为调适于自然环境而产生的文化,如宗教、哲学、科学、艺术等。调适于物质文化而产生的文化,如使用工具、器械的方法技能,也就是智能文化。调适于社会环境而产生的文化,如法律、风俗、道德、语言等。

其次,根据文化所处的空间,可以分为许多类地区性种族、民族文化。如黄河文化,两广、两湖文化,欧洲文化,非洲文化等。

最后,根据文化所处的时间,可以分为古代文化、现代文化、未来文化。各个历史时期又有各个时期的文化。根据空间和时间的结合,又可以划分出若干类不同文化,如中古欧洲文化,中国先秦文化等等。

三、文化的功能

(一)认识功能

一是文化的认识功能可以使人类对自然环境的了解和改造日益深入,使人与自然环境的结合越来越科学。如随着文化的发展进步,减少了人类对自然的依赖。起初,人类的衣、食、住、行只是直接向大自然索取,这必然要受制于自然环境的约束。后来,人们开始懂得如何利用人工与自然的结合,解决人类衣、食、住、行等生活资料来源。种植和养殖业的出现,就是人类创造了文化带来的结果;二是随着文化的发展,人类对许多自然现象有了深刻的认识,并不断利用自然规律为人类服务,以此促进了社会的发展。如火的使用,征服江河、大山、沙漠、太空,减少自然灾害的危害,降服毒蛇猛兽、战胜水旱风雹等。特别是随着科学技术的进步,人类对天体运行、物种演化、生命起源等认识日益深化,提高了对自然规律的利用能力,电的发明,原子能、太阳能的利用,风能、水能的使用,无不是文化发展的结果。

(二)整合功能

文化整合是指不同文化相互吸收、融化、调和而趋于一体化的过程。文化不仅有排他性,也有融合性,特别是当不同的文化杂居在一起时,它们必然相互吸收、融化、调和,发生内容和形式上的变化,逐渐整合为一种新的文化体系。这种功能,可以促使人类的思想、行为趋于一致,使人类社会作为一个整体与自然界相对立。

全世界60亿人口,260多个国家和地区,上千种民族,上百种语言文字。60亿人口居住在同一地球的不同地区,各自文化有很大差异。但是多年来由于人类文化的交流,文化的整合功能使这么多的差异,在朝着逐渐缩小的趋势发展,所谓"理解",实际上就是走向整合。另外,人类发展的社会历史也证明着这一趋势,千百万年以来,尽管种族、民族、地区的文化差异一直存在,但作为人类,在基本生活方式上却有许多相近之处。如人类都以五谷为食,都以布做衣,都在使用汽车、飞机、电视、电话,如此等等。而且人类基本上都经历过大致相同的社会形态和历史时期,这难道不是文化整合功能的具体体现吗?

(三)区别功能

文化在整合的同时,又是社会区别的重要标志。不同国家、不同地区、不同民族实质上是不同的文化。甚至文化往往也能区分人的阶层。一个人的谈吐、举止、风度、修养往往是由文化决定的。同样,打扮也可以区分出有文化的打扮和缺乏文化的打扮。当然,文化的区别在于突出个性。世界之所以如此绚丽多彩、千姿百态,都是因为文化不同而已,否则社会成为一个模式也就意义不大了。

(四)改造功能

文化可以起到改造社会,改造人的作用,这一点是人们有目共睹的事实。如1915年中国的"新文化运动"事实上是五四运动的前奏,所以后来人们也称五四新文化运动。这次运动,对于促进中国人民冲破封建思想束缚、接受新思想,并以此改造旧中国起到了极大推动作用。

尽管单纯的文化不能从根本上改造社会,然而一旦将一种新文化与人民群众的革命行动相结合,就会产生巨大的改造社会的力量。例如,马克思主义诞生以后,以一种新理论、新思想,也就是新文化号召并组织了世界无产阶级起来革命。结果达到了改造社会的目的,在世界的一部分区域里,推翻了旧的社会形态,建立了新的社会体制,推动了社会历史的发展。

同时,文化也能改造人。革命的理论可以武装革命战士,高尚的文艺作品可以陶冶人们高尚的情操,腐朽没落的文化也能够涣散人们的斗争意志,封建迷信又可以麻痹和欺骗人们。

(五)发展功能

文化能对社会结构和社会生活提供材料和蓝图,它能使社会行为系统化,使人们一进入社会就在前人既有的文化基础上发展,而不必事事从头开始。人类在几万年中摸索、掌握到的知识和技能,通过文化的继承和积累作用,新的一代在几年、十几年就能掌握,在此基础上创造新文化,推动社会不断前进。试想,倘若没有社会文化、倘若没有文化的继承性与积累性的特点,人类社会的发展就将如同猴子掰苞谷一样,到头来一无所有。如果每一个人、每一代人都必须从钻木取火、结绳记事开始,那么,社会又怎能得到发展?

(六)规范功能

社会的存在和发展,必须在有秩序中进行。任何社会都必须依赖一整套行为规范作为控制社会秩序的必要措施,而各种行为规范正是社会文化的含义。书面规定的法律制度、约定俗成的风俗习惯,社会生活中形成的道德观念,无不是文化的表现形式。各个国家、地区,各个民族、种族、群体、组织都有自己的行为规范,都是本区、本族、本单位文化的表现。社会之所以能正常运行,是由于文化规范行为的结果。

总之,文化的社会功能是不可否定的。尽管伴随文化正功能,也有文化负功能的一面,但也绝不能因此而主张"回到自然去",或认为"知识越多越反动",这些论调只能是对社会进步的反动。我们的责任,在于充分发挥文化正功能的作用,抑制和清除文化负功能带来的影响,让社会在文化的推动下健康发展。

第三节 文化社会学研究概述

文化社会学要成为一门学科,或者说成为一门科学,就必须要有一定的理论基础和研究方法,以此理清与其他学科的关系,确定文化社会学研究的意义。

第一章 概述

一、文化社会学研究的理论和方法

文化社会学作为一门学科,不仅有自己的研究对象和领域,而且有自己的理论和方法以及为表述这些理论和方法而形成的一整套范畴概念和术语。

从19世纪以来,文化社会学在其产生、发展的过程中形成了各种不同的理论和方法,但没有一个固定的模式。就其对文化的本质及社会功能的看法而言,主要理论观点有如下几种。

第一,进化论的文化社会学观点。从19世纪斯宾塞、泰勒等人的实证主义社会学的文化研究到20世纪四五十年代新实证主义文化社会学,都属于这种观点。斯宾塞等人的文化社会学的理论基础是孔德的实证主义哲学和达尔文的生物进化论以及孟德斯鸠的地理社会学思想。他们认为,文化的产生和发展是由一定时代的种族与自然地理环境决定的。如斯宾塞在1857年出版的《进步,它的规律和原因》一书中认为,物质文化的创造(如工具、机械等)是从简单到复杂、由单质到异质逐渐进化的。泰勒在《原始文化》一书中认为,文化的分布就像动植物区系的清单一样。其他像英国的哈登的《人类学史》、奥地利的利伯特的《文化史》,也都是属于这种观点的著作。他们大都从人类本质的一致性推导文化发展的直线性。哈登认为,人类的不同文化是平行发展的。利佩特认为,一部文化史就是人类由低级野蛮状态向高级文明状态发展的历史。古典进化论的文化社会学理论,虽然在反对欧洲中世纪以来的僵化思想方面具有进步意义,但由于它们满足于社会文化发展与生物进化的简单类比,因而常常流于机械论的宇宙观。20世纪40—50年代以来的新实证主义文化社会学理论,则借助于现代自然科学的发展成果研究文化现象,因而也叫"科学主义"。最有代表性的理论是美国的怀特的"工艺决定论"。他在《文化的进化》一书中认为,工艺的发展是文化进化的基础,其他社会因素的影响则是次要的。他的研究主要是运用数理统计分析文化发展的规律性,但总的说来仍未逃出实证的、经验的研究。

第二,传播论的文化社会学观点。这是19世纪末与20世纪初期出现的一种文化理论,持这种理论的主要有德国文化圈派、英国传播学派,美国的历史学派也受此影响。德国文化圈派和英国传播学派认为,文化最初都是在一个地方产生的,后来经过传播才在其他各地发展起来。德国的格雷布纳和威廉·施密特是这种理论的代表人物。他们把人类形形色色的文化归结为单一的、一次性的现象,用"形式标准"和"数量标准"把相同的文化现象划为某一文化圈。在他们看来,任何文化现象在历史上都只是一次性出现的,其他地方相同的文化现象都是由此地传播的结果。英国的艾略特·史密斯把这种理论发展到极端。他认为人类的一切文化只有一个中心,这就是埃及,其他世界各地的文化都是由埃及传播出去的。史密斯的理论被称为"泛埃及主义"。美国的历史学派虽不满足于简单的传播主义,但在研究各民族文化的相互影响上也受传播论的影响。例如罗伯特·路威在《文明与野蛮》一书中,就是从传播的观点叙述人类各种文化的创造和发展的,认为欧洲的文明主要是受埃及文化、希腊文化以及东方印度、中国文化的影响而发展起来的。

文化传播论在进行文化比较研究方面是有成绩的,但由于他们否认人类文化发展的规律性及各民族文化发展的独立性,并且在研究方法上把自然科学与社会科学对立起来,用"个体"的分析来排斥普遍的科学研究,因此,他们的理论和方法带有很大的随意性和主观性。

第三,功能论的文化社会学观点。以迪尔凯姆为代表的法国"社会学年鉴派"、英国马林诺夫斯基为代表的功能主义学派以及20世纪四五十年代以来的结构主义者,都持这种文化观点。其他像实用主义者也有类似的观点。他们认为文化的产生是社会功能的需要,文化就其本质来说是维护社会规范的一种有价值的工具。马林诺夫斯基认为,研究文化时应该注意的是文化怎样满足

第一章 概 述

人类的各种需要,它的不同的功能构成不同的布局。"这就是说,它的所有不同的用处,都包含着不同的思想,都得到不同的文化价值。"文化的意义依它在"人类活动的体系中所处的地位、所关联的思想及所有的价值而定"❶。结构主义者则进一步发展了功能主义的观点,把文化看成是构成社会结构体系的工具,文化功能的发挥是受各种社会层次严格制约的。例如美国结构主义者帕森斯的"社会体系"理论认为,文化系统是人的行为取向的重要方面,它不仅决定人的价值观念,而且构成人的行为准则,因此,文化系统是维护社会秩序稳定的重要变量关系。实用主义者杜威认为,"每一种文化都有它自己的式样,其组织的力量有它自己独特的安排";"不管人性的天然构成因素是些什么,一个时代、一个集团的文化在它们的安排中具有决定性的影响,它决定和标志着任何团体、家庭、氏族、民族、教派、党派、阶级活动的行为式样"。❷ 因此,他要求按照文化条件研究某种社会关系,并相信某种制度的文化条件会自动地维护其自身的存在。这些功能论的文化观点虽然在文化的整体性研究方面有可借鉴之处,但由于它们的研究方法也存在着形式主义倾向,过分强调文化"模式""体系"的作用,而忽视文化动态的研究,忽视文化的精神力量与人的主体性,因此,其文化思想基本上是机械论的。虽然后来法国的"发生结构主义"等学派想弥补这种不足,但他们仍然是在数理逻辑和符号互动的序列中捕捉文化真理的。

第四,心理论的文化社会学观点。用人类心理说明文化现象的产生及其作用的理论,可以追溯到19世纪初期德国的巴斯蒂安、英国的泰勒及19世纪末期美国的沃德、吉丁斯等人的进化论的文化著作。20世纪初期,在法国的迪尔凯姆、列维·布留尔及美国的博厄斯等人的著作中也可以找到这种倾向。例如巴斯蒂安用"原始观念"解释人类文化的起源,泰勒用"原始信仰"说明人类原始低级文化阶段的思维的形成,这些观点都是早期心理论的

---

❶ 马林诺夫斯基. 文化论[M]. 北京:商务印书馆,1945,第15页.
❷ 杜威. 文化与自由[M]. 北京:商务印书馆,1964,第14、16页.

文化社会学思想。真正用心理解释人类文化现象并形成一种理论体系的,是19世纪末20世纪初的反实证主义的思想家。心理论的主要理论有"族体心理学派""弗洛伊德主义",其他像"符号互动论""存在主义""现象主义"也有类似的观点。弗洛伊德主义者用人类的"本能""潜意识"解释文化现象,认为各种社会文化现象都是建立在"色情""性欲"的基础上的,甚至连农夫耕种土地也象征着母性受精的行为,这无疑是荒唐可笑的。族体心理学者从个人心理出发研究民族文化的特性,从不同民族个体的早期经验(如喂奶、教育等)推导整个民族文化的模式。符号互动主义的理论基础主要是乔治·米德的个体心理学。符号互动主义者认为,社会是由个人或集团通过有意义的符号的互动组成的,这种符号就是文化;不同的符号构成一种象征的体系,使社会秩序得以维持,并使人们得以正常地进行交往活动。存在主义、现象主义的理论来源比较复杂,但也多是从个人的存在及人的本质来揭示文化的性质的。心理论的文化社会学观点,在认识文化的个性及其具体社会作用方面,较之功能论有其深刻性,但它们的理论是建立在个人心理基础上的,因而往往忽视了整个社会群体对文化发展的影响和作用。在这一点上,心理论者还不如功能学派的杜尔克姆等人。

关于西方文化社会学的理论和方法,我们还可以举出一些学派的观点,如"传统论",从20世纪30年代的新批评派到50年代的芝加哥学派,都是强调文化历史传统因素研究的;又如"反文化论",从20世纪20年代的前苏联"无产阶级文化派"到五六十年代的法兰克福学派,都是极力主张对资本主义社会文化进行全盘否定和批判的。

西方文化社会学不仅在方法论方面形成了各种模式,而且在长期发展中还形成了一套具体的研究方法,如实地考察、抽样调查、统计分析、个案研究、比较研究等。为了进行文化理论研究,还发展出了一套文化社会学的范畴概念和术语,如文化特质、文化丛、文化区、文化层、文化积累、文化接触、文化冲突、文化适应、文化变迁以及文化模式、文化类型、文化形态等等，这些概念和术语都表示着特定的含义。

我们应该怎样看待西方文化社会学的理论和方法呢？从功利观点来看，西方文化社会学无疑是为近现代经济体系及社会制度服务的，但我们对西方文化社会学的理论和方法也不应该采取完全排斥的态度，而应该对它们进行具体的分析。因为对文化的研究是活生生的、多方面的认识过程，尽管西方文化社会学的理论和方法有各种各样的片面性，但也包含着各种各样观察现实、接近现实的成分。例如，虽然19世纪的那些实证论者和进化论者的文化社会学观点本质上是机械论的，但在巫术、星相之说尚很盛行，除少数先进人物外的大多数人普遍处在愚昧和偏见状态的时候，他们为研究原始民族和古老民族的文化的产生和发展，做实地调查，收集事实证据，进行比较研究，以新的观点认识世界，接近现实，做了许多有益的工作，这些应当说有积极、进步的意义。20世纪以来，现代自然科学的发展也给文化社会学的理论和方法带来了积极的影响，从功能论发展为结构主义就是这方面的表现。结构主义对文化所做的多层次的相关分析，虽然没有脱离自然主义、经验实在论的文化思想窠臼，但也对我们认识文化的整体性有不少启示。甚至一些主观主义的文化社会学流派的理论，对于我们研究理解文化价值、意义的发生及主体性，也有可借鉴之处。即使像弗洛伊德主义的本能论，除了它的夸大之词外，也仍然有着一定的合理成分。至于说西方文化社会学所发展出来的具体的研究方法，主要是工具性的，谁都可以用。究竟用哪一种工具，这要根据具体的研究需要进行选择。范畴、概念和术语是为了表述理论而创造的。在西方文化社会学中，有些范畴、概念和术语是为了表示特定的理论观念的，如文化进化、文化中心等。这些概念和术语在研究现代社会文化时已经失去理论意义，我们自然可以弃而不用；有些概念和术语虽然含有机械、主观的成分，如文化丛、文化圈、文化区、文化模式等，但只要我们给予重新解释和界定，仍然可以在研究中加以使用。至于像文化接触、文化积累一类的概念和术语,只表示一种过程,我们在研究中沿用它们并无什么妨害。

由此可见,文化社会学有各种各样的理论与方法以及说明这些理论方法的范畴、概念和术语,而这些理论和方法,有的是社会学家、文化人类学家从分析各种社会结构和文化情境中得出的一般结论,也有的是文化哲学家、社会历史哲学家运用不同的范畴阐述的文化社会学思想,其中的缺点、错误是显而易见的,但各种创见自有可借鉴之处。本书的任务就是吸收这些理论、方法上的创见进行批判性的综合,把人类社会和文化放到广阔的历史背景上,研究它的发展规律及社会功能。这种研究不是孤零零地分析各种文化现象,而是把各种文化现象看成是一个有价值、有意义的世界,在不同国家民族参与的社会层面、历史层面、情境层面上,看它们是如何演进及发挥功能的。但本书又不是文化哲学或社会历史哲学,它不是要像大道哲学那样建立广大悉备的思想体系,也不负有这方面的责任,其主要任务是批判性地介绍这门学科的基本理论和知识。如果这个任务完成了,它也就算完成使命了。

二、文化社会学与其他学科的关系

文化现象是许多社会科学研究的内容,哲学、历史学、经济学、政治学、人类学、民族学、民俗学和考古学等学科无不重视对文化现象的研究。为了弄清文化社会学是怎样一门学科,我们在这里比较一下它与上述学科的联系与区别是必要的。

我们知道,哲学是关于自然界、人类社会和思维的最一般的发展规律的学说。它主要从各种具体的科学实践中总结、概括和抽象出最一般的规律性的东西。例如,它研究自然现象的一般发展规律,称"自然哲学";它研究人类社会历史发展的一般规律,称"历史哲学";它研究思维与存在发展的一般规律,称"思辨哲学"。哲学虽然也研究文化现象,但它并不仅仅以文化为研究对象,而

第一章 概 述

是研究包括文化现象在内的整个自然界、人类社会及思维活动的所有现象。它即使是研究文化现象,也是把文化现象放到历史哲学和思辨哲学的高度来概括其一般发展规律的。而文化社会学则是研究文化现象的具体的发展规律及其社会作用的,它虽然要接受历史哲学和思辨哲学的一般理论与方法,以便从哲学的高度观察、研究和分析文化现象及其社会作用,但就其自身的理论性质来讲乃是实践的、应用的科学,其方法也多属经验的、应用的研究。虽然它也有各种理论模式,但不像哲学那样抽象和高度概括。哲学,特别是形而上学,属于超越经验实在的本体论思考,具有高度思辨的性质。文化社会学则不然,它不是思辨的科学,也不带任何形而上学的性质,而是以人们看得见、摸得着的理论方式说明文化是怎样产生和发展的,是怎样影响人们的社会生活与思想、心理、性格及行为的。因此,文化社会学的研究要比哲学研究具体得多、实际得多。那么,我们怎样解释德国文化社会学的研究包括哲学在内呢?如舍勒关于文化社会学的分类里面就包括形而上学社会学,即哲学社会学。我们知道,德国的文化社会学实际上是一种历史哲学,具有综合社会学或人文科学的性质,所以,德国人把哲学社会学划分为文化社会学的一个分支是可以理解的。但这不等于文化社会学的研究对象大于哲学的研究对象,也不是说哲学社会学的研究对象等于哲学的研究对象,此其一。其二,哲学本身自然也是文化现象,哲学社会学是将哲学作为一种文化现象,研究其产生、发展及其对社会作用的一门分支社会学学科。只有在把哲学作为一种文化现象进行社会学研究的时候,它才能成为文化社会学的研究对象,或者成为社会学的一个分支学科,即哲学社会学。就哲学本身而言,它的研究对象要比文化社会学广泛得多,其理论也要比文化社会学抽象得多。

文化社会学要研究文化产生、发展及其与社会交互作用的历史,即文化史,自然也是历史科学。但它与历史学是不同的。历史学主要是研究人类社会历史发展的规律,并且以历史记载和文献资料为主要依据,而文化社会学主要是研究人类文化发展的规律及其在历史上所起的作用,即使没有文字记载,它也可以参照现存的原始民族的社会文化现象来推测古代人类文化发明、创造及其使用的情景。更为重要的是,历史只研究过去,不研究现在和将来,而文化社会学不仅研究历史上文化的产生、发展及其社会作用,更着重于研究现代文化的发展对社会生活的影响,而且还通过这种研究预测将来文化的发展将怎样影响和作用于人类的社会生活。历史研究不管怎样古为今用,它也只能以总结历史经验的方式给现代人一些启示,而不能像文化社会学这样直接描述各种文化现象如何干预现代人的生活方式和行为方式。

经济学有它自己的特殊研究对象和领域,主要是研究经济生活的各种规律,如生产、分配、消费等。文化发展不仅与经济密切相关,而且还积极影响经济的发展,特别是文化生产、分配和消费本身就带有经济的价值,因此,经济学自然要研究文化现象。可是,只有当文化生产作为一种商品生产而发生时,它才成为经济学的主要研究对象之一。在一般情况下,它只是经济学的非主要研究对象,而不像文化社会学那样把它当成主要的、根本的对象来研究。特别是亚当·斯密把"伦理道德"一类文化因素从经济学领域清除出去以后,经济学也就变成了只研究经济事实与经济规律,而与文化无关的学科了。经济学虽研究价值,也研究文化的价值,如文化产品作为商品的价值,但是这种研究本身是不带价值判断的,它所关注的只是经验事实与规律。而文化社会学不仅研究文化的价值、功能与规律,而且这种研究本身带有很强的价值判断的性质,因为文化研究包含着作者对社会、文化与人生的价值关怀。例如,文化社会学不仅研究某种文化生产的经济价值,更着重于它对人的社会化过程的精神价值。

人类学是研究人类自身发展的一门科学,它既属于自然科学,又属于社会科学,可以说它是从人和人种的形态学和生理学过渡到历史的桥梁。凡研究人类自然属性的称为体质人类学,凡研究人类社会属性的称为文化人类学或社会人类学。人类学与文化社会学的关系极为密切,特别是文化人类学。我们知道,美国的文化社会学就是从文化人类学发展而来的,英国的社会人类学家马林诺夫斯基等人也是文化社会学家。不过,作为人类学分支的文化人类学或社会人类学,主要研究的是原始民族(包括史前)的社会文化,而文化社会学不仅研究原始民族的社会文化,而且更着重于研究现代各民族的社会文化。虽然应用人类学也研究现代社会文化,但这种研究多着重于各种文化对人类自身发展的影响,而不着重于文化本身的发展规律及其社会功能。就其本质而言,应用人类学属人类学的分支,兼有自然科学和社会科学两重性质,而文化社会学则是社会学的分支,是纯粹的社会科学,尽管它在研究方法上也吸收自然科学研究的成果,但它并不研究人类的自然属性。

民族学是研究民族发展规律的科学,如民族的来源、发展过程、地理分布、文化发展及生活习俗等。民族学属于人类学的一个分支,本质上与文化人类学没有多少差别,不过前者的研究对象是民族,后者的研究对象是种族;民族有文化上的特点,而种族则是指血缘或血亲关系上的联系。一般说来,社会愈发展,种族受血缘或血亲关系的支配愈少,血缘或血亲关系愈来愈多地让位于社会文化上的关系。民族学与文化社会学的关系同人类学与文化社会学的关系一样,是既有密切联系又有区别的。当民族学家把一个民族当作社会文化群体研究的时候,不论该民族是原始的还是现代的,这种民族学家都可以被视为文化社会学家或民族社会学家。民族学实际上是民族社会学,它可以被看作文化社会学的一个分支。孙本文所著的《近代社会学史》,就是把民族社会学看作一种特殊的文化社会学加以研究。当民族学把民族看作一个"自然民族",撇开它的文化或文明史而研究其来源、地理分布等等时,民族学才是它自身,而与文化社会学无关。文化社会学关心的是一个民族的文化的特点及其类型的形成、发展、变化,而民族学除了研究民族文化特点外,还要研究这个民族本身的形成与发展过程。

民俗学是研究民间风俗、禁忌等物质与精神文化生活的一门学科,也称民间学或风俗学。凡风俗、禁忌、歌舞、民谣、起居、服饰等,无不在民俗学的研究范围之中,这些又都是文化社会学的重要研究对象,因此,我们可以把民俗学看成是文化社会学的一个分支。民俗学家实际上也是文化社会学家,不过他们研究的范围多限于民间社会文化,而不像文化社会学那样研究整个人类社会文化的产生和发展。

考古学也是与文化社会学关系比较密切的一门学科。考古学主要研究古代人类社会文化发展的状况,它从研究对象上可被分为文字考古和实物考古两个分支;从工作方式和研究方法上又可被分为田野考古和考古调查。考古学主要是通过发掘地下古代文物进行研究,重点是原始社会(包括史前社会),因此也叫原始考古。考古学研究的古代社会文化资料对文化社会学研究有极为重要的价值,在研究文化发展的时间和空间系统如文化层、文化区的形成等方面尤其如此。但考古学只研究古代社会文化状况,对现代社会文化是不问津的,它不像文化社会学那样对人类文化从古到今进行全面的考察和研究。

其他像文学、语言学、地理学、教育学等学科,都与文化社会学有着密切的关系,不过这些学科都有自己特殊的研究对象,它们与文化社会学也是既有联系又有区别的。

我们探讨了文化社会学的研究对象和领域,介绍了它的各种理论和方法,并比较了它与邻近学科的联系与区别,读者也可由此看出文化社会学是怎样一门独立的学科了。但读者也许会问:文化现象不是许多学科都研究吗,我们为什么还要从事文化社会学研究呢,这有什么理论意义和实践意义呢?下面,让我们简单谈一下这个问题。

三、文化社会学研究的意义

文化社会学虽然是一门比较新的学科,但它在中国的传播和发展却并非始自今日,远在20世纪二三十年代,中国学术界就兴

第一章 概 述

起和开展了文化社会学研究,到三四十年代已经出现了一批有名的文化社会学者与专家。1952年以后,因为种种原因,社会学、人类学等学科被废弃,文化社会学作为一门学科的研究工作也就中断了。我们虽然有哲学的研究、经济学的研究、教育学的研究、科学的研究、文学的研究以及新闻、出版、体育、卫生等的研究,但却没有一门恰当的学科能够把这些文化研究综合起来,从整体方面为社会现代化建设提供文化参数。尽管国家有文化部门,如文化部和新闻出版广电总局,但它们的职能多在于文化的管理,特别是文艺的管理,难以对整个社会文化现象进行基础理论的研究。因此,钱学森先生在1982年就著文呼吁建立一门文化学。他说:"我想,分散地提这门学问、那门学问不行了,要综合地提、全面地提,所以建议称这门学问为文化学。"[1] 钱学森主张对中国的社会文化事业进行系统的研究,并建立起文化学的基础理论。钱学森所讲的文化学实际上就是文化社会学,因为他是主张从整个社会系统来研究文化事业并建立这门学科的。他的这个呼吁无疑是积极的,有建设意义的。在中国,随着社会学的恢复和重建,重新开展文化社会学的研究已经势在必行。

文化社会学是适应中国社会需要的一门学科,大力开展文化社会学研究对中国社会现代化建设具有如下理论意义和实践意义。

第一,大力发展文化社会学,有利于对中国社会文化进行整体性、综合性研究,以便给社会现代化建设提供可靠的文化参数。我们知道,文化社会学是从社会学的角度对各种社会文化现象进行整体研究的一门学科。特别是现代文化社会学的发展,吸收了许多现代自然科学的理论和方法,如系统论、控制论、信息论、耗散结构论等。这门学科要求从整体上把握各种社会文化现象,研究它们产生、发展的规律及其趋势,研究人、社会、文化交互作用的各种参数。文化社会学既是一种基础理论研究,又是一门应用

---

[1] 钱学森.研究社会主义精神财富创造事业的学问——文化学[J].中国社会科学,1982(6).

性很强的学科。它采用抽样调查、统计分析以及社区研究、个案研究等方法,从而可以比较准确地提供有关现实生活中的各种社会文化动态的数据,并从社会学的理论上给予说明和解释。这样就可以向社会政策制定部门提供综合的社会文化信息和理论依据,使社会现代化建设事业正常地健康地向前发展。

自然,文化社会学研究并不能包打天下,代替其他专门学科研究,如哲学研究、科学研究、文艺学研究、教育学研究等,而独立地研究各种社会文化现象。同样,研究各种专门社会文化的学科也都有自己独立的研究对象及理论、方法,甚至带有一定的整体性质,但这些学科研究也不能代替文化社会学。以文艺学研究与文化社会学的研究为例,就可以看出它们各自的独立性。文艺学研究主要通过对作家、艺术家的作品的形象分析来研究其所反映的社会生活。而文化社会学对文艺的研究则往往通过抽样调查、统计分析来看一个时期或一个地区文艺作品所反映的社会生活,它不仅研究作品本身,而且要研究作品创作、出版、传播、接受的整个社会活动过程及其社会文化背景,这些都是一般文艺学所不注重研究的。因此我们说,文化社会学带有新的整合性质。如同摄影一样,角度不同,影像也不同,各门学科可以分工合作,取其所长,补其不足,但不能彼此代替。文化社会学应该在中国学术界获得应有的地位。

第二,开展文化社会学研究,对中国的现代复兴与文明建设具有现实的意义。我们在本章第一节里曾经谈到,文化不仅是社会结构的重要参数,而且是人类社会化所不可缺少的中介,人们的社会心理、习惯、性格、行为无不与一定的社会文化环境密切相关。我们要建设高度文明的社会,就要落实到人的社会化上。人们对社会现代化采取什么样的价值取向,具有什么样的态度和行为,都与一定的社会文化教养有关。离开了文化,不仅不能建设现代社会文明,而且要出现野蛮的复归。目前,各种社会文化现象相互影响、相互渗透,深刻地影响着人们的价值取向和行为取向。况且,中国幅员广大、民族众多,不同社区和民族区的文化又

第一章 概　述

各有自己的独特个性。因此,中国的复兴与现代化建设面临着非常复杂的文化现实。在我们建设中国现代化社会时,这些文化现实较之有多少人口、多少物质资源更有特殊的意义。如果我们不对这些文化现实进行调查研究,并从理论上指导人们的价值取向和行为取向,那么,即使我们的现代化建设在物质上取得了巨大的进步,在文化上也仍然会有文明扫地、野蛮复归的危险。文化社会学正是一门研究文化现实的学科,它不仅研究各种社会文化现象是怎样交互影响、交互发展的,而且将在理论上说明文化是如何影响人们的思想、意识、心理、性格和行为的,是怎样与社会进程交互作用的。文化社会学理论的这种现实性和应用性,使它更容易直接地为中国的复兴与文明建设服务。

第三,文化社会学在其发展过程中不仅形成了许多分支学科,如知识社会学、科学社会学、哲学社会学、宗教社会学、文艺社会学等,而且它还与其他学科交互影响,产生了不少新的边缘学科,如文化生态学、文化心理学、文化地理学等。这些分支和边缘学科的研究成果,与中国社会现代化更是密切相关。这些学科所研究的文化生态、文化心理和文化地理,都是中国城乡现代化建设中所遇到的问题。借助这些学科的理论和方法,研究中国城乡建设中所遇到的具体社会文化问题,总结经验,找出规律,无疑会使我们少受挫折,少走弯路,能加快社会现代化的进程。

第四,作为一门学科,中国文化社会学的研究中断多年,而今发展这门学科,以填补多年的学术空白,使其自立于世界学术之林,也有重大意义的。这门学科的研究多年中断,不仅使我们对这门学科原有的理论知识陌生了,而且对近几十年来国外研究这门学科的状况所知也甚少。一些世界性的关于文化、文明及社会发展的学术会议缺少中国这样一个伟大文明古国的学者参加,不能不说是一件憾事。我们的民族是一个伟大的民族,我们的国家是伟大的国家,我们应该有自立于世界文化社会学研究之林的能力和信心。只要我们积极培养人才,努力发展文化社会学事业,中国新的一代文化社会学学者就可以步入世界社会文化学研究的殿堂,并以自己辉煌的理论成就与各国文化社会学家并驾齐驱。

　　文化社会学是一门科学,那么我们要建立中国的文化社会学,首先就必须认真研究、总结、概括中国历史上的社会文化实践活动的经验,特别是中国当代的社会文化实践活动的经验。我们不排除研究、总结、借鉴、吸取国外文化社会学的研究成果,包括其理论和方法,但它毕竟是彼时彼地的历史条件下的产物,是为解决其所在社会的社会文化问题而产生的,因此,绝不可以照搬。我们必须把文化社会学研究的重点转移到中国来,结合我们的国情民俗,以中国社会文化的发展为基础,建立具有中国气魄和作风的文化社会学学科。其次,文化社会学既然是一门科学,那么,它就必须建立在可靠的社会文化资料基础上。为此,我们就要进行扎扎实实的调查研究工作,调查中国社会文化产生、发展的历史和现状,调查研究社会文化活动的各个方面及其整个活动过程,在大量丰富可靠的资料的基础上,进行研究、比较、总结、概括,找出规律性的东西。只有这样,建立起来的文化社会学才能在中国生根,才富有生命力。最后,这个目标不是一两个或三五个人的努力所能实现的,它需要广大社会学及哲学、历史学、政治学、经济学、法学、伦理学、教育学、文艺学等学科的研究者共同努力。虽然文化社会学作为一门学科其研究曾中断多年,但中国的各种文化研究并没有中断,相反还取得了一些可喜的成就,这些成就就是建立中国文化社会学的基础。在这个基础上,有关学科的研究者共同奋斗10年、20年或者更长一点时间,就一定能够实现建立和发展中国文化社会学的目的。

第二章 文化社会学的理论综合

至今为止,文化社会学的理论经过了二百多年的发展,从孔德、斯宾塞的古典文化社会学理论,到现代弗洛伊德、萨特、胡塞尔等人为代表的精神分析、存在主义、现象主义。其间的过程是坎坷的。起初文化社会学理论并不为人所重视,孔德和斯宾塞只能享受思想上的孤独,而经历社会生产力和文化的斗争之后,人们才意识到文化在社会发展之中的动力。

第一节 古典时期的文化社会学理论

古典时期的文化社会学理论主要代表人物是孔德和斯宾塞。孔德从实证主义哲学出发,阐释了文化在社会发展之中的动力机制。斯宾塞把孔德的社会学理论与达尔文进化论结合起来,说明了社会进步的动力。

一、文化社会学产生的历史背景

(一)西方古典社会学适应了商业资本经济的发展

1. 商业资本经济动摇了西方旧贵族的生活根基

从17世纪到19世纪,可以说是西方资产阶级创立业绩的英雄时期。17世纪的英国工业革命,18世纪的法国政治革命,19世纪的文化、艺术杰作,一个接着一个,一个比一个伟大。如果15世纪至16世纪资产阶级在封建贵族眼里还不过是一些鄙俗的商人,那么在17世纪以后,资产阶级的行为、壮举,使贵族老爷们也不能不刮目相看了。然而,随着商业资本的迅猛发展,整个西方的社会结构、人际关系发生了巨大的变化,凡商业资本经济所达到的地方,一切封建的、宗法的和田园诗般的温情脉脉的关系都被无情地破坏了,代之而起的是赤裸裸的金钱关系和现金交易。

2.商业资本经济中存在明显的社会矛盾,实证主义哲学出现

商业资本经济生产能力的迅猛发展,曾使昔日的贵族表示惊叹。但是建立在商业资本经济基础上的社会制度的固有矛盾很快就暴露出来了,于是一些人沮丧,一些人不安,失望产生了,怀疑产生了。在社会的动荡和秩序的变化中,每个人都试图表明自己的理想,抒发自己的感情,因此产生了各种各样的社会文化思潮。19世纪30年代以后,随着商业资本经济走向垄断阶段,现实生活便要求自由让位于秩序·激情让位于法则,浪漫精神需要面对现实。在40年代,浪漫主义作为一种精神动力已经枯竭,现实主义则开始按照生活本来的面目思考问题了,也正是这个时期,法国的孔德(A. Comte)在他的《实证哲学教程》中提出了社会学,试图以新的哲学和政治体系建立起资本主义的社会秩序与和谐关系,以便消除社会弊病,解决社会问题。在19世纪70年代,实证主义哲学开始在社会各个领域运用,实证主义的历史学、实证主义的文艺学、实证主义的逻辑学、实证主义的犯罪学等等,蔚为大观,名噪一时,成为一种社会思潮。实证主义的古典文化社会学研究正是在这种情况下产生的,它一方面寓于综合社会学的研究中,另一方面也体现在人类学、民族学等学科对文化现象的社会学研究内。不管怎样,用实证主义哲学和进化论的社会学观点研究人类的社会文化现象已成为一种社会风气。

(二)西方社会文艺复兴以来的文化基础为文化社会学奠定了基础

1.哲学的研究为文化社会学研究提供了认识论和方法论

西方哲学斗争的焦点是知识的根源问题。大陆哲学家(主要是德国和法国)坚持认为知识来源于理性的演绎,而英美哲学家(主要是英国)则认为知识来源于经验的归纳。随着自然科学的进步,哲学认识论的斗争越来越激烈,发展出了不同的理论派别,如笛卡儿的理性主义发展为勒卢阿等代表的机械自然观,培根、洛克的经验论则发展为贝克莱、休谟的纯粹经验主义。这些认识论和方法论上的斗争,特别是法国"百科全书派"思想家的著作,都给孔德极大的影响。孔德的实证主义哲学就是企图调和理性主义和经验主义的斗争而出现的,但它在哲学上基本是渊源于培根、洛克等人的经验主义的,并且认为,从培根以来的一切优秀思想家,除了用以观察到的事实为根据的知识以外,没有任何真实的知识。这条基本原则如果恰当地加以应用显然是无可非议的,但在研究文化现象时,特别是在研究精神文化现象时,一切求诸经验实在,也是一种局限性。因为许多文化现象的存在是不可检验实证的,是不可知悉、没有逻辑的,如宗教神话中的思想境界等。孔德的实证主义哲学虽然有很大的局限性,但在当时对于反对中世纪以来的宗教神学还是有积极意义的。它提倡观察、实验、实地验证和进行历史的分析、研究,从而为研究社会现象和文化现象的文化社会学提供了比较可行的理论和方法。

2.西方社会思想的发展为文化社会学研究奠定了理论基础

孟德斯鸠在《法的精神》一书中认为,一切社会现象都是有规律可循的,只要是用自然科学的方法去探讨。他所说的"法的精神",就是一种社会关系的规律。他所说的社会"本质"和"原则",也就是指社会的特殊结构及其价值体系。因此,可以说,孟德斯鸠是社会学的先驱。孔德曾称孟德斯鸠为"社会科学之真正的创造人"。孔多塞撰写了《人类进化史图解》一书,首创将数学统计方法应用于社会科学研究的方法,并以进化论的观点研究了人类从原始社会以来在科学知识、伦理道德等文化生活方面的进步,曾被孔德称为"精神之父"。我们知道,孔德是圣西门的秘书和学生,不仅他的人类智力发展三阶段理论是从圣西门那里继承下来的,而且连"社会学"的名称也是从他的老师的"物理社会学"中借来的。虽然孔德没有把圣西门社会学思想的合理内在精神全部继承下来,但是圣西门关于社会发展规律的思想及其自然科学的研究方法对孔德的影响是不能低估的。总之,在18世纪和19世纪初期,西方一些先进的思想家关于人类社会发展的学说及其方法论,为古典文化社会学研究奠定了不容怀疑的理论基础,没有这些社会思想和学说,文化社会学的研究将是不可能的。

(三)自然科学的发展为文化社会学的研究开辟了新途径

15世纪到19世纪是西方自然科学创新发展的关键时期,西方自然科学几乎在每一个领域都取得了重大成就。自然科学的新发现一个接着一个,一个比一个新奇,一个比一个伟大。人们一方面以惊奇的眼光看待着自然科学的每一项新成就,另一方面也学会了以新的观点和方法观察世界和认识世界。启蒙运动以来的许多哲学社会科学家本身都是自然科学家,如康德是天文学家,歌德对光学有着重要贡献。更为重要的是,许多哲学社会科学家把自然科学的研究成果引入社会科学,如圣西门把物理学方法运用于社会思想研究,提出了"物理社会学";孔德用数学的方法研究人类社会,提出了"数学社会学"。这些理论和方法虽然属于自然主义、经验实在论的哲学思想和机械论的宇宙观,虽然不能用以解释复杂的文化现象,特别是精神文化现象,但它们也把社会学家、人类学家、民族学家等引进了一个新的广阔天地,使他们摆脱了当时的宗教神学的束缚,能以新的理论和观点去研究社会文化现象与整个自然界的关系和联系。从这个意义上说,自然科学理论知识的发展及其在哲学社会科学上的应用,对文化社会学的产生和发展是起了积极作用的。

二、古典文化社会学的先驱

(一)孔德

孔德是实证主义哲学的创始人,也是第一个提出建立社会学的理论家。孔德认为:"实证哲学的基本性质,就是把一切现象看成是服从一些不变的自然规律。"他把宇宙间万事万物纷繁的现象划分为五类:天文的、物理的、化学的、生物的和社会的,可见他所说的"一切现象",也包括社会现象和文化现象,这些现象也是要服从自然规律支配的。孔德认为,对于天文、物理、化学、生物四种现象,已经有专门的学科去研究了,只有社会现象没有专门学科进行综合研究,所以提出了社会学。他把社会学分为两种,即社会静力学和社会动力学。前者研究社会秩序和谐的理论,后者研究社会体系的发展规律。孔德认为社会是一个有机联系的整体,是有规律可循的。他按照自然科学的法则阐述社会的客观性,无疑是有进步意义的,但当他主张对文化特别是精神文化进行经验实证研究时,则常常陷入机械论的文化观。孔德无疑看到了文化的独立性及其超有机体的性质。例如,他认为社会发展的各种不同因素可分为两大类,第一类是精神的、智能的因素,第二类是气候、人种、人口、寿命等因素。他认为,对社会的发展起决定作用的是第一类因素,社会机体是建立在各种不同的智力和道德观点的基础上的,社会的发展受这些智能和道德观点的价值取向支配,特别是文化精神,是影响整个社会历史过程的,因此他不厌其烦地描述中世纪基督教对当时政治关系、社会关系以及道德、风俗的影响。孔德的这些看法虽然有夸大精神文化作用的嫌疑,但却是其文化思想中非常重要的一面。可惜这一面没有得到人们的重视,他影响于文化社会学的只是实证主义的经验研究。

(二)斯宾塞

英国的斯宾塞是继孔德之后第一个把社会学发展为一个完整体系的人,也是社会有机论的最高理论家。他在《社会静力学》《社会学原理》等书中,把孔德的社会学与进化论结合起来,系统地提出了他的社会学理论的两大主要原则:社会有机论和社会进化论。斯宾塞认为,孔德理解社会现象的方法的优越性就在于承认社会学依赖于生物学。斯宾塞在社会现象研究中又从马尔萨斯、达尔文那里引进了"适者生存"及自由、平等、竞争等法则。他在《作为研究对象的社会学》一书中认为,自然因果规律在社会发展中是普遍起作用的,只要把社会有机体看作生物有机体,就可以发现它们之间有着相似之处。由于他把社会现象与生物现象进行简单的类比,因此他的《社会学原理》的第一章的章节名就是"社会是有机体"。他把社会的发展看成是生物有机体从简单到复杂的进化过程,社会的各个部分(给养系统、分配系统和调节系统)也如同生物有机体的不同器官一样履行着不同的职能。虽然斯宾塞认为社会是有机体,但他也认为社会与生物有机体有不同的地方。斯宾塞在《社会学原理》以及在他指导下编成的18卷资料性著作《叙述社会学》中,用比较的方法研究了世界各地不同特质的文化"平行进化"的过程,他认为,这些文化的起源具有同样的心理因素。斯宾塞把文化看成是"超有机体"的观点后来曾影响美国文化人类学克罗伯一派的理论,而他以心理的因素解释文化起源的做法,又影响了美国文化人类学威斯勒一派的观点。

三、古典文化社会学的几个流派

(一)文化地理派

19世纪初期,法国的文学理论批评家斯塔尔夫人(Madame de Stall)在她的《从文学与社会制度的关系论文学》中,从自然环境和地理条件方面论述过西欧南北方文学发展的不同特点。我们在前边谈到的德国民族学家巴斯蒂安的文化地理区域理论和英国人类学家爱德华·泰勒的文化区域分布论，都可以说是文化地理学派的思想渊源。到19世纪后期形成了文化地理流派，代表人物是拉采尔。他是德国的地理学家、民族学家和社会学家，主要著作有《人类地理学》《非洲的弓》《土地与生活》等。拉采尔把社会看成如同生物一样的有机体，从地理环境方面描绘人类文化的进化与分布。他着重注意的是物质文化现象，认为物质文化特征是不同民族发展的标志，从各种物质文化特征上可以看出不同民族之间的历史联系，看出文化的移动和传播。拉采尔既是19世纪文化地理流派的代表人物，又是20世纪初德国"文化圈"派的创始人。除拉采尔外，古典文化地理学派中还有法国的丹纳、英国的巴克尔等人。丹纳主要是研究文学、艺术一类精神文化的，著有《艺术哲学》；巴克尔则侧重于民族意识、体格与物质财富的积累，著有《英国文明史》。其他还有一些社会地理学家、地质学家等。文化地理学派从地理环境的角度研究文化与自然界的交互作用的做法和相关见解是颇为重要的，但这种见解主要适用于原始文化的创造与发展，因为原始文化时期影响文化创造的主要是自然地理环境。文化世界创造发展起来以后，虽然也受自然地理环境的影响，但若过分强调地理环境，也就忽视了文化的独立性及其存在发展的复杂变量关系了。文化地理学派的思想对20世纪初期德国的"文化圈"学派、英国的传播学派、美国的历史学派以及现代的人文地理学派都有很大影响。

(二)文化心理学派

文化心理学派的思想在巴斯蒂安和泰勒的著作中即已表现出来。巴斯蒂安的"原始观念"和泰勒的"原始信仰"，都可以说是文化心理学的解释。到19世纪末期，实证主义心理学发展了起来，主要代表人物是美国的沃德和吉丁斯。沃德著有《动态社会学》《文明的心理因素》等书。除美国的沃德和吉丁斯外，英国的詹姆斯·弗雷泽和芬兰的希尔恩也从人类心理的角度解释文化现象。弗雷泽是民俗学家,著有《金枝》,其文化思想宗于爱德华·泰勒的"万物有灵"理论,不过他又把人类智力的发展划分为巫术、宗教和科学三个阶段。按照弗雷泽的意见,人类原始文化都由"交感巫术"产生。希尔恩主要研究文学、艺术一类精神文化,他的《艺术起源》一书,内容一半是心理学的,一半是社会学的,其思想主要受爱德华·泰勒和弗雷泽等人类学家的影响。古典文化心理派的思想主要是基于人类进化的理论,其研究方法也主要是实证主义的。但是到了19世纪末和20世纪初期,在反实证主义—进化论的思潮中,随着本能心理学、族体心理学、集团心理学的兴起,他们对自己的思想都进行了不同程度的修正。

(三)文化人种学派

而文化人种论则是一个非常反动的流派,其主要代表人物是法国的戈比诺、德国的奥托·安蒙和英国的张伯伦等人。在他们看来,所有的人类文化都是白色人种创造的,其他文明民族的文化都是白色人种的文化传播的结果;白色人种的文化又是由雅利安人创造的,而日耳曼人则是雅利安人当中的最高级种族,因此日耳曼人是人类的花朵和文明的中心。文化人种论为德国法西斯主义者进行扩张、侵略战争制造了理论根据。

除上述文化流派外,还有一些别的流派,如文化机械论、文化唯能论等等,大都以自然科学的理论解释文化现象。这些理论离文化的社会学思想更远,这里就略而不论了。

四、文化社会学学科的确立

(一)德国古典综合文化社会学体系

文化社会学作为一门学科确立起来,必须要认真解决以下几个问题:一是文化社会学的研究对象与研究领域,二是文化社会学的研究方法;三是文化社会学与其他学科之间的关系。对于这些问题的回答,西方社会学史上,存在两个不同的答案:一种是作为综合社会学的文化社会学,另一种是作为对文化进行社会学研究的文化社会学。综合社会学的文化社会学观念出现较早,在孔德的《实证哲学教程》和斯宾塞的《社会学原理》等著作中,社会是一个由各个部分组成的有机联系的历史主体,这个历史的主体是超越个人而存在的,是不断发展进化的。他们认为,社会学就是一门对这种历史主体进行统一的、综合性研究的科学。他们反对当时存在的把社会研究分解为不同部分的各门社会科学(如经济学、政治学、法学等)的独立存在做法,而强调必须对社会进行整体的统一的研究。因此,孔德、斯宾塞的早期社会学乃是一个包罗万象的体系,是综合的社会学。德国社会"形式论"代表人物齐美尔在1908年著的《社会学》一书中认为,社会不是个人的总和,也不是静态的实体,而是由各个人所关心的政治、经济、法律等内容相互作用形成的人类关系的各种形式。他把这些形式分为很多类型,有集合的、依存的、对抗的以及竞争、合作、交换等。这些形式实际上是抽象化的文化内容。齐美尔认为,这些形式的内容,如政治、经济、法律等,已分别有政治学、经济学、法学等学科研究了,而只有联结这些内容的形式还没有专门学科研究,社会学作为一门学科就应该以这些形式作为自己的独立研究对象和研究领域。社会学只研究形式,不必管它的内容,就像几何学只研究三角形或圆的图形一样,不必管它是由什么物质内容构成的。齐美尔所说的形式,乃是纯粹的形式,其形式社会学实际上也是综合社会学,不过是以形式代替孔德、斯宾塞综合社会学中的社会概念。

在第一次世界大战以后,德国战败,德国文化的优越感消失,代之而起的是要求根据人类本来的历史事实重新看待各民族文化精神及其形态的发展,根据社会的文化内容重新研究人类的社会经验。这样,德国的文化研究就从黑格尔的世界历史统一的自由观念和绝对精神学说走向了对人类不同民族文化精神发展的探讨,德国的社会学研究也从齐美尔的纯粹形式社会学研究阶段走向经验社会学研究的阶段。这个阶段有两个重要的结果,一个结果就是奥斯瓦尔德·斯宾格勒的人类文化形态学或文化类型学;另一个结果就是马克斯·韦伯的宗教社会学和马克斯·舍勒的知识社会学。斯宾格勒认为,每一种文化都如同生命一样有自己的情欲,它们的发展就像动植物的开花、结果、枯衰一样,有着自己的周期。在《宗教社会学概论》中,马克斯·韦伯对世界上的儒教、佛教、印度教、基督教、犹太教等五大宗教进行了研究,认为这些宗教的伦理精神与经济的发展是交互影响的。舍勒在《社会学的宇宙观》《知识社会学研究》《知识与社会》等著作中认为。人类历史的发展有两种原始的动力,一种是人本身的冲动,如性冲动、营养需要的冲动等;另一种是精神,即文化观念的法则。他把研究第一个原始动力的社会学称为实在社会学,把研究第二个原始动力的社会学叫文化社会学。舍勒的文化社会学的内容是极广泛的,包括了人的生命以外的所有社会生活领域。他把文化社会学分为知识社会学、宗教社会学、艺术社会学、法律社会学、形而上学社会学、科学社会学、经济社会学等等。可以看出,舍勒的文化社会学乃是新的综合社会学。

(二)美国文化社会学观念研究

美国的文化社会学一方面来源于行为主义的心理学的发展,另一方面产生于社会学与文化人类学的结合。美国文化社会学发展的要求产生于美国社会的发展。众所周知,美国社会是在欧洲移民的基础上建立起来的,它不仅有大规模的农业生产和垄断工业生产所出现的大量社会问题,而且还有移民所带来的人口、种族之间的许多矛盾。这就要求美国的社会学研究必须面向美国的现实,实现社会学的"美国化";不仅要求心理学家研究、解决个人与社会的矛盾冲突问题,而且要求文化人类学家也必须面对当代社会的现实。这样,一方面使心理学转向了人的行为研究,另一方面也迫使文化人类学对现代社会生活现象进行研究。

1. 与心理学结合的文化社会学研究

美国从20世纪前25年开始就聚集人才,致力于社会学的"美国化"。这个时期,美国心理学的最明显的转变是走上了行为主义的路向,其主要代表人物有米德、伯纳德等。这个学派一方面受机能主义心理学的影响,另一方面又力图从德国胡塞尔的现象学和齐美尔的形式社会学中吸取社会观念。米德是美国行为主义心理学的倡导者,他死后由其学生整理出版的《心灵·自我与社会》一书集中地反映了他的学术观点。米德的研究主要是对人类个体关系的分析。他认为,个人的心理是由社会决定的,个人的行为主要是有意识的社会行为,社会是由个体及由个体组成的群体相互作用的总和,而这种互动通过个体经验和意识到的有意义的符号而发生,这些有意义的符号在相互作用的过程中逐渐规范化,其结果就是文化。米德的这些观点后来被称为"符号互动论"。其他如伯纳德的《社会心理的调适行为研究》、杜威的《人性与行为》等著作,也多把人类行为放在社会的风俗、习惯等文化环境中去研究。这些行为主义的心理学家认为,对人的内部意识是无法进行客观分析的,只能用行为发生的环境影响和刺激来加以解释,因此他们提出文化价值论,而对这种文化价值进行社会学的研究,也就形成了当时美国的文化社会学。1933年,在《社会学的领域和方法》一书中,伯纳德列举了美国社会学的研究科目,除了历史社会学、生物社会学、教育社会学、法律社会学、宗教社会学等等以外,文化社会学是其中一个主要的社会学分支学科。

2. 文化人类学研究

美国过去的文化人类学主要研究原始民族(包括史前)的生活状况,从19世纪末到20世纪初期,美国的文化人类学家也基本上是沿着当时欧洲进化论的原则前进的。但是到了20世纪30年代,由于美国面临着大量的移民问题和工业化过程中出现的问题,文化人类学家渐渐转向了对现代社会生活的文化研究,其主要代表人物是博厄斯及他的学生。博厄斯原是德国人,后来定居美国成了著名的学者。博厄斯最初受文化进化论的影响,后来接受了文化传播学派的一些观点,在批评与比较中又接受了行为主义的心理学,逐渐形成了他的历史论的社会文化观念。博厄斯最初在北极从事人文地理的研究,后来转向了文化类型的探讨,试图用历史的方法揭示人类智慧活动的规律。博厄斯的学说被他的学生们辗转开拓,后来在美国逐渐形成了一个颇有影响的文化历史学派。这个学派的主要人物有克罗伯、罗伯特·路威、维拉姆·奥格本、勒蓬等人。克罗伯著有《人类学(种族、语言、文化、心理学、史前史)》《文化发展的结构》《文化变迁论》等书;路威著有《文明与野蛮》等书;奥格本著有《社会变迁》一书,从社会的变迁说明文化因素的作用,说明文化对于个人习惯及其行为的影响。除了上述学者外,其他像华莱斯、凯莱、维莱等也都主张对文化做社会的历史的研究。在他们看来,只有对文化进行社会的、历史的研究,才能对文化的产生、发展及其社会作用给予真正的说明。这样就产生了从文化人类学发展而来的美国文化社会学。1934年,在《文化社会学与民族社会学的领域和问题》一书中,勒蓬已经列举和规定了文化社会学的特有的研究对象和领域。这种文化社会学实际上是文化人类学的一个分支学派,是文化人类学转向现代社会生活研究过程的社会学化的结果。

  美国的文化社会学无论是从心理学转向行为主义研究而产生的,还是从文化人类学转向现代社会生活的社会学研究而产生的,共同点就在于都要说明文化对人类社会的影响和作用。这种对文化进行社会学研究的文化社会学,与作为新的综合社会学的德国文化社会学是不同的,它只是社会学的一个分支学科,而不是把文化作为主要研究对象的德国综合社会学的文化社会学。当然,这并不是说美国不存在综合社会学的文化社会学观念。例如,皮梯利姆·索罗金的"文化进程论",就接近于德国文化社会学的观念。因为行为主义的心理学不能说明现代复杂的社会生活现象,索罗金在《社会的和文化的进程》《社会、文化和个性》等著作中提出,社会文化是一个体系,它又分为不同的社会层次,人们都处在文化体系中的不同层次地位上,只有把人们的行为放在不同社会文化体系的层次上,方能说明其行为的"现实的基础"和"思想的基础",说明文化的意义和价值。索罗金的这种"文化进程论"实际上是一种综合社会学或历史哲学,是一个包括哲学、社会学、心理学和价值学说的综合体系。

第二节 马克思主义的文化与社会理论

马克思本人并没有专门阐述文化与社会学的理论,不过马克思主义的理论则是可以发挥的,是具有普遍的适用性的。

一、社会文化取决于经济领域的发展

(一)文化进步取决于经济发展

马克思从复杂的社会生活的各个领域中划分出经济领域,从一切社会关系中划分出物质关系和思想关系,即经济基础和上层建筑,并且认为一定的社会经济基础制约着整个政治的、法律的上层建筑以及一切纯粹精神活动的发展过程。

文化是社会意识的一个重要构成部分,因此按照马克思主义的理论可以看到,一个时代的文化决定于这个时代的经济发展程度,或者更本质地说,决定于这个时代的生产力的发展水平。在马克思那里,文化不仅作为社会意识的一个构成部分受制于社会经济的发展状况,还通过作用于人们的思想意识间接作用至社会经济甚至整个社会。文化与经济之间的运动关系,从根本上说,取决于前文所定义的实践。人们的实践能动的作用于文化和经济,从而实现文化与经济的共同进步。这个方面最为典型的例子当属20世纪前后的中国社会。

马克思社会生活领域中关于物质关系和思想关系的划分对于社会进步具有重要的意义。第一,在此以前,社会学家总是难以分清纷繁的社会现象中的主要现象和次要现象,既找不到划分这些社会现象的标准,也找不到这些社会现象产生、发展的历史根源。马克思从分析社会关系的物质性入手,把社会关系归结为生产关系,把生产关系归结为生产力发展的形式,并把各种社会制度形式概括为一个基本的概念,即社会形态,根据社会形态更替的重复出现和规律性而把社会发展看成一个自然历史过程,这就不仅为划分各种社会现象提供了客观的标准,而且第一次把社会学提到了可进行客观研究的水平。第二,在此以前,各种文化学家、文化史学家总是把人类所创造的复杂纷纭的社会现象统统看成是文化现象,把人类社会发展史笼统地看作文化史。这不仅很难区分社会与文化的关系,而且也根本找不到社会和文化发展的历史动因。马克思把社会看成是一定生产关系即社会关系的总和,把各种生产关系在一定历史阶段的结构看成是社会结构,并从社会结构的各种社会参数和文化参数中划分出物质生产、经济关系的社会基础和与之相适应的由政治、法律及各种精神文化现象构成的上层建筑,这就不仅划分出了各种社会和文化现象的类别,而且找到了社会和文化发展相互间的关系,第一次避免了过去文化学家、文化史学家把人类社会发展中的物质生产和经济关系"当作'文化史'的从属因素顺便提到过"[1]的错误。

(二)文化和经济的发展是不平衡的

精神文化的发展、观念的发展,并不是那些看来是合乎自然次序或符合历史发展次序的东西所决定的,恰好相反,它们往往是由社会中的相互关系决定的。古代希腊艺术产生的经济基础,与现代相比无疑是落后的,但是它作为人民通过幻想用一种不自觉的艺术方式加工过的自然和社会形式,至今仍然能够给我们以

---

[1] 马克思恩格斯选集(第3卷)[C].北京:人民出版社,1995,第66页.

艺术享受，而且在某些方面还是一种高不可及的范本。同样，罗马中世纪的生产和经济制度与现代相比也是相当落后的，但是它所产生的罗马法典，对后来欧洲各国的法律都有着深刻的影响。在17世纪末叶的德国文化发展中也可以看出这一点。

当时，德国的社会、政治、经济都是非常落后的，然而在精神文化方面她却是伟大的，文学上产生了伟大的诗人歌德和席勒，哲学上产生了康德、费希特和黑格尔。也就是说，物质生产和精神文化生产的发展绝不是等同的。正是从这一点出发，马克思认为，商业资本的生产与某些精神生产部门，如艺术和诗歌，是相敌对的，现代人虽然在力学等方面超过了古代人，然而并不能创造出自己的史诗来，不能用《亨利亚特》来代替《伊利亚特》。精神文化创造是一定社会形态下自由的精神生产，是在一定的历史发展和特殊的形式下按照精神文化生产的特殊规律进行的。它们绝不是简单地由经济基础决定的，而是与一定经济基础上的政治、法律、哲学、宗教等一切因素交互作用和交互影响的。由此可见，马克思的理论并不是庸俗唯物主义的简单套语，或者像某些社会学家所说的那样只是"经济决定论"。

(三)各民族文化存在多样性统一

马克思不仅研究了人类社会的一般规律，而且还研究了不同地区、不同民族社会发展的特殊规律，特别是对非欧洲国家的社会和文化发展所进行的研究，更显示出一种新的历史哲学的观点。在这种研究中，马克思对于举足轻重的中国和印度给予了特别的关注。马克思认为，中国天朝是一个以官僚体系和宗法制度为支柱的社会，这种官僚体系和宗法制度之所以过去能够维持而在现代世界竞争中却发生悲剧，一个重要原因是它们"不顾时势，仍然安于现状，由于被强力排斥于世界体系之外而孤立无依，因此竭力以天朝尽善尽美的幻想来欺骗自己"[1]。除了道德的原因

---

[1] 马克思恩格斯选集(第2卷)[C].北京：人民出版社,1995,第26页.

之外,马克思认为,"第二个原因是国内的经济组织和小农业等"❶。尽管如此,马克思仍然认为,中国所进行的保存中华民族的战争终究是人民战争,对这种战争"不应当根据公认的正规作战方法或者任何别的抽象标准来衡量,而应当根据这个起义民族所达到的文明程度来衡量"❷。特别是当马克思看到中国太平天国起义连绵不断,已经汇合成一个强大的革命力量的时候,不管这些起义的原因是什么,是宗教的、王朝的,还是民族形式的,他都认为将打破天朝帝国野蛮的、闭关自守的、与文明世界隔绝的状态,而与整个世界体系建立起联系。❸ 这里,马克思对于中国特殊的社会历史变革表现出了极大的热情,也表现出了他的历史哲学的、多样性。这一点,在他对印度社会的看法中也表现得同样明显。马克思认为,印度是"一种特殊的社会制度的国家,即所谓村社制,这种制度使每一个这样的小单位都成为独立的组织,过着闭关自守的生活"❹,对这种社会文化状况,即使英国的统治,即使内战、外辱、政变、征服、饥荒等连续不断的破坏,都仅仅触动了它的表面。尽管如此,马克思仍然看到了印度社会文化的特殊性,又从印度札提和婆罗门两个种族集团的社会文化原型上看到了人类原始社会文化的统一性。社会和文化是多样性的统一,这就是马克思的历史哲学。

(四)马克思的异化劳动思想对社会发展具有重要意义

在马克思主义产生以前,各种哲学家、伦理学家、文化学家以及美学家、教育学家等关于人的本质和人的属性等的看法,是非常模糊不清的。旧的文化理论家,如从文艺复兴时期的思想家到德国古典哲学家,能够看到人类意识的矛盾性,看到人的性格的分裂,无疑是一个不小的进步。但他们没有也不可能看到这种矛

---

❶ 马克思恩格斯全集(第29卷)[C].北京:人民出版社,1972,第26页.
❷ 马克思恩格斯选集(第2卷)[C].北京:人民出版社,1995,第20页.
❸ 马克思恩格斯选集(第2卷)[C].北京:人民出版社,1995,第1—2页.
❹ 马克思恩格斯选集(第2卷)[C].北京:人民出版社,1995,第66页.

盾和分裂的历史根源，也不可能找到克服这种矛盾和分裂的真正途径。如德国席勒在他的《审美教育书简》中虽然认识到近代工业社会像一种精巧的钟表机械一样，把人束缚在一个孤零零的片断上，造成了政治与宗教、法律与道德的分裂，造成了欣赏与劳动、手段与目的、努力与报酬的脱节❶，但他找不到人的存在的不和谐及致命的冲突的现实基础，而只是把它归于人性的分裂和堕落，因此，只求助于审美教育，试图培养出"完备的人格"或"优美的心灵"，来弥补这种人性分裂的社会现象。与这种纯粹美学的思想相反，马克思从人们现实生活的关系及其活动中，从历史发展的一定阶段的社会发展中，揭示了社会生活及其文化怎样发展成为一种统治人的异己力量。特别是异化劳动的概念，更揭示了这种异己力量发展的本质。马克思认为，"在奴隶劳动、徭役劳动、雇佣劳动这样一些劳动的历史形式下，劳动始终是令人类厌恶的事情，始终是外在的强制劳动"❷。又如，商业资本社会生产使一切产品和活动都转化为交换价值，同时也就使个人的活动，不管其采取怎样的表现形式，都在社会关系中转化为商品的价值，一切个性、一切特性都被否定和消灭，变成了一种一般的东西。马克思对这种现象曾经尖锐地嘲讽说："一切所谓最高尚的劳动——脑力劳动、艺术劳动等都变成了交易的对象，并且因此失去了从前的荣誉。全体牧师、医生、律师等，都只是根据他们的商业价值来估价了，这是多么巨大的进步呵！"❸马克思认为，这种社会文化的异己力量的存在，都是与一定的特殊的历史规定性的生产方式相适应的，因此，它具有独特的、历史的和暂时的性质。人类要想克服这些社会异己力量的统治，就必须克服与产生它的那些相适应的生产关系及历史条件。只有克服、改变了那些关系和条件，个人的独创和自由的发展才不再是一句空话，每一个社

---

❶ 席勒.审美教育书简(第6封信)[M].参见古典文艺理论译丛(第5册).北京：人民文学出版社,1962,第56页.

❷ 马克思恩格斯全集(第46卷下)[C].北京：人民出版社,1974,第112—113页.

❸ 马克思恩格斯全集(第6卷)[C].北京：人民出版社,1961,第659—660页.

会成员才能够都完全自由地发展和发挥他的全部力量和才能。

二、西方马克思主义文化社会学理论

(一)拉法格的文化社会学思想

拉法格是国际工人运动的著名社会活动家。他著有《宗教和资本》《财产及其起源》《思想起源论》《唯心史观和唯物史观》等。

拉法格的《宗教和资本》是一本研究神话的著作,他运用神话材料研究了原始的资本主义伦理精神。该书的第一篇"关于亚当和夏娃的神话"之下附有一个副标题"比较神话学纲要",由此可知此书主要属于比较神话学研究的范围。马克思虽然对希腊神话做过多方面的论述,但并没有写过专门的神话学著作。拉法格的这本著作不仅丰富了马克思文化社会学的内容,而且对比较文化研究也是一个贡献,因为神话是文化社会学研究的重要内容。

拉法格的《财产及其起源》是为祝贺恩格斯75岁寿辰所献出的礼物。恩格斯虽然在《家庭、私有制和国家的起源》一书中论述过财产的起源及发展,但并未专门讨论这个问题。拉法格在该书中以大量的资料研究和分析了资本主义社会以前财产的起源及各种不同占有形式的变化,研究和分析了随着生产工具的发展、劳动生产率的提高和剩余产品的出现,怎样从原始公有制中分化出了财产的私人占有制度。可以说,拉法格的这本著作是对恩格斯的《家庭、私有制和国家的起源》的补充。

在拉法格的许多文学研究和批评著作中,《关于婚姻的民间歌谣和礼俗》一文是特别值得重视的。他认为,粗俗不文的民间诗歌是"人民灵魂的忠实、率真和自然的表现形式","也是人民的科学、宗教和天文知识的备忘录",它们"保留着史学家们所不知道的过去时代的风俗"。[1] 在该著作中,拉法格详细研究了各民族

---

[1] 拉法格文学论文集[C].北京:人民文学出版社,1979,第8—9、53页.

不同的民歌和礼俗,从中看出了不同民族历史阶段的妇女在社会中所处的地位。拉法格的这篇著作是非常有学术价值的研究成果。

(二) 弗朗茨·梅林的文化社会学思想

弗朗茨·梅林是一位被称为不仅愿意当马克思主义者,而且善于当马克思主义者的理论家,在政治、历史、哲学、文学等方面都留下了一系列著作。可以说,梅林是马克思主义文化社会学思想的先行者之一。

梅林的文化社会学思想主要表现在对德国历史及社会文化的出色研究中。在梅林的卷帙浩繁的著作中,最为世人瞩目的是他的《莱辛传奇》。在这部巨著中,梅林不仅论述了莱辛的生平、著作及其对德国启蒙运动的影响,而且从广泛的历史背景中,研究了德国社会文化的发展,揭露和批判了普鲁士"开明"专制主义的实质。梅林在这部著作中对德国的社会文化的历史研究是非常详细的,深入到了普鲁士历史的各个角落。从弗里特里希二世所进行的七年战争,到欧洲一系列政府内阁所进行的相互斗争;从容克贵族所享受的特权,到市民阶层及老百姓所受的鱼肉;从方兴未艾的资产阶级的斗争,到受虐待受压迫阶级为自身解放所进行的第一次搏斗,他以大量的史料,淋漓尽致地描绘了德国伤痕斑斑的社会状况,并从荆棘丛里看出了德国历史的真正模样。因此,恩格斯在看了《莱辛传奇》以后写给梅林的信中说:"您的巨大功绩是,您在普鲁士历史这一摊污泥浊水里清出一条路来,并指出了事物的真正联系。"[1]

尽管对过去时代的因果关系的确定缺乏充分的论述,但《莱辛传奇》仍然不失为一部具有文化社会学思想的专题著作。

(三) 普列汉诺夫的文化社会学理论

普列汉诺夫是俄国马克思主义理论家。他的著作很多,如

---

[1] 马克思恩格斯全集(第39卷)[C].北京:人民出版社,1974,第64页。

当前视域下的文化社会学探究

《论一元史观的发展》《论个人在历史上的作用问题》《没有地址的信》《从社会学观点论十六世纪法国戏剧文学和法国绘画》以及《艺术与社会生活》等。普列汉诺夫的这些著作,不仅给历史发展的唯物主义形式以足够的位置,而且可以说彻头彻尾地贯穿着一元论的唯物主义历史观。

普列汉诺夫第一次把社会意识区分为社会心理和思想体系,并根据经济基础与上层建筑的关系进行解释。他认为,经济基础和上层建筑的关系可被分为五个层次:

(1)生产力的状况。

(2)被生产力制约的经济关系。

(3)在一定的经济"基础"上生长起来的社会政治制度。

(4)一部分由经济直接决定的,一部分由生长在经济上的全部社会政治制度决定的社会中的人的心理。

(5)反映这种心理特性的各种思想体系。❶

马克思把社会的结构划分为物质生产力、生产关系、法律的和政治的上层建筑、社会意识形态四个层次,而普列汉诺夫进一步把社会意识形态划分为社会心理和思想体系,这不能不说是一个发展。马克思在谈到社会意识的构成内容时也曾谈及许多社会心理现象,如他在《路易·波拿巴的雾月十八》中说:"在不同的所有制形式上,在生存的社会条件上,耸立着由各种不同情感、幻想、思想方式和世界观构成的整个上层建筑。"❷马克思这里讲的"情感""幻想",就属社会心理的范畴。但是,马克思在他的著作中并没有明确使用过"社会心理"这个概念。而普列汉诺夫把情感、幻想归于社会心理,把思想方式、世界观归于思想体系,明确地表示"社会的心理永远顺从它的经济的目的,永远适合于它,永远为它所凑定",并认为它与思想体系"有一个共同的根源,即某一个时代的心理"❸。把社会心理归结为顺从经济目的,并完全为

---

❶ 普列汉诺夫哲学著作选集(第3卷)[C].北京:人民出版社,1962,第195页.

❷ 马克思恩格斯选集(第1卷)[C].北京:人民出版社,1995,第629页.

❸ 普列汉诺夫哲学著作选集(第3卷)[C].北京:人民出版社,1962,第196页.

它所决定,这自然是机械唯物论或庸俗唯物论的,但他能够看到思想体系反映经济基础的社会心理这一中间环节,应该是一个进步。

谈到普列汉诺夫的文化社会学思想,我们不能不提及他那一系列关于文化、艺术研究的著作。他的《从社会学观点论十六世纪法国戏剧文学和法国绘画》《艺术与社会生活》等著作以及对别林斯基的文学观点和车尔尼雪夫斯基的美学理论的评论等,都是名副其实的文化社会学研究。这里值得特别指出的是,他于1899年至1900年间写的《没有地址的信》及其为写这些信所准备的概要和提纲性质的札记,对原始社会文化、艺术史的研究所下的功夫是非常巨大的。他收集了当时及以前的文化人类学家、民族学家、民俗学家等的著作中的资料,用历史唯物论的观点详细研究了原始文化、艺术的起源和发展问题,说明了原始社会的舞蹈、装饰艺术、雕刻、绘画、文艺以及原始的宗教、风俗等怎样从劳动中创造出来,怎样依赖于当时的社会经济状况和生产力的状况。尽管对符·弗里契等人的庸俗文化社会学产生过一定的不良影响,但是他的《没有地址的信》仍然不失为一部关于原始民族的文化艺术的社会学研究的有概括性的理论著作。

随着西方社会经济文化的发展,马克思主义的文化社会学思想也遇到了挑战。其中最明显的是,世界发生如此之大的变化,而且其中许多变化都是马克思所没有注意到的,因此,指望用马克思著作中的具体结论来指导现实的社会文化生活,显然是没有根据的。

另外,马克思早期著作的出版及发表,也提供了人们所忽略的东西,因此,研究马克思主义思想史的人也就根据这些著作开始"重新发现"马克思。凡此种种,在西方就造成了一种"修改""补充"马克思主义的社会文化思潮,形成了各种各样的当代西方马克思主义流派。

这种思潮如果从卢卡奇1923年发表《历史与阶级意识》算起,到现在已经有90多年的历史了。西方马克思主义的流派虽然很多，但是如果从文化哲学的基本倾向上来分，大体上可以划分为实证主义与反实证主义的两个流派。前者如德拉·沃尔佩和卢西奥·柯莱蒂的"新实证主义的马克思主义"、阿尔都塞的"结构主义的马克思主义"等。他们主要强调马克思主义中的科学实证传统，但又认为必须清理马克思主义理论中的弱点，即早期思维方式的残余或黑格尔色彩。后者如从卢卡奇到法兰克福学派及梅洛－庞蒂、萨特的"存在主义的马克思主义"等。他们强调马克思主义革命、批判的一面，否定其科学、实证的一面。他们主要是受新黑格尔主义的影响，利用马克思的早期著作，对工业社会的异化劳动进行批判。不论是利用马克思的早期著作，还是清理马克思理论的早期思维方式，都已不是原来马克思主义的理论体系，而是借马克思的著作，阐发自己的思想。借用明朝人李贽的话说，就是"借他人之酒杯，浇自己之块垒"。但是对各种各样的当代西方马克思主义流派的理论，我们也不能完全否定。他们对西方工业社会文化对人的压抑、疏离的批判以及对人的价值与力量的强调，都是有合理性的，也是有积极意义的。

　　社会在发展，理论也在发展，总不能停留在马克思的个别结论上。因此，研究马克思主义文化社会学思想，不能把它变成僵化的意识形态，或者把它当作万古不变的教条，然后做些"经院式"的寻章摘句的注释。马克思的文化社会学思想，在他的理论前提及历史条件下，无疑是一种有逻辑、有说服力的理论学说，但它要随着社会生活的发展而发展，要吸收各方面的新的科研成果而不断创新。抱残守缺，故步自封，或作茧自缚，在研究上走"死胡同"是没有出息的。面对中国现代化建设的实际，面对当代自然科学和社会科学发展的实际，特别是中国几千年的文化传统及伦理道德精神，我们必须研究新情况、新问题，做出新结论，提出新理论。唯其如此，才能把马克思主义文化社会学思想中国化，才能将其融入中国文化社会学发展的大流。

第三节　西方现代的文化社会学综合

从 20 世纪初到 20 世纪七八十年代,是西方文化社会学从"批判"走向新的"综合"发展的时期。这种"批判"既包括不同学派(流派)对实证主义社会学文化进化论的批判,也包括各个学派(流派)之间的相互争吵和批判。所谓新的"综合",是说西方社会学家面对着社会、政治、经济的激烈动荡和巨大变化,在理论上和方法上逐渐放弃了纯粹自然主义或主观主义因果论的观点,试图根据自然科学与社会科学各门学科的成就去解释或理解社会和文化现象,由此出现了新的综合研究的趋势。

一、文化社会学发展的现代社会背景

(一)接连的两次世界大战

从 20 世纪初以来,人类经历了两次世界大战。战争一方面标志着西方社会的矛盾和危机,另一方面又加剧了这种矛盾和危机,特别是第二次世界大战。战争是结束了,然而它给社会、政治、经济、文化及人们的心灵所带来的影响却是深远的。

首先,战争并没有解决西方社会固有的矛盾。当战争结束时,无论是战胜国还是战败国,都面临着通货膨胀、物价飞涨、工人失业以及学生运动、工人罢工等一系列社会问题。各个国家为了资本的利益,斗争更加剧烈,旧日的联盟让位于新的对峙,过去的友谊沦为现今的争夺,为此而展开的贸易战、外汇战以及各种形式的以邻国为壑的财政赤字转嫁都是令人触目惊心的。从 20 世纪 50 年代起,西方国家试图通过发展科学技术、提高生产力来解决自身的矛盾,虽然给社会带来了暂时的稳定,然而伴随着科学技术、物质生产的发展而来的却是道德的沦落、精神的衰败,并产生了生态危机、自然资源危机以及社会心理的危机等一系列问题。凡此种种矛盾,都反映到社会科学家的研究中来,要求他们给予理论上的解释和回答。如果有谁发现或发明了一种理论,能够对现实的关系给予新的理解和说明,或者规定出一种"如果……那么就……"的令人信服的可验证的命题,自然就会产生巨大的影响,他也就会成为现时代的理论家。正是在这种社会现实的要求下,产生了各种各样对人的命运、人生的价值和意义以及个人的幸福和自由的选择等问题进行回答的社会文化理论思想。

其次,战争也没有解决西方国家与殖民地、半殖民地国家的矛盾,相反,战争教育了人民,唤起了各国人民群众的民主和民族意识的觉醒。此时此刻西方国家不能不清醒地看到,再用过去老一套的办法统治和剥夺殖民地、半殖民地国家的人民已经行不通了,必须改变策略,以适应新的形势需要。这样就迫使西方一些社会学家、文化人类学家及哲学家加强对亚、非、拉各国民族文化的研究,加强对不同国家的"文化、文明及相互适应"的理论研究。正是在这种情况下,产生了西方关于文明类型、文化模式以及文化适应等一系列问题的文化社会学思想。与此同时,随着马克思主义社会文化思想的传播,应用这种理论研究工业社会发展起来以后的各种社会文化问题的人也越来越多,因此,形形色色的西方马克思主义文化社会学理论派别也发展起来了。这种理论已不是马克思本人所运用的理论与方法,而是掺杂了存在主义、弗洛伊德主义、结构主义等的思想。这自然也给文化社会学的发展带来了异常复杂的情况。

战争对人们的心理和行为的影响更深刻。人们为了赢得那场"神圣"战争的胜利,流血牺牲,付出了沉重的代价。然而当战争结束时,他们所面临的是失业、通货膨胀以及官僚垄断统治。"生活是值得的吗",人们提出这样的问题。于是关于人的价值、人生的意义、人的行为、人的心理等等成了人们注意的中心问题,也成了整个社会科学所面临的主要问题。我们知道,远在 19 世纪末20世纪初,各种非理性的派别已经出现,如新康德主义、新黑格尔主义、直觉主义、实用主义以及尼采哲学、生命哲学等。战争一结束,这些社会思潮澎湃而来,冲击着西方社会文化的各个领域,成了西方社会文化思想体系的理论基础。社会学及其文化研究愈来愈走向经验主义,其中心问题是着眼于人和人的问题的研究。在这些思潮看来,一切问题都是人的心理和行为造成的,但它们看不到产生这些心理和行为的社会根源。为了解释人们的心理和行为,弗洛伊德的精神分析成了时髦理论;为了说明人的价值、人的存在,以萨特(P. Sartre)为代表的存在主义盛行了起来;为了维护社会的平衡和稳定,帕森斯、默顿以及列维·施特劳斯等人把功能主义发展为一种结构主义;为了使人不偏离社会规范,研究人们的社会行为及其互动关系的行为主义心理学、互动理论发展了起来;为了摆脱危机,寻找出路,人们对胡塞尔的现象学理论也非常地感兴趣。另外,有些人举起"批判社会学"的旗子,有些人喊出了"辩证社会学"的口号,如此等等。所有这些理论、观点,都企图改变人的活动条件、因素。所有这些理论,都成了这个时期文化社会学发展的时代特征。

(二)西方社会的主要思想潮流

从20世纪初以来,西方社会除了最初20年,大体经历了三四十年代、五六十年代和七八十年代几个阶段。在最初20年里,西方社会刚刚从世纪交替中走了过来,它既带着19世纪的时代烙印,又显示了新的时代特征。人们在这个时期经历了经济、政治和社会的剧烈动荡不安,经历了第一次世界大战,并赢得了一个新时代的开始。可以说,西方现代主要社会思潮和流派都产生于这个时期,到20世纪20年代后期逐渐成了主流派。20世纪30年代,由于社会的经济危机,知识分子一度向"左倾"。同时,这个时期也出现了托马斯·艾略特等人的"新批评"潮流。到20世纪40年代,随着战争的爆发,社会科学又趋向于保守。在20世纪最初30年里,虽然各种非理性的思潮已经泛滥,但是当时毕竟还存在着一些传统的社会学研究,如德国的齐美尔、马克斯·韦伯等人对社会过程、历史文化结构的研究;法国的迪尔凯姆、莫斯等人对社会结构、社会形态的研究等。然而当希特勒在德国执政并占领法国以后,这些传统的社会学研究也就被取缔了,连人类学的讲座也被撤销了,有的社会学家遭到了法西斯分子的非法审讯,死于非命,有些社会学家移居国外。传统社会学研究被宣布为是对民族意识起腐蚀作用的伪科学,代之而起的是权力扩张与种族主义理论。战争一结束,各种各样的资产阶级非理性思潮澎湃而至,弗洛伊德主义、存在主义、现象主义、新托马斯主义等等成了时代的主流派。美国的本尼迪克特为首的文化族体心理学派就产生于这个时期。20世纪50年代,西方社会发展出现了一个稳定的时期,自然主义社会学又开始抬头,出现了美国的莱斯利·怀特的新进化论、朱利安·斯图尔德的文化多向进化论,而帕森斯等人的结构主义则使这些理论发展到了顶点。20世纪50年代末与60年代初,由于西方社会、政治、经济的危机和社会矛盾的尖锐化,社会学界展开了一场激烈的论争。这场论争不仅表现了社会学方法论的分歧,而且更为深刻地反映了西方社会意识形态的危机。在这次争论中,现象主义社会学、存在主义社会学、符号互动论、法兰克福学派等皆举起了"批判的"社会学旗子。在这些学派看来,社会按其本质来说是辩证的、发展的,而不是僵死不变的;人们的行为也不是对外部环境刺激的简单反应,而是一种对环境刺激所做出的有社会意义的思想选择,因此必须寻找一种能够反映社会现实生活不断发展变化的手段,并重新确定社会学的原理。从20世纪60年代以来,西方社会学的这种争吵一直没有间断过,不过是时而嘈嘈、时而切切罢了。因此,可以说,现代西方文化社会学的发展历史,实际上是各种主观主义社会学与自然主义社会学此消彼长相互斗争的历史,而这种历史恰恰反映了西方现代社会周期性的政治、经济危机。

(三)当代世界科技的迅速发展

现代西方文化社会学方法论的论争,是与西方现代自然科学的发展密切相关的。从20世纪初以来,西方现代自然科学以物理学的发展为前沿阵地,展开了一场新的科学技术革命。相对论和量子力学的出现从根本上动摇了西方古典物理学的神圣殿堂。特别是到了20世纪50年代,由于量子力学在其他学科的应用,各门学科交错发展,极大地促进了一些新的边缘学科的产生,如量子力学、生物力学、生物化学、分子生物学、量子生物学等等,可以说,自然科学突飞猛进的壮观景象使人瞠目。神奇的原子结构、微妙的量子转化、抽象的四维世界以及波粒二象性、原子关系式等等,奇特极了,美妙极了,特别是电子计算机、人工智能、遥控技术在生产上的应用,极大地促进了数理逻辑、控制论、信息论、系统论等现代科学理论的发展。凡此种种成就,不仅使人类认识能力进入到了物质世界的更深层次的结构,也把社会科学家带入了一个更为复杂的世界,使他们能以新的思辨、新的方法、新的观点、新的理论模式研究社会,研究文化,研究人的内心世界和外在行为。

二、从反实证主义向个人和心理转向的浪潮

(一)弗洛伊德主义

我们知道,用心理学的方法解释和说明社会文化现象的做法,在19世纪巴斯蒂安、斯宾塞、泰勒、拉伯克、沃德、吉丁斯等进化论者那里已经开始;到19世纪末与20世纪初期,我们从迪尔凯姆、列维·布留尔、博厄斯等人的著作中也可以看到这种倾向。但他们大都是从社会发展过程的视角看待人类思维规律的,谈及真正从个人心理推导出一切社会文化现象的做法,我们不能不说到弗洛伊德的精神分析理论。

弗洛伊德原是奥地利精神病医生,最初,他在治疗精神病患者的过程中,用精神分析的方法了解其精神创伤的根源。后来,他把这种精神分析方法应用到一般生物学和社会历史现象的研

究上,逐渐形成了其精神分析理论。其著作有《释梦》《精神分析导论》《图腾与禁忌》等。弗洛伊德认为,人类的心理主要由本能冲动(即无意识)、自我(即有意识的个性)和超自我(即良知)三部分构成;人类最主要的精神力量是本能冲动(即无意识的性生命力),人的精神病症主要是这种本能冲动受到了自我和超自我的压制而产生的。

弗洛伊德也用这种观点解释人类的精神文化现象。例如,他在《释梦》中用"恋母情结"解释哈姆雷特的行为动机,并用莎士比亚幼子夭折的精神创伤解释《哈姆雷特》剧本的创作。在《图腾与禁忌》一书中,他更是深入到人类早期氏族文化起源问题。他认为,图腾崇拜与种种禁忌都产生于弑亲者一辈对死去祖先的赎罪需要。他甚至认为,人类的整个文化或文明都是受"超自我"的发展支配的。弗洛伊德的这些理论在欧美国家拥有一大批追随者,他们从个人心理的根源解释社会文化现象,形成了一个文化社会学的弗洛伊德学派。这个学派的最主要的代表人物是匈牙利的罗海姆。罗海姆著有《澳大利亚的图腾崇拜》《文化的起源与功能》等书,他认为,人类的全部文化都是以情欲、性爱为基础的,各种文化现象都是色情本能的升华。为了说明文化起源的情欲基础,他千方百计地寻找各种文化现象的象征意义。在他的著作中,一切神话故事、宗教仪式都与情欲、性爱有关,都是人类童年期性爱特征的重演,甚至连坟墓也不过是娘肚子的象征。在他看来,人类所建立起来的各种社会制度和文化制度都是性爱的产物,讲得文雅一点,都是排斥色情而升华出来的替代物。我们不难看出,罗海姆试图把人类文明的结构建立在与情欲一致的基础上的论点,比弗洛伊德走得更远。弗洛伊德有时还怀疑自己的学说,而罗海姆对自己的文化起源理论却是坚信不疑的。西方文化社会学研究在20世纪30年代受弗洛伊德精神分析理论的影响日益加深,一些社会学家、文化人类学家、民族学家对精神病学和心理分析感到莫大的兴趣,诉诸心理学、分析个人行为成了文化"最后实现"的重要尺度,不然就不能表示自己研究的"深度"。文化族体心理学,就是在弗洛伊德精神分析理论影响下产生的一种最典型的理论。

文化族体心理学派的主要人物有美国的卡迪涅尔、爱德华·萨皮尔、本尼迪克特以及拉尔夫·林顿等人,其中以萨皮尔和本尼迪克特最为有名。他们两人原都是美国历史学派博厄斯的学生,后来成为新学派的杰出人物。他们认为,人们在不同的文化模式中生活,也就具有不同的价值标准及不同的心理取向和行为取向。正是从这种理论出发,文化族体心理学派非常重视不同民族的"文化适应"问题。拉尔夫·林顿等人编有《文化适应研究备忘录》,并出版有《文化适应》文集。文化族体心理学派虽然在研究不同民族文化个性方面有成就,但过分注重以个人为本位,也就忽视了不同民族文化类型形成的社会条件。对这一点,虽然他们后来有所审慎,如林顿1945年发表的《个人的文化背景》、本尼迪克特1946年出版的《菊与刀》,都想弥补这种不足。但总的说来,由于这个学派重个人甚于社会,其理论和方法受到了来自各方面的批评,到20世纪50年代也就渐渐失去影响了。

(二)存在主义

存在主义是现代文化社会学的一个重要流派,它是在20世纪30年代西方社会危机中产生发展起来的,到第二次世界大战前后流行于德国、法国、意大利和美国。这个流派在哲学上否认客观存在,认为一切存在都在个人的心灵里,只有个人的存在才是真实的、绝对自由的,离开了个人的存在,都是虚无的,不真实的。从这种哲学观点出发,他们在论及历史文化现象的时候,否认其客观规律性。如德国的雅斯贝尔斯认为,人类历史是个人的历史,它的发展不过"表现为一团乌七八糟的偶然事件","不具有意义,没有统一,也没有结构,仅仅是露出无数因果同形态组织的联系"。[1] 在这个总的看法中,文化只有一系列的因果延续性,只

---

[1] 田汝康,金重远.西方现代历史文选[C].上海:上海人民出版社,1982,第37页.

有一个文化时代承袭前一个文化时代的独立的发展,而不存在历史统一性和发展规律性。海德格尔认为,历史是人的意志的体现,它的发展是贯彻人的各种意志的活动,而这种活动在现代社会中是隐蔽在技术统治之下的,因此,人的存在便"散见于文化与文明的广泛领域之内"[1]。萨特认为,存在主义的心理分析就是要"摈弃从利害着眼的心理学,摈弃一切对人的行为作功利主义解释"[2]。在他看来,人就其本质来说是积极的,由于要负起伦理道德的责任,才把一切目的隐蔽起来,表现出一本正经的精神,因而人的存在也就丧失了人的本质,人也就成为精神上有"欠缺"的人了。因此,他认为,存在主义的心理分析就在于"向人揭露出人所寻求的真正目的""用人的感情来教导人"[3]。我们从上述观点可以看出,存在主义的文化社会学的真正目的在于反对现存的一切社会文化制度,特别是现代科学技术对人所造成的束缚和窒息。存在主义是一个比较复杂的派别,除萨特的无神论存在主义以外,还有马塞尔和蒂利希等神学家的存在主义。这种存在主义可以说是基督教的神学文化理论。如蒂利希的《宗教与世俗文化》等著作,都不过是通过论证世界的虚无以证明上帝的存在,用"终极的关心"一类的生存价值使人投向基督教神学。

(三)现象主义

如果说弗洛伊德主义者、存在主义者等试图说明文化淹没了人的存在及其价值的话,那么,现象主义者则想撇开一切关于人的存价值采取激烈的批判态度。霍克海默与阿多诺共同写了《启蒙辩证法》,企图通过对人的启蒙和文明化,达到绝望的彼岸,马尔库塞是这个学派后期的中心人物,著有《理性与革命》《爱欲与文明》《单向度的人》《论否定》《论解放》等。他沿着霍克海默所建立起来的"批判理论"路线,又结合弗洛伊德的分析,致力于对后

---

[1] 海德格尔.林中路[M].北京:商务印书馆,1964,第337页.
[2] 萨特.存在与虚无[M].北京:三联书店,1987,第397—398页.
[3] 萨特.存在与虚无[M].北京:三联书店,1987,第397—398页.

工业社会文化和文明的社会学批判,认为后工业社会的文化是被歪曲了的意识形态,所谓"大众文化""大众意识"都是社会的"操纵意识"。法兰克福学派的人物比较复杂,他们一方面重申马克思主义理论中的黑格尔一面,另一方面又接受了尼采、叔本华、狄尔泰、柏格森以及弗洛伊德等非理性思想家的影响。关于他们的文化社会学思想,本书第六章在讲到"后马克思主义"时还要加以论述,在此不多叙。

(四)新托马斯主义

新托马斯主义的主要代表人物是法国的马里旦(J. Maritain),著有《宗教与文化》(1930)、《人格与社会》(1939)、《人的命运》(1945)、《个人与公益》等。他认为,人作为个体存在是肉体与灵魂的统一体,而人的个性主要来源于精神性(灵魂)。在马里旦看来,现代文明是一种世俗的文明,人的自由和尊严受到了世俗的文化观念的支配。由于人的自由和尊严受到了种种的压抑和挫折,所以人经常处于尘世的痛苦、矛盾和危机之中。马里旦要求以神圣的、自然的基督教文化来改变世俗的现代社会文化,使之神圣化、自然化,以恢复人的尊严和地位。马里旦的理论虽然属于宗教神学,但他对西方现代社会的批判却是具有合理性的。

三、现代社会进化论

(一)怀特的机械论文化自然观

怀特是美国密执安大学的教授,是专门研究摩尔根文化理论的学者。他在1937年就编辑出版过《摩尔根旅欧日记》,1940年编辑出版过《美国人类学的先驱:班德利耶与摩尔根通信集》。1959年,怀特积极参加美国人类学会举行的纪念达尔文的名著《物种起源》发表100周年的纪念讨论会,并发表了"文化人类学的进化概念"一文。他认为,反进化论的时代已接近结束,而进化论应该在文化人类学中重新确立自己的地位。同年,他写了《文化进化》一书,并把许多论文收集出版,定名为《文化的科学》。怀特认为,文化是人类的一种创造能力,每一种文化都有它的象征意义。文化进化的基础是工艺的发展,社会结构、意识形态等也给予文化以深刻的影响,而私有制度则是文化或文明进化的基础。他相信,随着科学技术的进步,文化不仅在数量上有所增加,而且会发展到更高级的形式。在研究方法上,他坚决反对心理学派中流行的反科学观点,而把自然科学的成就应用到文化科学的研究中来。同时,他还研究了文化发展与其他社会因素的相关变量,如人口、家庭职能、婚姻制度等。怀特的这些文化社会学研究无疑是有积极意义的,较之19世纪的简单进化论具有丰富的科学内容。

(二)文化的多向进化

美国的斯图尔德和默多克对怀特的机械论文化自然观持批评态度,他们提出了"多向进化"论的观点。斯图尔德著有《文化变迁论》等书。他认为,不同的文化在各种相似的条件下是沿着近似的道路发展的,它们没有共同的进化规律,而表现出多向进化的趋势。因此,他认为,文化研究就在于找出这些不同文化发展变化的差异,探索它们不同的变化规律,通过具体的、个别的研究来进行理论上的概括和综合。斯图尔德从多向进化理论出发,反对历史学派的文化区域分类法,提出了"文化生态学"概念。在他看来,在文化与经济之间存在着许多中间变量,自然环境、生计体制、科学技术、社会组织等,都影响着文化的发展,特别是自然环境,它不仅决定着文化的基本特征,而且决定着社会生产的专业化及社会关系的性质。他甚至认为,正是自然环境的多样性,决定了人类社会及其文化的多线进化和发展。斯图尔德还提出了"社会文化一体化"的理论,用以说明不同的部落或氏族的各种不同社会结构形式的发展,认为它们是沿着不同的路线自成一体地向前发展的。

默多克著有《社会结构》一书,主要研究落后民族的社会组织形式,从多向进化论的观点出发,否认人类社会有共同的进化规律。他同斯图尔德一样,认为生态学的因素决定着社会组织结构的类型,也决定着家庭、婚姻和财产等文化制度。

(三)结构主义

结构主义又叫结构—功能主义。这个学派的主要代表人物,一是美国的帕森斯、默顿,二是法国的列维·施特劳斯。他们的主要观点是把社会看成一个稳定的、平衡的体系,而文化则具有维护社会体系"稳定""平衡"的功能。结构主义可以被视为一种思潮,也可以被视为一个运动,它在整个现代西方社会科学中都曾风靡一时,涉及语言学、文学、心理学、哲学、社会学、人类学等各个领域,因此其理论来源也比较复杂。

从社会学的角度讲,结构主义主要来源于马克斯·韦伯、迪尔凯姆、莫斯、马林诺夫斯基等人的理论,他们都要求把社会看成一个系统,把文化看成社会功能的需要。帕森斯、默顿正是沿着这条理论路线创立了社会结构的一般社会学理论,同时也受意大利数学家帕累托"社会系统"概念的影响。帕森斯著有《社会行动的结构》《纯粹的和应用的社会学概论》《社会系统》等书。他从对个人结构的分析,推导出整个社会结构—功能的体系。他认为,人是一个生命的系统,具有适应性功能、目的实现性功能、整合性功能和模式维持功能;而人的行为也是一个系统,它是由有机系统、性格系统、社会系统、文化系统组成的,这些系统受社会的经济体、政治体、社会体和文化体的格局制约。帕森斯运用控制论的理论,把社会机体的不同系统和功能层次的交互作用看作互为因果的关系体系,并保持着一种生理学的稳定状态。他还认为不同的角色有不同的行为规范,即道德、伦理、制度等文化的要求,如果违背了这种规范,就会受到社会的制裁和控制。我们不难看出,帕森斯的结构主义乃是一种社会机械论,人们只能绝对地服从它的命令,而不能有越轨行为。这种理论实际上是把17世纪和18世纪机械论的宇宙观搬来研究西方现代社会的结构与秩序。

默顿著有《社会理论与社会结构》等书,其理论主要受帕森斯的影响。不过他不采用价值判断及意识形态分析,而是用生物学的观点分析破坏"社会平衡"的"不正常"行为,认为这是个人的某些生物特点背离了社会规范体系。鉴于帕森斯的理论过于宏大,默顿采用了"中程理论"以分析各种社会功能。

法国的列维·施特劳斯等人的结构主义则别具样式。他除了受迪尔凯姆、莫斯、马林诺夫斯基等社会学的影响外,还受索绪尔结构语言学以及当时符号学、数理逻辑、心理学等的影响。列维—施特劳斯主要研究神话,著有《神话学》等书。他考察了南北美洲的800个神话,用结构主义理论分析其图腾崇拜、血缘关系、礼拜仪式等等"古怪"思维方式。他在分析中把神话分解成片断、系列和神话元素,然后把含有相同性质的神话元素重新组合,指出不同组合的关系,并从中抽象出某些不变的关系。他认为,这些不变的关系揭示着社会组织结构的模式,这种模式是一种秩序的总和,它既反映了社会组织的主要特征.也是意识和思维的现实基础,因此它是一个完整的体系,即社会。由此可见,列维—施特劳斯的结构主义主要是一种通过文化(神话)来解释和说明社会体系的理论。除列维—施特劳斯外,法国的结构主义者还有巴尔特、哥尔德曼,不过他们的成就主要在文学社会学方面。巴尔特著有《批评与理论》《论拉辛》等,哥尔德曼著有《关于小说的社会学》《心理结构与文学创作》等。他们认为,研究文学作品时,既要考虑它的整体性意义,又要注意它发生、发展的意义。在他们看来,任何文学作品都有直接的、表面的意义,又有间接的、隐藏的、比喻的意义,并且会在一定的社会文化系统中产生新的意义,文学批评应该对作品进行综合分析和动力学的研究。因此,他们的理论又被称为"发生结构论"。

结构主义者在利用现代自然科学成果从整体方面研究社会文化上是有成绩的,但由于他们过分地强调"模式""体系"的作用,甚至把它绝对化,因此他们的理论带有机械论和形式主义的倾向。

到了20世纪六七十年代,随着西方社会经济出现新的动荡不安,结构主义文化社会学在存在主义者、现象主义者、法兰克福学派等等的进攻下,也就慢慢地退缩了,并且改变了自己的方针:他们不仅描述静态的文化体系对人们的规范和价值作用,而且从动态方面描述文化体系所起作用的发生和发展过程。哥戈德曼的理论就带有这种倾向。虽然结构主义者想修正自己的理论以适应社会变化的需要,但总的说来,他们仍然没有跳出机械论和形式主义的理论结构。

进化不是退步。由于现代生物学、遗传学的发展,特别是生物遗传基因的发现,新的社会达尔文主义在文化社会学研究中也有所抬头。英国的汉密尔顿的《社会行为的遗传学理论》、美国的威尔逊的《社会生物学》就是这方面的著作。他们的主要理论倾向是用生物遗传机制的作用解释人类社会行为和社会生活的原则。例如,汉密尔顿用"相同基因"说明人的利他主义的行为;威尔逊用生物基因群说明人的行为受遗传制约,并以此预示社会组织的特征。我们知道,虽然人的生物遗传性在社会生活中有某种作用,但这种作用是很有限的,随着人类社会文化的发展,从整体上讲它已不起决定性作用。现在这些社会生物学家力图把社会科学与生物学联系起来,甚至用白蚁群、猴群的生活及其基因参数来分析人类社会行为及生活类型,这与其说是一种生物学上的进步,不如说是一种社会科学上的退步。

第三章 解构文化的发展轨迹

从时间的轨迹来看,现代文化基本上可由三种文化构成:传统乡民文化、工业社会文化和现代大众文化。这三种文化有不同的群众基础,从不同的方面规定了人们的生活轨迹。

第一节 传统乡民文化

一、传统乡民文化的概念化

早期的社会被认为是紧密团结在一起的社区,它维持着个人对社会秩序的承诺。同现代城市相比,早期的社区形式表现出些微的"社会解组"现象,而社会控制则是"自发的"。

当人类学家从扶手椅中走向田野时,显而易见的是,在理想的原始社会类型和人类学家正在观察的东西之间没有相似之处。很难找到纯粹的原始社会:很少有哪个原始社会没有与西方世界有所接触,即使能找到这样的社会,大多数这样的孤立群体也是与理论无法吻合的。20世纪30年代,人类学家罗伯特·雷德菲尔德曾研究过"中间社会",在那里宗教和家庭的力量都十分强大,犯罪率很低,而且社会成员都介入货币经济,并将自己视为更大的政治和经济结构的一部分。这种中间类型的社会更接近于他自己在墨西哥村庄的研究中所观察到的那种社会。雷德菲尔德为这种中间群体(那里的地方文化已经适应了城市文明)取名

第三章 解构文化的发展轨迹

为"民间"或"乡民"社会。

同人类学家相比,社会学家倾向于在一个比较短的时段框架中工作,他们关心相对现代的、在某些地方正在进行着的朝向工业社会的过渡。在第二次世界大战后的一段时间里,塔尔科特·帕森斯通过他提出的"模式变项"影响了许多现代化学者。帕森斯认为,一组 5 对相互关联的变项结合在一起,使得现代社会的价值取向与传统社会迥然有别。成就与归属、情感与中立、自我取向与集体取向、弥散与集中,以及普遍主义与特殊主义,显然,在变项的选择中,帕森斯是将现代性与理性化和科层制联系在一起的。

通过提供一种抽象的模式,这些两分法为好几代社会学家和人类学家建构理论的努力做出了它们的贡献。但是,这类两分法的概括化的归纳自 20 世纪 60 年代以来已经遭到了来自经验和理论两方面的挑战。这些挑战者质问,传统和现代的标准概念,是否就真的准确描绘了传统或现代文化。从谈论传统文化到谈论各种传统文化(复数形式)的转向表明,近来人们更多地关心的是理解特定群体的特殊条件,而不是去发展一种有关一般的原始社会或现代化进程的宏大理论。这些挑战者已经发现,在乡民文化中生活着自我谋利的理性农民,而正在现代化的国家其科层制中也保留着情感和特殊主义式的承诺。他们还发现特殊主义和归属在现代社会的科层制中是一个重要的因素。然而直觉和观察告诉我们,在我们可能描述成"现代的"文化与我们可能描述成"传统的"文化之间存在着有意义的差异,而上述概括化的理论未能抓住这些差异。

对这种困惑的反应之一,是去尝试着辨认各种特定的具有决定意义的结构,它们可能是产生上述类型学试图去描述的那些差异的根源。一种重要和可辨认的差异是由沟通形式产生的。在人类学家中间有一种使用"口头"文化(有时又称"无文字"文化)和"文字"文化范畴的倾向。古迪为这种做法提供了理论基础。对于古迪来说,这种概念化避免了某种两分法,因为文化可以具

— 69 —

备不同程度的文字特征。并且,这一区分的基础是那些可直接观察的事物,与早期的理论相比,它的欧洲中心主义的色彩也较少。

书写现象的传播(及其程度)对任何既定的文化都意义重大,而口头文化与文字文化无论在重要性上还是在体系上都有差异。书写不仅极大地增加了文化存储的可能性,而且它还具备另一种功能,即能够改变语言的性质。正如古迪所说,书写"使得语言从听觉领域转向视觉领域,并且它使得不仅对句子而且对单个的词的检查、重新排列和精炼成为可能"。

另一种把握前现代和现代社会之间差异的可能途径,是去描述它们与市场的关系。在早期社会里,艺术家和诗人的工作基本上是指向与宗教和政治制度有关的仪式的(他们本身也与这些环境休戚相关)。比如,罗蒙德·威廉姆斯就曾追溯过,科尔特游吟诗人的作用是如何随着社会组织和生产式样的变化而逐步专门化的。在爱尔兰基督教化之后,牧师的功能和游吟诗人的功能开始分离了,在牧师逐渐与书写相结合时,游吟诗人在相当长的一段时间内仍然和口头传统联系在一起。经过几个世纪的努力,游吟诗人和其他艺术家与保护和支持他们的赞助人建立了联系。这种赞助与稍后阶段出现的情形迥然不同,在后一种情况下,艺术家常常在市场上向公众出售作为商品的艺术品。正如威廉姆斯指出的那样,应该考虑不同历史时期特定的资助方式,以及不同种类的市场关系。但是,一般的看法仍然是:居住在地方城堡中的游吟诗人的文化与现代诗人的文化是大为不同的,后者将自己的作品卖给发行人,发行人印刷后将其卖给匿名的公众。

研究沟通的形式和市场关系,能够为我们思考特定的前现代社会和现代社会间的具体差异提供某种途径。但是,社会科学,像通常描绘的有关传统或乡民文化和现代文化的对比那样,是建立在理想化的和欧洲中心主义的两分法之上的。这些概念化的东西已经成了某些观念的基础,而人们通常就是用这些观念来理解当代文化和传统文化的。

二、乡民文化的核心内容——仪式与社区团结

(一)社区中的宗教和仪式

在有关传统和原始文化的早期研究中,研究者经常强调仪式是前现代社会宗教实践的一种确定性特征。社会科学家提出,通过仪式这种标准化的、重复的、指向神圣的活动,这些社会中的个体就能够建立并加强他们共同的联系。埃米尔·迪尔凯姆为理解宗教确立了功能主义的基础。他关注的是宗教仪式是如何整合一个社会的,而不是宗教的历史发展和原因,也不是个体的个人体验。迪尔凯姆提出,当前现代社会的人崇拜他们的神灵的时候,他们实际上是在崇拜自己的社会,强有力的社会现实是胜于任何个人的。

迪尔凯姆认为,文化将整个世界划分为两大类:神圣的和世俗的,而仪式告诉人们在神圣的情况下该如何举手投足。仪式是以这样一种方式被建构的,以致当人们聚集在一起,作为一种群体执行被要求的行动时,便会产生紧张的情绪体验。迪尔凯姆分析说,这种体验被认为是上帝的力量,其实不过是群体的力量。对迪尔凯姆来说,在一种仪式中上帝的观念实际上就是社会的一种象征。

在《宗教生活的基本形式》一书中,迪尔凯姆指出,在原始社会中宗教仪式有四种主要的功能。在迪尔凯姆眼中,仪式的第一种功能是惩戒;仪式实践常常需要自我惩戒——在某些仪式中甚至会出现苦行僧式的自我否定,这些仪式需要个人的意志服从群体的要求。仪式的第二种功能是凝聚;宗教仪式的集体实践再度肯定了该群体的社会团结。仪式的第三种功能是赋予人们以生命力;在仪式中,神圣的象征以一种特定的方式维持着,以致它们能够作为至关重要的群体价值观代代相传。最后,仪式的第四种功能是欢娱;通过重申道德秩序的合理性和合法性,仪式将个人

的失落或不满的体验(比如死亡的不可避免)游戏化。

迪尔凯姆相信,在原始、传统或乡民社会中仪式的上述功能获得了最充分的实现。在他早期的著作中,迪尔凯姆认为现代社会的整合毫无疑问是建立在劳动分工的基础上的,这就是说人们相互间的依赖更多的是经济性的。但是,现代社会的异化和失范预示着整合的失败,因此在他的后期著作中,迪尔凯姆期待着能够在现代社会中寻觅到宗教的"功能性等价物"——即那种能够发挥整合功能的世俗性组织和仪式。

(二)世俗仪式与民族国家

社会团结是世俗的民族国家和宗教团体不得不面对的一个问题。象征和仪式对于维持和强化归属感十分重要。在美国,世俗的节日,如感恩节、阵亡将士纪念日、七月四日国庆节等,纪念历史上的重要"事件",而且提供了一个重温这些故事并将过毒与现在联系起来的机会。

杰弗里·亚历山大认为,迪尔凯姆对古代宗教的分析实际上提供了一个模式,它可以用来理解象征的过程是如何以他们自己的方式发挥作用的,而这可以运用到现代社会中来。在《宗教生活的基本形式》一书中,迪尔凯姆通过对神圣与世俗区分的详细论述,认为象征的分类具有独立的、决定性的重要作用。他还证明仪式的发展与社会团结的形成有着紧密的联系。对亚历山大而言,这项研究的价值还在于它构造了一个模式——这是一种"超验的宗教形式",它能够概括"某些普遍的进程"。

这一模式表明,即使在现代社会里,世俗力量仍然具有一定超然与神圣的特质,它不能简单地被化约为仅仅是职位的角色要求。更重要的是,通过这些仪式,价值观被创造出来并被传承下去,而且让群体的成员以及公民体验到神圣的非凡俗的力量。在亚历山大看来,迪尔凯姆的宗教社会学中有用的不是"仪式是标准化和重复的行为"这一论断;而是仪式作为一种制度化的达到社会团结的方式,它能把个体与神圣的、非日常的世界联系起来。

第三章 解构文化的发展轨迹

亚历山大对水门事件的分析展示了如何将这一理论运用到国家层面上来。

亚历山大提醒我们说，当水门事件最初为人所知时，大多数美国人视此为"通常的政治（事件）"。他指出，在水门事件危机爆发的随后两年里，随着人们逐渐认识到水门事件危害了美国的核心价值，他们对此事件的评价发生了变化。他断言：成功的政治斗争不是反对权力的社会形式，而是颠覆权力赖以产生的文化理论基础。

亚历山大提出了五阶段论来概括一个社会经历危机和仪式更新的过程。第一，要有足够多的人逐渐认识到某个事件或行动是越轨或腐败的；第二，这些人中的一些重要组织不得不认为此事件已经危及社会的"核心"；第三，制度性的社会控制机构必须被用来反对这些越轨事件；第四，这些社会控制机构必须联合反对权力中心的力量，以及由远离权力中心的精英所组成的群体；第五，必须要有仪式化的净化过程，"它继续进行区分和贴标签，强化社会中神圣的象征性中心的力量，牺牲逐渐僵化、世俗化和不纯洁的中心"。

根据亚历山大的分析，水门事件中危机的进展过程及仪式更新的关键不在于丑闻曝光本身，而在于国会的听证。举行听证会的决定代表了一些人的观念，最初他们只不过认为该事件是不光彩的，但随着审讯的进行，他们的授权不断地扩大直到把审讯变成为一种试图更新美国人在真理和正义方面的信念的现代仪式。随后的后水门时代（比利门、朝鲜门、伊朗门）的丑闻都被称为"小水门"事件。

仪式这一概念逐渐脱离了奠基者所创立的进化的，而且是等级化的）框架，不再仅仅被视为是不变的、原始或乡民文化的决定性特征。然而，其结果破坏了比较现代文化与原始或传统文化的标准。就乡民文化这一概念的存在依赖于传统和现代的对立而言，这一概念本身也成了问题。

(三)乡民文化与外界的联系与构成

正如前文所提到的那样,早期的理论家们将乡民社会视为自治的、自给自足的群体,其成员共享价值观念。社会控制通过面对面的互动和非正式的机构,特别是仪式来维持。这些理论家们认为,与他们自己所处的社区相比,乡民社区内的区别更小,等级制度相对简单,社会角色更少,人格类型的变化也较少。他们把乡民社区描述成与现代社区截然相反的类型,是同质的自治的实体,与外界联系极少且保留着"传统"的方式。

理论家关于传统社区是自治的与世隔绝的假设是有失偏颇的。众所周知,移民是人类存在的一种事实。调节人口和食物供给之间脆弱的平衡、游牧民与农民之间的冲突以及寻求贸易等,都是促使个人和整个群体迁移的原因,而在迁移的过程中肯定会遇到其他的定居群体。相对于西方而言,或许的确存在所谓未被发现的文化或没有接触过的文化,但如果据此认为大多数土著民族根本没有与其他民族接触过的话,那就未免太傻了。然而这种观念却深深嵌入于有关传统文化的概念之中。

另外一种可借鉴的方法来自于艾里科·沃尔夫,他认为我们必须将人类历史理解成"关系丛"。在评论 1400 年前"没有历史的民族"所经历的联系与冲突时,沃尔夫追溯了他们从事贸易、进行征服和定居的模式,而这些模式不包括欧洲人的活动。他建议,我们应该寻找各令民族之间的联系,而不是把每个社会看作是自治的具有明确边界的系统,这一系统总是用来平衡其他具有相似边界的系统的。

实际上,我们有可能把文化定义为相互作用的而不是彼此孤立的。为了区别于其他群体,人们往往设置边界,尽管有人会逾越它,但边界会继续存在。与通常认为隔离在独特文化的维系中扮演重要作用的假设不同,在一本定义种族群体的著作中,弗雷德里克·巴思提出,"不同类型的种族差异并不依靠缺乏流动、联系和信息来维持,相反,它包含着排斥与合并的社会过程……"。

巴思进一步说明,种族群体经常超越边界而保持着稳定的关系,即使通过长时期的相互影响和相互依赖,文化上的差异仍然存在。

第二节 前工业社会的文化

一、理性化与突生的资本主义经济

(一)理性化与个人生活

要理解世界并不总是被理性文化所统治,我们不妨先考虑一下社会身份的问题,这一问题很好地反映在电影《马丁·格雷的归来》中。在16世纪,理性化的进程已经开始,但并未波及每一处。1556年的某一天,法国南部一个小村庄的人们见到一位看上去像是马丁·格雷的人,他几年前丢下共同生活了9年的妻子波特兰和一个刚出生的孩子失踪了。重归故里的马丁·格雷告诉人们说他打仗去了,现在很高兴能重返家园。村里的人们欢迎马丁,妻子也投入他的怀抱。欢喜的重逢之后,就有谣言开始流传,说是这个自称是马丁·格雷的人是个冒名顶替者。这种说法得到了马丁的一些亲戚的支持,但波特兰却矢口否认。直到被她称作是马丁·格雷的人在法庭上与回来的真的马丁·格雷当面对质时,才证明他确实是一个冒牌货。

马丁·格雷的故事成为历史学家讨论的热门话题。讨论最多的是波特兰是否被那个与她同床共枕的冒牌货欺骗了,还是她通过与他心照不宣来为自己赢得尊敬乃至丈夫。这些问题的讨论掩盖了一个更为根本的问题:一个什么样的世界才使得这一事件得以发生。简而言之,这一事件只可能发生在个人身份尚未被理性化的世界中。也许这一事件在16世纪法国其他地方未曾发生,也有可能甚至在今天类似的骗局还会对某些人奏效。理性化的进程在地域、社会和时间上都是不均衡发展的,并总是遇到逆转,这些逆转的基础是人们对这种支配他们生活的力量的抵抗。但无论如何,冒牌的马丁·格雷的骗局若想要在我们这个人人具有理性化身份的时代成功将会困难得多。今天如果新出生的婴儿在医院里被误领了,那么血液和DNA鉴定将会解决这一问题,这些鉴定技术也能用于成人。今天的人们可以化名移居到新的地方开始新的生活,但如果他试图冒充其他人的身份,就必须伪造此人的社会保险号、汽车驾驶证和其他由组织制造出来的身份证明。冒牌的马丁·格雷不会遇到有关科层制和理性化的身份问题,这样他就可以扮演马丁·格雷的社会角色。比起16世纪,至少比起像马丁·格雷的村庄那样的地区来,今天我们若是想要伪装公共个人身份会危险得多。

相对于外在身份的渗透而言,理性化对个体自身的渗透更为深入。有证据表明,人内在的人格也是理性化的产物。米歇尔·福柯论述了疯狂与理智这对概念的区分是如何在历史上出现的,从而使上述论断表现得尤其明显。福柯的证据可能会受到专家的批评,但他的总体观点是重要的。他认为,疯狂是社会建构起来的,只有把它与作为规训的、组织化的头脑相对立时,疯狂才可能存在。于是他认为在前现代社会中有一个时期是没有疯人存在的。在这种社会中,大多数人并没有形成由现代理性指导下的自我规训的人格,大多数的社区也没有用来隔离出"疯人"身份的"监禁"的规则、标签和设备。换言之,疯狂是由理性化发明出来的。因为理性的答案只能被设计为用来回答困难的问题。这种疯狂与理智的分类体系,及与此相关的各种概念是如何建立起来的,是否疯狂植根于动物性的冲动,或者它是闲散和贫穷的产物,再或其基础是个体道德上的失败,疯人是被囚禁,还是被与社会隔离,或是被当作一种疾病,福柯揭示了几个世纪来有关疯狂与监禁的分类体系的理论基础是如何演变的。

但并非只有疯人才经历了理性化。理性化对神智健全的人

第三章 解构文化的发展轨迹

的行动也是相当重要的。理性化部分地涉及了"礼仪文化"的发展。就像社会史学家诺伯特·埃利亚斯认为的那样,在12世纪甚至连领主和骑士这样的精英阶级也是"未驯化的"。埃利亚斯以弗洛伊德心理学的语言,描绘了封建社会精英的形象:他们缺乏"冲动控制",未能将他们的"基本欲求"疏导为"升华后的愉悦"。相反,他们以剑谋生,把欲图满足和侵犯的冲动发泄在盗窃和抢劫上。最终,在5世纪东罗马帝国崩溃后出现了所谓的"黑暗时代"。从这一时代之后开始的缓慢的重建过程中,教化与礼仪的文化也开始复兴。到11世纪时,在一些富有的封建领主的领地内已出现了讲究举止得体的社交圈,这种优雅生活通过艺术保护人和娱乐的方式为财富提供了表演的场所。这些娱乐常常是由游吟诗人、诗人和行吟诗人的表演组成的。这种场合格外重视升华后的行为,也就是礼貌。现代欧洲早期举止优雅的人不再仅依仗孔武有力,相反,自我控制力开始显得更为重要。到了17世纪,拉布鲁叶说道:"一个举止得体的人能够控制他自己的手势、眼神和表情,深沉而且含而不露。他善于文己之过,笑对敌人,压制怒火,掩盖激情,不随心所欲,不感情用事"。简言之,举止得体就是要能够权衡轻重,要能够有自知之明。于是生活成了某种表演:承担社会角色,进行理性化的社会交往,把私秘的自我与公开的自我截然分开——社会学家欧文·戈夫曼描述过的这一特征,就是现代社会生活的核心所在。

　　人的思想与行动的"内在"的理性化可以有多种取向。礼仪变得优雅这一过程,对于人际关系的更新有着历史性的意义。这一形式所创造出的一切在今天的上层社会的礼仪、西方的浪漫爱情观念中依然存在。但不论社交中的自我是理性的还是被标定为疯狂的,都只是现代个人身份的一半,而另一半即有关工作的问题将留待下文讨论。

　　(二)理性化与文化的分布:音乐与文本的个案

　　韦伯并不认为宗教导致了资本主义的产生,即使他指出了宗教对于行动和工作组织理性化以及对于资本主义发展的道路具有重要的意义,他也未将自己对于理性化的探讨局限于新教的经济含义。在《音乐的理性和社会基础》中,韦伯指出使用复杂和声的音乐的发展有赖于书面音乐记谱法的理性体系的发明,这一发明是基于音乐节拍和定调的标准化之上的。传统的音乐很少能重新精确地演奏,因为它不是以书面记谱形式创作的,所以由于重新演奏时产生了偏离或"漂移",就很难确定一首民歌的固定版本。与此相对照,在韦伯看来:"稍稍有点复杂的现代音乐作品如果不使用记谱法的话,既无法创作也无法传播和重新演奏"。现代西方的记谱体系最初来自于中世纪教会对于礼拜及相关的指定仪式和服务的体系。作为宗教的伟大组织者,罗马天主教会有志于将统一的礼拜形式推行到整个基督教世界。僧侣们对这种礼拜形式仔细地模仿,从而使教众能以"相同"的形式在欧洲所有的大小教堂中重演,这一过程早在 6 世纪就已开始,并且由于僧侣不断改进记录礼拜的形式而变得越来越复杂。中世纪基督教教徒就这样产生了一种"大众生产"的早期形式,而不依赖于机器或技术,甚至不依赖于印刷。

比这更早的时期,如同记谱法之于音乐那样,书面语言也记录了口头语言,但对书面词语的记录不如音乐记谱那样困难,因为语言的声调、速度和节拍都不需要加以明确的注明。但只要音乐记谱与文字抄写仍是犹太教学者和僧侣的专利,产生文化材料的文化更新的权利就仍掌握在社会精英的手中,文化也不会改变社会秩序,而只会加强现存秩序。通过语音结合来理性地"记录"口头语言的字母表最终使可移动的文本印刷成为可能。

伊丽莎白·爱森斯坦指出,现代印刷的发明是一种重要的技术变迁,它改变了社会平等。这种变迁不是任何详细的论述所能说明的,但其中有三种变化特别明显。第一,印刷打破了教会当局对于宗教思想的垄断,新教改革者也有赖于印刷来传播他们的思想,越来越多的识字的人们也能够依此获得圣经。这一变化对于宗教组织和权威的影响也是深远的。第二,印刷有争议地引起了文化工作状况的变迁。以前的知识分子总是忙于保存文化,文化在很大程度上局限于抄写和解释经典与宗教文本,而不产生新的思想。这一艰苦的过程也限制了古代文本的传播。印刷的出现解放了知识分子的劳动,知识分子开始逐渐使用人文和科学的方法来探讨在神学之外的问题。并不只有哲学著作才得以出版,有关建筑设计、沼泽排水和农业的实用书籍也获得了出版的机会。第三,印刷成为新兴城市中一种重要的行业。印刷商支持和加强那些有益于印刷生意的宗教和精神发展。因为印刷中表现出来的理性化和程式化过程,在一定程度上削弱了中世纪封建和宗教权威的社会秩序,新的社会阶级开始出现并提出了对权力的要求。

(三)理性化、世界政治经济和消费文化

马克斯·韦伯在总结他关于新教伦理的研究时写道:"当然我的目的不是用片面的精神解释来代替同样片面的对文化和历史的物质解释"。韦伯不仅将他的分析局限于宗教和文化的系统化,他还认为,经济领域中的理性化触及到了包括从铁的制造到科层制的组织等多种活动。尤其重要的是"专制主义"的国家逐渐的、缓慢的、不均衡的出现,这些专制主义国家宣称对他们的领地有绝对的权威和对权力行使的垄断。任何确定这一过程的开始时间的努力都将是武断的,从14世纪和15世纪以来,尤其是到了17和18世纪,专制主义国家通过施行普遍可行的法律使贸易状况理性化了,这样,经商的人们就越来越可能预见自己的利润与损失。

现代文化形式在前工业社会的出现不仅仅是欧洲社会组织、技术和意识的程式化与理性化的产物,这些变化伴随着开始于16世纪、最终席卷了整个世界的经济转型。这一长达几个世纪的过程是一个贸易关系的理性化与程式化的过程,但这种关系有利于在这种过程中占主导地位的国家,最初这些国家是欧洲国家。这一变迁最根本的动力是资本主义农业和殖民地长途贸易的逐渐出现,殖民地贸易为欧洲的新兴产业带来了原材料财富与投资。于是在16世纪,出现了以欧洲为中心的世界经济。商业资本主义支持了城市的发展,农村封建领主与城市手工业制造者、实业家之间的权力斗争在专制主义国家通过建立中央集权和统一法律的过程中获得了解决。这一系列变迁之间实际的相互关系是学者们争论的一个问题。

　　作为争论的一部分,文化对于上述变迁的重要性晚近开始引起人们的注意。资本主义贸易需要有物质对象,文化实践塑造了供贸易的货物,而从与此相对的象征意义上看,远道而来的新货物,如糖和烟草也改变了欧洲文化。例如,我们也许会疑问:为什么几个世纪以来欧洲的服饰主要采用黑色的布料而不是其他颜色的布料。根据施尼德的说法,黑色服饰的时尚不仅仅是一种文化偏好,而是因为人们懂得他们对于服饰选择的经济代价与后果,而产生相应的行动。在16世纪建立起来的以欧洲为中心的世界经济当中,纺织业是经济活动中心。但欧洲缺乏制造出彩色布料的彩色染料,这些染料需要从亚洲运来,属于奢侈品之列。而从11世纪以来,黑色布料可以用欧洲即可找到的黑色染料轻易制成,因此彩色的服饰成为财富的象征。对于中世纪的僧侣和稍后的加尔文派的新教徒而言,黑色意味着禁欲主义,而对于大多数人来说,黑色则带有非精英的、平等的意思。早在12世纪初,对黑色服饰的偏好建立了欧洲(尤其是北部)纺织业的力量,从而避免了由于与亚洲的依赖性贸易关系而将资本消耗殆尽。一种对于黑色的持续性的文化偏好在新的环境中不断重建,从而支持了16世纪世界经济中心从地中海沿岸地区向英格兰和欧洲大西洋沿岸的转移。部分地由于多数欧洲人对于本地货物的文化偏好,使得欧洲产业得以成为不断发展的世界经济的中心。

　　在晚近几个世纪中,文化偏好在经济发展中的表现依然如故,但却采用了不同的方式。17世纪,英国从印度进口了廉价的彩色棉布,大众对于这些布料的需求成为消费主义而蔓延开来,并且不可动摇。英国的工业家试图以禁止彩色棉布的方式来改变人们的文化趣味,在这一努力失败后,他们开始了纺织业和印染业的改革,以阻止这种令人不快的海外贸易,而用国产产品取而代之。以英国纺织业为中心的19世纪工业革命的发端,部分是由于欧洲资本家受到文化趣味转移的刺激,这一转移是由于长途贸易带来的新的纺织品的出现而造成的。

作为文化变迁的形式理性化与程式化塑造了象征和物质文化的生产与传播、组织的效率甚至个体人格。但它们不是抽象的力量,也并不代表一个必然的过程。具体的个体与社会群体从他们自身利益出发来进行理性化的行动,使用对他们有益处的新的技术。那些在早期现代欧洲使自己的行动与组织理性化的人们获得权力的方式并不能从他们最初的社会地位出发来预见。从另一方面看,理性化的文化过程影响了社会与经济秩序的转型和整个社会阶级的生活机会的改变。理性化与程式化并不一定仅仅是技术的后果,如同我们所看到的,工作纪律的程式化发生在工业化之前,适合于文化在公众中间传播的音乐记谱法的发明也早于印刷术的发明。社会过程的理性化有时先于并独立于经济环境的变迁,而后者的变迁使得社会过程尤为明显。此外,理性化是经济环境可预测性的中心,这种可预测性使得世界经济的扩张成为可能。理性化的不同发展途径及其与社会变迁的关系的来源是多种多样的。但这些过程合在一起的后果是重大的:对于那些追求技术、经济、文化和组织的理性化的个体与群体而言,理性化已是当今社会一个基本的制度特征。

二、城市经济和突生的文化形式

(一)作为传统文化的大众文化:行会的个案

在中世纪晚期和现代早期,贸易、城市和市场手工业不均衡地发展,以至于小传统发生变化,最终衰落了。但早先文化的小传统确实并未完全消失。彼德·伯克的研究表明:一直到18世纪晚期,那些着迷于他们所说的"民间"文化的精英分子仍可以收集到神话、民歌、民间诗歌和歌谣。今天同样也可以做到这一点。在农村,仍有许多人保持着农民(和土地贵族)的生活方式,坚持着各种各样老式的生活方式。但是,即使是农村文化也发生了巨大的改变。当城市在现代早期发展起来时,"小传统"的某些因素被融合到新出现的城市大众文化中去,而且最终被它遮蔽了。

从某种意义上说,大众文化就是被带进城市里的传统文化,只是城市居民修改了它的形式以适应新的环境。这样,节日和贸易集会的文化——这些都是小传统中重要的部分——进入了城市,就已表现出了差异。民间文化的象征被融入城市社会分层模式之中,同时城市居民中的大众阶级参与到了新的生活和娱乐方式中去。手工业行会就是表明小传统重新绘制为大众文化的一个有趣的例子。

在中世纪,行会是一个相对平等的组织,它由手工业工人组成,他们试图以此来垄断某一特定地区的手工业活动,比如纺织。如同在中世纪晚期贸易刺激了生产一样,行会越来越反对在某一特定手工业(如布料的生产)中理性化的专业分工,但最终他们无法抵挡这一趋势。从14世纪到18世纪,他们逐渐失去了垄断地位,而为资本主义的产业实践所代替。最大的挑战来自于"外包工"制度,也即早在13世纪,产业经营者与不同的工人签订协议,不论他们是否是行会成员,把不同的工作分包给他们(如洗涤、纺纱、织布等),这一现象在13世纪之后不断增多。

行会在外包工制度的挑战面前又是如何保持它的稳定性的?部分答案似乎涉及重新启用稳固的传统文化的实践。稳定性对于保持一个平等主义的行会很重要,这一点得到独特的手工业行会文化的灌输。如同小社区通常拥有独特的文化身份"徽标"而使得此社区成员有别于彼社区成员一样,行会也发展出了它的独特文化。如同伯克注意到的那样:"行会有它们自己的守护神,自己的文化和自己的仪式,它们如同组织成员的工作一样组织成员的闲暇"。伯克进一步描述道,如圣体节这样的宗教节日"也常常在行会的基础上组织进行";另外,行会确实充满了真正的手足之情,"尤其对那些加入到手工业行会中的人是这样"。手工业的定义不仅仅是以一套特殊技能为基础的文化,而且特定的手工业行会还创造了他们自己的舞蹈、工作歌曲和手工业生活的传说等非正式文化,例如把一个鞋匠说成一位英雄的故事。这些活动都应用韦伯所说的"地位群体"来定义,地位群体是指一群"成功地获得了社会尊重也可能获得了地位垄断的"个体。地位群体在各种环境中出现,如宗教、政治和社会等。作为地位群体的行会中有趣的地方在于,它们似乎在城市的职业分层社会中复制了民间类型的文化。

行会最终也未能实现对手工业活动的垄断。行会中的个体从学徒到熟练工到工匠逐级攀升的过程无异于在行会内部的一种社会分层,而这就与精英工匠的平等主义文化相抵触。更重要的是,资本主义的理性化和追逐利润的活动冲击了低效率的行会对工作活动的垄断,手工业工作逐渐通过"外包工"制度来重新组织。最终在18世纪和19世纪,工厂体系垄断了制造业。最终,行会的稳定性不能抵挡资本主义理性化的冲击。但直到今天,仍有特殊的职业群体还试图通过加强文化边界来实现对技术的垄断,这种努力有时是成功的,例如计算机程序员、旅行社、饭店服务员等职业群体发展出了独特的社会尊重感和自己的文化。行会及其职业后继者的例子,说明了大众文化的一部分是来自于传统对新的历史环境适应后产生的修正而形成的。

(二)大众文化与精英文化:金钱、消费与赞助

如果说行会建立起了小传统的大众文化以适应城市生活,那么现代早期商业大众文化已被证明是更有动力性质的。事实上城市中的精英文化与大众文化处于相互联系和繁荣之中。主要的动力也许是金钱的重要性。资本主义贸易涉及利润,这些利润落入实业家与国家的手中。随着资本活动的扩张,更多的钱落入普通人手中。这些变迁改变了文化产品的经济或"物质"基础。

从小社区的小传统中,我们可以看到从人们日常生活中生长出来的文化。大众文化与精英文化都部分地需要某种"赞助",如果将赞助宽泛地定义为其他个体和群体对文化工作者的支持的话。有时赞助以直接支持文化工作者的形式出现(也即在市场关系之外),有时是以市场消费的形式出现。赞助的条件与渠道随着时间的推移而发生巨大的变化,而随着这一变迁文化的类型也发生了变化。

在新出现的富裕的企业主中,新类型的精英文化也开始出现。在"艺术"中出现的宗教主题被新的物质客体所代替,"为艺术而艺术"的观念开始成为评判和收集艺术品的基础。这样就出现了能够自由地在艺术创作中探索自己的美学追求的个体艺术家,他们为艺术市场而不是为某个赞助人而创作。新富者也确实想证实自己的地位和获得自我尊重。于是他们延续了宗教赞助人的制度,又对宫廷赞助制度进行了改造,委托艺术家为他们自己和其家庭成员作画。但与宗教和宫廷生活相反,新出现的资产阶级企业主和其他新富者发展出了现世主义的和城市生活特有的趣味,到16世纪时,油画中开始出现了希腊神话、自然风景和社会生活场面等题材。

在城市的金钱经济中,物质消费的发展不论是奢华的还是必需的,都超越了上等阶级的范围,而这一趋势随着城市的扩张而增长,尤其从14世纪以来更是如此。随着16世纪以欧洲为中心的世界经济的巩固,消费品的生产更带有地域特征,原料的产地不再生产该种商品,因此这一地区就更加依赖贸易。这就意味着物品的生产不再像以前那样以订货为准来进行,而是依据一个不断增长的程式化过程和统一的标准。与此相联系的后果是,大众可以获得更廉价的商品,因此,在16世纪后期的英格兰,一个富有的农民能拥有"一个有白银镶边的碗橱……三四张羽绒褥垫的床,许多床单和挂毯,银制的盐瓶,盛葡萄酒的碗(或者其他器具)和与这一套餐具相配的一打汤匙"。当然,并不是每个人都买得起这套精美餐具,而且消费品的分布有地区性和国家性的不均衡。但不论如何,这种购买文化已不局限于精英阶层了。

精英文化区别于大众文化的特征是什么?这一主题有时明显地与描绘国家和精英家族成员的盛景和环境的绘画不同。从雷德菲尔德到伯克的社会分析者已经强调了在大传统与小传统之间一直存在的连续性。首先文化工作者要想谋生就不能对他们的赞助人挑三拣四,一些艺术家,如16世纪初的杜尔,发现要想在职业上获得成功,就必须同时会油画、木版画和雕刻等,以适合不同的经济资助者的口味。大小传统之间的联系也嵌入到了社会生活之中。罗伯特·丹顿的研究表明,17和18世纪的仆人和奶妈常常会把一些民间流传的故事,如《小红匪》和《睡美人》,带到富人家中,并直接留存于富家子弟的头脑中。

但正如伯克所指出的那样,文化并不完全是对接的双行线:一方面,在16世纪精英可以与其他人一起参加大众文化活动,如在盛大节日之时;但另一方面,大众阶级却不能欣赏到宫殿里王公贵族的收藏品和专为私人演出的音乐与戏剧。尽管如此,精英文化与大众文化之间依然存在基本的相互影响:为精英工作的文化工作者常常重新演绎大众文化的主题;与此相对应的是,对实现社会流动感兴趣的大众阶级则会模仿较高地位的群体的文化。譬如,大规模生产的印刷图片为更多阶级的成员提供了与艺术品原作相似的复制品。基于这一事实,穆克尔吉认为商业生产的技术传播了一种更为开放的审美观念:"货物的流通有如此之大的文化力量是因为消费品的生产和使用的增长有助于将富人与穷人结合到相仿的市场关系中去,有助于将全欧洲的购买者结合进相同的艺术趣味模式中去"。

简言之,高雅文化与大众文化之间的连续性在生产技术、市场关系和内容上表现得清清楚楚。不论这些连续性如何,或者正因为这些连续性,已参与公共文化的精英总是费尽心机将他们的文化与大众文化区分开来。这样,伯克描述了两种重要的运动:①"受过教育的人,通常是牧师"试图对大众文化进行"变革";②到18世纪时,精英们不再参与大众文化活动,其标志是各个阶级看待世界的观点上有差异。

第三节 现代大众文化

一、大众生产的含义

当谈论到工业化时,通常会想到资本主义的发展和技术的革新,这两者创造了大机器生产的工厂体系,同时劳动力也从农业流向制造业。但在这一时期之前,已存在着小规模的工业,所有阶级的人们开始参与金钱经济,从而改变了传播货物的方式、增加了消费。在英格兰,从1550年到1750年,大胆的企业家已开始经营各种项目来生产供当地和国内市场消费的物品。他们雇用了惊人数量的穷人来做业余的"工匠",制造针与钉子、纽扣、盐和淀粉、小刀和工具、锅子和炉子、丝带和鞋带、编织的长筒袜等等。特雷斯克描述道:这种价值判断为一些由被视为具有真实价值的原材料做成的货物设定了价格,而无视那些其价值主要依赖于投入其上的劳动的货物……(这种价值判断属于)已逝世界中的一部分……在那一世界中,人们仅为用于维持生活和方便工作的基本商品而掏钱。而现在则可能享受一点娱人耳目的奢侈品了……在中世纪的社会中,"市场"确定于某一具体的交易发生的处所,这一处所在时间和空间上都是有清晰界限的,并受到法律的约束。当生产和消费发展之后,这种具体的市场让位于现代意义上的作为抽象过程的市场。让·克利斯朵夫·阿格纽在他的著作中,比较了从16世纪到18世纪市场的变迁和戏剧的变迁。在中世纪的社会中,市场与戏剧定:位于某种特殊的场所,由习俗和法律将它与日常生活分离开来。在这些特殊场所中它们存在着许多共同点,而且也常常共用一个地方。但随着市场经济对日常生活的渗透,市场与文化之间开始出现了边界。阿格纽认为,

19世纪对"文化"兴趣的增长也就意味着承认市场的统治地位在发展:维多利亚时期的文化赞助者不是去驳斥政治经济的要求,而是仅同意它们在其领地之外运作。唯美主义与经济主义有效地控制了社会世界,将文化交换与经济交换划入两个不同的规整领域中去。结果这两个方面的联系也在视野中消失了,同时在市场文化内部深刻的、不可接受的区分,以在市场与文化之间深刻但可接受的区分的面目重新出现。

二、大众分配

(一)百货商店

百货商店的发展是销售的程式化和理性化的一个具体体现。在1840年至1860年之间,一种新商店形式开始在欧洲和美国的主要城市中出现。这些商店出售许多种商品,并将这些商品陈列在能看得到的地方。最主要的创新是标在商品上的固定价格,这种标价的方法避免了浪费时间的讨价还价过程,并且随着销售量的增加,仍能够获利。

这还意味着百货商店可以更低的价格出售但流通是生产过程和消费过程之间一种常见的复杂联系。百货商店从使流通变得更有效率中获利不菲。百货商店的所有者和经营者试图将销售过程和他们与供货商之间的关系都加以理性化。商品与现金之间在买卖中的迅速转换,提供了早期运作的资本当中的一个重要部分。因为百货商店购买大量的商品,所以他们在与供货商的关系中处于有利的地位。这也使百货商店能将一些经营成本转移到供货商那里。百货商店通过赊账购买,"这样就将启动时所需要的资金成本转移到制造者那里",并且他们要求暂缓送货,"使运作成本中的另一块——仓储所需要的费用——由供货商来分担了"。

最大的百货商店在规模上与大工厂堪相匹敌,这里的规模既指物理空间也指雇员数量。1898年"梅西"店就有了3000名员工,1900年时乔丹·马什"是新英格兰四个最大的雇主之一,只有阿莫斯基面粉厂、通用电气的里恩工厂和劳伦斯太平洋面粉厂超过了他"。经理们在试图控制他们的事业时感到相当大的压力,本森记录了他们将销售过程理性化的不断努力。组织商品的新方法使销售更容易,这种理性化的努力从衣架的介绍到新的陈列方式,将可讨价还价的商品放在地下商场,而将化妆品、珠宝和其他有可能被冲动性购买的商品放在商场第一层,并将男装与其他商品分离开来。在20世纪早期,理性化又导致了"系统管理"的出现。在这种管理体制中,会计部门相应发展起来,同时,这种管理体制改进了(但并不完全有效)监视从采购员到女售货员等雇员活动的方法。

这些"消费宫殿"的所有者和经营者试图迎合和确定布尔乔亚的趣味。尽管百货商店是对所有人开放的,但它展示的并不仅仅是商品,而且还有富足的生活方式。商店的外形也采用了建筑上的革新,使用钢铁与玻璃来做成可透进光线的橱窗。巴黎新的"朋满舍"商店落成于1887年,由设计埃菲尔铁塔的古斯塔夫·埃菲尔设计,成为吸引游客的胜景。商店的内部也用精良的木材和大理石进行豪华的装修。有的商店主还在商店打烊后,在商店内举行一些诸如音乐会的文化活动。

在美国,不同形式的家族主义与泰罗制和科学管理并存,它们都被用来减少劳动者潜在的不稳定因素。工人们要求更好的工作条件,他们从消费者那里获得了一些支持,有的参与进步时代的改革运动的消费者被女售货员的工作条件所震惊。百货商店不仅出售商品,而且也出售中产阶级生活方式。管理者将在他们豪华的商店中购物描绘成一种得于自身的愉悦。他们创造新的"需求"并暗示如何能够满足这种需求,如在骑车时如何着装,或者在出售新厨房用具的同时为顾客讲授它们的使用方法。百货商店在邮购商店的帮助下,打破了地区主义,创造了一种全国性的文化,但这种过程并非没有受到批评。有的观察者对不断增长的统一性的成本和大众生产的质量而感到担忧。

(二)广告

工业化巨大地提高了市场中可资利用的商品的数量与种类,但要让这些商品能达到想要买的人手中还要有营销与流通中的要素的发展。商人也开始为他们的商品创造全国性的市场,并在先前较少参与市场经济的阶层中创造消费者。这些都需要人们考虑消费的方式发生变化,而广告在这种文化转向中起了作用。

广告试图摒弃贫穷的理查德的新教价值和新教伦理,这种伦理提倡节俭和某种禁欲主义,取而代之的是如下观念:消费是做一个好的美国人的一部分。在有的时候,广告通过创造一种国民文化来倡导这种转型,这种文化认为使用某一特定产品具有道德意义。例如,广告告诉人们,一个好的美国父亲如果为他的家庭的安全着想的话,应从普罗得信公司购买人寿保险(保险商,而不是家庭或国家被描绘为真正安全的唯一来源)。有关广告的著述已有很多。它是现代文化中有影响的一部分。有些作者乐观地认为广告成为商品和消费者选择的新途径的一部分,而另一些作者则将其批评为资产阶级用以操纵和控制群众的手段。有的维护者认为广告并没有像上面所说的那样影响巨大,它只是提供信息以供消费者选择而已。如果我们主要想关注广告是否以及它如何对价值的转型发生作用,那么我们首先简单地回顾有关广告是否影响人们的购买行为的研究。具有讽刺意味的是,价格广告(也即宣传产品正在出售或以低价出售的广告)在促使人们购买东西方面最为有效,但却是最少争议的。但反对广告的观点主要是针对国民消费品的广告。这类广告的效果很难加以评价,因为生产者将此类广告与其他营销策略一起使用,而且在一个更大的社会情境中,许多其他的厂商也影响了特定的做广告的产品。

舒森暗示在前苏联的官方艺术即社会主义的现实主义与广告之间有某种相似之处,他提醒我们应将广告视为"资本主义的现实主义"。广告中任何人物特征的个体性都被减弱了,其中的人物都是某些更大的社会意义的显现。如同舒森所说,广告表达的价值本身并不总是资本主义方式的;恰恰相反,广告人霸占了文化中的价值观——爱、友谊和青春,并将它们以资本主义方式加以运用来出售商品。

广告被客体化为物品,也被当作物品来替代。广告与其说引起了文化中重要的变迁,不如说反映了这些变迁。但也仅是部分地反映了变迁,而且是以偏向于资本主义的方式对文化进行了理想化。

三、大众消费

生产者对人们购买他们所生产的商品的能力感兴趣。在20世纪20年代,工业家对争取更高收入和更短工作时间的社会运动感兴趣,因为这会提高消费水平。赫伯特·胡佛的一段话说道:"高收入(是)……更多产量的根本"。更短的工作时间和更高收入在20世纪影响了大多数工人,包括不断壮大的中产阶级,而工人阶级的工资仍是低下,不足以支持他们对消费的高度参与。这一时期的资料表明,工人阶级的工资接近于基本生活线。工人阶级家庭的消费要么用分期付款的方法购买,要么用一种购买代替另一种购买。

丹尼尔·贝尔认为大众消费出现在20世纪20年代。他将这一现象归结为技术革命和三种社会发明:生产流水线、市场营销的发展(包括广告在内,但又不仅限于广告)和分期付款的广泛采用。贝尔还将这一阶段的大众消费与价值的变迁联系起来:"交通和传播的革命共同为一种民族社会和普遍文化的出现打下了基础。总而言之,大众消费意味着接受……社会变迁和个人变化"。

分期付款的某种形式在第一次世界大战之前就已出现,但只有穷人才采取这种形式,而且总是带有不太光彩的欠债的意味。人们从货郎那里购买东西,货郎每周都来索取分期应付的钱款。

中产阶级的道德要求另一种购买途径：如果人们想买什么东西，那么他们应为此积蓄钱财，而陷入债务则是"错误的和危险的"。但分期付款则将这一过程程式化了：商人每月邮寄账单给购买者，这种方式既高效又非个人化。商人们也避免用"债务"一词，中等阶级和工人阶级一样都是利用这一机会在"信用"的基础上分期购买。但似乎中产阶级从这种革新中获得的好处比工人阶级要多。

布尔斯廷和其他研究者论述过大众消费是如何创造了一种"商品的民主化"的。舒森的论述与此略有不同。商品都变得更易获取、更标准、更方便，并且更有可能以公共的方式消费；但是，即使百货商店中陈列的商品在理论上每个人都能购买，而在事实上，只有那些买得起的人才能得到它。舒森提醒我们，大众消费的展示创造了一种欲望和嫉妒的民主化。如果说"民族文化"是建立在消费的基础上的，那么工人阶级和穷人处在其边缘或干脆置身其外。

第四节 后现代文化

一、"后现代"的含义

"后现代"一语真正开始流行是在20世纪五六十年代，是对美学现代主义的一种反动。建筑领域引入"后现代"一词，挑战现代主义建筑的几乎是千篇一律，追求明快简洁高节奏的"国际主义风格"。它进入哲学领域是在20世纪80年代，表示对现代性的一种总体批判态度，被批判的传统是理性主义和乌托邦主义。1979年，法国哲学家利奥塔出版《后现代状况》一书，将后现代性定义为对"元叙事"的不信任，而现代性则被他界定为任何依赖"元话语"(meta discourse)使自身合法化的学科，与缘于启蒙的正统叙事学说有着显而易见的一致性,换言之,真理通过理性,在叙述者与聆听者之间,将能最大程度上达成共识。反之后现代则是伴随晚近各种科学的发展,对"元话语"提出批判质疑,盖因后者的一整套合法化设置体系,都已经时过境迁。诸如英雄圣贤、宏灾巨难、伟大和崇高,全都悉数消失不见,代之而起的是多元异质的话语"语用学",它的基础是维特根斯坦的语言游戏规则。在话语多元异质的语用学中,有些语义是叙述的,有些是指代的,有些是规范性的,有些是描述性的,这些语用特征不必非要连接成为一个整体,而且互相之间不必非要沟通,概言之,众声喧哗将要取代牛顿式的人类学模式,如结构主义、系统论等。所以,后现代性也是破解现代性合法化的过程。

"后现代"一词在哲学中的定义,已经与"后工业社会"的概念密切关联,第二次世界大战之后,发达工业国家高科技的突飞猛进、高福利的普遍推广,极大地改变了传统的工业概念,也改变了工人阶级本身。与此同时,"后现代"一语开始进入社会科学,甚至自然科学领域,显示一种反传统、反权威的方法论。

美国后现代理论家易哈卜·哈桑认为后现代性的根本特征之一是不确定性。不确定性就导致了模糊性、间断性、弥散性、多元性和游戏性等等一系列解构而不是建构的特征。哈桑以先锋模式、现代模式和后现代模式这三种模态,涵盖了20世纪艺术特别是文学走过的路程。即是说,20世纪初叶的先锋派以无政府主义的艺术创作、艺术宣言崭露头角,冲击了中产阶级,但他们所奉行的怪诞作风自由过渡,到头来反而成为自我毁灭的行为。接踵而来的现代主义显然是更稳定、更超然也更神圣。只要想一想瓦莱里、普鲁斯特、乔伊斯、艾略特和福克纳这些如雷贯耳的名字,他们就足以成为现代主义的标识。另一方面,后现代主义艺术则是以其游戏的、平面的和解构的风貌同现代主义艺术的深度模式形成鲜明对照。它少了热情,多了冷漠。当然也少了现代性对大众文化和电子社会的轻蔑。艺术与生活的界限消弭不见了。概言之,哈桑是从历时态角度展示现代性和后现代性的时间联系,从共时态展示了现代性和后现代性的不同特征。

后现代的哲学意义引起学者们对后现代文化的思索。后现代主义改变了文化研究的理论和文化基础,它所涉及的不光有快感的关系,更有权力和权威的关系。是谁在决定意义？谁拥有阐释的权力？悲观的看法如詹姆逊的理性主义立场,当是跨国资本,诸如音像、电影、时装、电视剧之类。而如鲍德利亚一类的非理性主义阐释,则是包围着我们的符号自身,所谓假作真时真亦假,"拟像"的怪诞"真实性"足以叫我们现实世界的真实观念不知所从。但是文化研究的主流将给出相当乐观的答案。是谁在决定意义？谁拥有阐释的权力？决定意义的不是别人,拥有阐释权力的也不是别人,它们就是文化特别是大众文化的消费者自己。

二、后现代主义文化的主要理论体系

(一)拉康论漂浮的能指

雅克·拉康(1901—1981)的漂浮的能指理论成为后现代的经典学说之一。

拉康不满后精神分析与弗洛伊德渐行渐远的作风,以回归弗洛伊德为口号,提出要把精神分析学发展成为一门独立的、自成一统的科学理论。而达成这一目标,他认为只有借助结构主义语言学,用科学术语对位居此一理论中心的无意识做出描绘。为说明主体如何身处在错综复杂的指意领域之间,拉康分析索绪尔的《普通语言学教程》说,索绪尔以语言符号为能指和所指两个部分组成,判定其间的关系是任意的,不仅如此,能指还不能单独界定所指,因为意义是见于能指与能指的差异之中,如此能指环环相衔,构成了一个没有穷尽的过程。拉康独对能指情有所钟,认为索绪尔能指和所指两相结合以为符号的理论,远不足以解释意指活动的复杂性,反之能指和所指永远不可能在绝对的意义上结合一体。那么,能指处在何种地位·拉康1953年秋在罗马国际精神分析学大会上的发言,即人所谓的《罗马话语》中有明确答复。《罗马话语》被认为是新旧精神分析学的分水岭。这篇冗长的宣言事隔三年发表后,先后有过两种英译,分别被易名为《自我的语言:精神分析中语言的功能》和《精神分析中言语和语言的功能及领域》。其中拉康对索绪尔的结构主义理论,做了许多意味深长的修正,关于能指与所指,他提出这样一个公式:

$$\frac{能指}{所指} = \frac{S}{s}$$

据拉康解释,这个公式就是"能指与所指作为两种不同秩序的位置,从一开始就被一道抵制意指的屏障阻隔开了"[1]。如是分别作为声音和概念的能指与所指,其关系远非如索绪尔所言,犹如一张纸的两面那样幸福地结合在一起。其间据信是从初始阶段即已出现的那一道裂缝,将使能指与所指事实上无法顺利交通,两者在索绪尔符号学中的那一种和谐关系,至此已经荡然无存。能指与概念之间的纽带既经切断,它就成了一种独立的存在。于是我们见到一种"滑动的所指"和"漂浮的能指"。能指什么也不表征,它自由了,自由地漂浮。

能指自由地漂浮,无限地漂浮,它无可救药了吗?未必尽然。为此拉康求诸一个叫作"菲勒斯"(Phallus)的概念,这也是拉康理论中引来争议最多的部分。拉康以"菲勒斯"为一个超验能指,认为它可以中断能指的无限漂浮,保证指意活动具有一种稳定性。首先,菲勒斯神圣一如上帝之言,这就是逻各斯。太初有逻各斯,逻各斯与上帝同在。就菲勒斯布定指意秩序而言,正好似上帝之言。有似弗洛伊德解剖学上的阴茎,拉康的菲勒斯对于主体如何一面应对阉割焦虑,一面应对俄狄浦斯情结,可谓是游刃有余。但是有鉴于拉康的兴趣在于语言而并不在于生物学上的思考,菲勒斯便成为一个纯然的文本因素,我们指意链中最是举足轻重的成分。有似阴茎用于性交,菲勒斯便也可被视为一种语言学上的交媾即系动词,将互不相干的语词连接起来,守护漂浮的意义之

---

[1] 拉康.文集[M].纽约:塔维斯托克出版公司,1977,第149页.

链。而菲勒斯的这一神秘功能,指意活动中它永远是处在遮蔽之中。唯其永远处在遮蔽之中,它便表现为永无止境的欲望的追踪,是为其他一切能指、一切客体的众望所归。

(二)福柯:书的终结和考古学的开始

福柯的离经叛道使他很像后现代文化的精神上的父亲。围绕他的《癫狂史》,福柯和昔年他的学生德里达展开过一场论争,争论之一便是他不满德里达鼓吹文字不过是白纸黑字,是能指通向能指,远不足以表情达意的解构主义逻辑。但是与《论文字学》中的德里达相似,《知识考古学》中福柯也对书的概念作过无情解构。比较两人这一异曲同工的对"书"的发难,于领略后现代文化倡导互文性和众声喧哗的阅读策略,无论如何是意味深长的。

《知识考古学》题为"话语的规律性"的第二章中,福柯提出,像书和作品这样的概念,非用极端的手段不足以消解。那么,书是什么?福柯指出,书是有个体的物质形态,占有一个特定的空间,具备一定的经济价值,同时还用一些数量符号,来标示它的开端和结束,人们就是这样通过赋予作者以一定数量的上述文本,来认定和界定作品的确立。但是,福柯提醒他的读者,当我们作更进一步审视时,困难就来了。书的物质单位假如说是一部诗选、一部古代著作的残本,或者说《圆锥曲线定理》,或者是米什莱《法国史》的哪一卷吧,它们的单位难道是一样的吗?换言之,书的物质单位同它所支撑的话语单位相比,它难道不是一种微不足道的形态吗?那么反过来,再来考察话语单位,话语单位是不是有种可以统而论之的同质结构呢?很显然事实并不是这样,福柯说,一部司汤达的小说、一部陀思妥耶夫斯基的小说,与巴尔扎克《人间喜剧》中的作品就不相同。而《人间喜剧》中的篇章又大不同于《奥德赛》和《尤利西斯》。它们之各有所别,诚如书的界限从来就是模糊不清的。此外,在书的标题、开端和结尾之外,书还身置于一个其他的书、其他文本和其他句式的涉连网络之中,其中关牵到的数学著作、文本批评、历史叙事以及叙事故事等,中间又有多少相似性可言！所以，书是无能为力地蜷缩在这个将它封闭起来的小小的平行六面体之中，它的形态是可变的且是相对的。它无以表述自身，它只能建立在话语的复杂关系之中。

同样的是作品，作品提出的问题甚至更为困难。传统以作品为归结在一个作者名字之下的文本。但福柯强调，作者的名字并不具有同质的功能：它可以以同样的形式既表示作者自己以真名发表的文本，又表示他以笔名发表的文本，还表示作者身后留下的草稿，或者甚而是一些涂鸦的东西，一个笔记本，以至一张"纸"吗？作品是不是应当包括书的所有诸如草稿、原始意向，以及给改动和被删除的内容？对于信件、笔记、谈话、演讲中听众记下来的只言片语，以及这位作者留下来的关于他的一大堆彼此交错或者是互不相干的言语，又当何论？简言之，作品同书一样，不能被看作是一个直接的、确定的或者是同质的单位。福柯的上述观点可以比较德里达《论文字学》中的书的概念不同于文字的概念的看法。德里达反对柏拉图《斐德若篇》中文字有好有坏的说法，即以自然而然写在灵魂中的神圣的文字为好的文字，以人为的、技巧的文字为流放到身体之外的邪恶的文字。他指出，柏拉图所谓的好的文字，中世纪所谓永恒的普遍的神学文字，以及所有被认为是同真理直接交游的文字，据信总是按其本然被人理解，而理解总是发生在一个永恒的现时之中，因而也是在一个整体、一个框架之中。这个"好的文字"的理解发生其中的整体和框架，德里达强调，就是书。书是纳定一系列能指的一个人为的整体，它的前提是某个先于它存在的所指，作为它的理式，监督着它内部的符号运动，由是观之，书的概念是假设意义存在于文字之先，它只能被认为是逻各斯中心主义的御用工具。故建立他"文字"的科学，毫无疑问就要扫清这一障碍。

书的概念当然没有这么容易被摧毁，别的不说，《论文字学》本身就是一部同一般的书毫无二致的书籍，所以德里达这里其实也面临着一个二难选择。一方面强加于文字之上的束缚既经移去，文字的自由游戏就有了一个更为广阔的天地，故"文字学"必须为它的通途扫开书的概念。另一方面,皮之不存、毛将焉附,德里达对他上述显然是太为激进的反传统立场,多少也有所顾忌,《论文字学》第一章题为"作为实证科学的文字学"一节中,他一开始就说,文字学的可能条件是什么?它的根本条件当然是逻各斯中心主义的解体。但这个可能条件反过来又成了不可能条件,因为它冒着同样摧毁科学这个概念的风险。这意味对传统的批判,必须满足于在传统的内部进行,由此也可以解释一系列诸如异言、补充、踪迹、删除号下书写等典型的"德里达式"术语和作风的由来。

书的框架消解下来,福柯的目光是落在话语实践之上。"话语"于福柯理论的重要性或者是正可相当于"文字"之于德里达。诚如德里达的文字概念不同于传统的文字观念,福柯的话语实践也不同于传统的语言实践。因为在福柯看来,话语分析受制于却并不限于语言学的惯例,亦不局限于语言学的基本单位,而只有在与政治、文化、经济和社会等结构的相互联系之中,话语的分析才能见出它的意义。这就是意义必须从语境中见出的道理。但福柯更愿意强调话语的断续性特征。他指出他反对两种流行的话语分析动机,其一是追根溯源,令话语的历史分析去寻找并且重复某一个跳出一切历史规定性的本原。其二是阐释既往的故事,如是令话语的历史分析环环延伸下去没有穷尽,因为既往的故事当中总还是潜伏着其他又其他的无穷故事。福柯认为这两种话语分析法都是旨在保证话语的无限连续性:它们使话语被重复,被知晓,被遗忘,最终掩埋在书籍的尘土里边。故他将致力于撼动读者心安理得的阅读习惯,说明话语并不是自然而就,而是某种建构的结果。要考察和验证这种建构的规则,就要运用"考古学"分析的方法。

《知识考古学》第四章"考古学的描述"中,福柯对他就书和作品之类传统话语单位产生疑问而提出的考古学这个新方法,作了详细交代。他指出他的考古学是针对"思想史"提出。福柯自称他是一个自不量力的思想史学家,然而他也是一个决心彻底更新他的学说的思想史学家。固然,描述思想史此类学科的特征殊非易事,因为它的对象既不确定,使用的方法也东拼西凑,没有固定,但福柯发现思想史还是有两个特征清晰可辨,其一是它讲述邻近的和边缘的历史,如它不讲述化学史讲述炼金术史,不讲述生理学史讲述动物智能史和颅相学史,不讲述文学史而讲述转瞬即逝故而从未得入文学之流的街头作品史,如此等等。总而言之,它在一些话语的重大建树的间隙中间,揭示出这些建树的脆弱地基,它是观点、谬误和心理类型的分析,而不是知识、真理和思想形式的分析。

福柯自称他从未把考古学当作科学,甚至把它当作一门未来科学的最初的基础来加介绍。但是,考古学的分析又同种种科学密切相关,所以它同样也是科学,是对象,就像解剖学、语文学、政治经济学和生物学等等已经成为科学和对象一样。福柯这里将他的考古学视为一门新兴科学的信心,同样可以同德里达《论文字学》中以"文字学"为一门新兴学科的信心比较,是时德里达套用索绪尔描述"符号学"的话,称有鉴于这门学科还不存在,所以我们说不出它将会是什么样子。但是它有存在的权力,有一个先已确定了的地位,而语言学不过是这门总体学科的一个组成部分。所以不奇怪福柯提醒我们考古学在它的过程和范围之中同其他学科的联系。如当考古学试图从话语自身当中来确定主体的不同位置时,便与精神分析学提出的问题交叉起来,当考古学试图揭示概念的形成规律,言语的连续、连贯和并存的方式时,就牵涉到认识论的结构问题,当考古学研究对象的形成,研究它们出现和被限定的范围和话语的适应条件时,就沟通了社会形成的分析问题。

(三)鲍德利亚论后现代传媒

鲍德利亚曾受罗兰·巴特影响,致力于用符号系统来解释当代社会,《物的体系》就是直接在巴特影响下完成。以原始部落礼物交换研究而蜚声的法国社会学家、涂尔干的学生马塞尔·莫斯,同样也对他产生过相当影响。1976年出版的《象征交往与死亡》,被认为是他最重要的作品,书中作者近似极端地阐述在符号和代码主宰的当代社会,人们不可能返回到资本主义之前的象征交往时代,所以只能束手待毙。1981年出版的《拟像与仿真》,则进一步论证了后现代社会中的商品文化学说。1991年鲍德利亚在同M·阿诺德的一次访谈中,他明确表示反对。他指出大祭师的这个称号并不恰当,因为首先后现代主义这个概念就语焉不详,什么是后现代·鲍德利亚说,后现代是一种表达方式,一种言词方式,但是它并没有实质性内容,它甚至不是一个概念。因为我们无法对目前发生的一切加以确定定义。后现代主义这样来看,毋宁说是一个空洞的术语,是填补了宏大叙事缺场之后的空洞状态。而他不过是一个处在这一状态中的人,而且不是唯一的一个。鲍德利亚感慨他即便再三声明他同后现代主义没有关系,也是无济于事,一旦给贴上后现代标签,这标签似乎就是恰如其分的了。

1967年鲍德利亚给麦克卢汉的《理解传媒》写书评时,还称麦克卢汉的名言"媒介即信息",是把技术社会中的异化特征给自然化了,换言之麦克卢汉是一个技术决定论者。这一不满情绪是和他当时的新马克思主义立场相吻合的。但是不出十年,我们发现麦克卢汉的上述名言成了鲍德利亚本人的思想标识。在鲍德利亚看来,传媒是推波助澜,加速了从现代生产领域向后现代拟像社会的堕落。如果说现代性见于以工业资本主义为特征的生产的时代,那么后现代性则是一个由符号、代码和模型所控制的后工业时代的特征。追随麦克卢汉,鲍德利亚将现代性视为一个产品生产的商品化、机械化、技术化和市场关系的爆炸过程,反之后现代社会所见则是内爆,高雅文化与低俗文化、现象与实在等等一切传统的二元对立,其间的边界被悉数清除,而传媒更是一马当先,它滚滚生产出的拟像铺天盖地,形成一个比现实更现实的超现实独立领域,令现实与表征的界限益发可疑起来。

媒介如此成为一个比真实更为真实的真实,而现实成为媒介的模仿和表征的结果,是导致它最终变得可有可无。在《象征交往与死亡》中他说,今天整个社会充满了不确定性,每一种现实都被包容到"代码""仿真"的超现实之中。而今主宰我们的是"仿真"原则而不是已成明日黄花的现实性原则。意识形态不复存在,只有"拟像"(simulacra)。关于拟像,鲍德利亚认为人类历史上是出现过三种拟像秩序,其一是从文艺复兴到工业革命时期,是为自然的"仿造"。其二是工业资本主义社会中市场价值的产物,是为"生产"。其三则是当今代码控制之社会的主导因素,是为"仿真"。值得注意的是,鲍德利亚强调这三种拟像秩序都不是现实的反映,相反都是建构使然。第一种拟像有如灰泥做的天使,是人工材料的一次性艺术作品。第二种拟像则表现为工业化带来的形象和表征的多元化,本雅明《机械复制时代的艺术》,就是最好的写真。第三种拟像秩序则是电子复制使然,这是一个全新的阶段,"控制论的控制、模型间的启动、差异调制、反馈、问和答,如此等等……这是全新的'操作性'建构,而工业化的拟像不过是纯粹的'操作'。"第三种拟像畅行其道的结果是一片终结。劳动终结了,生产终结了,政治经济学终结了,促成知识和意义积累的能指和所指的辩证终结了,使积累和社会生产成为可能的交换价值和使用价值的辩证终结了。总而言之,生产的时代终结了。

　　媒介作为较真实更为真实的超现实,意味现实反过来已经成为表征和媒介的一个分支。《媒介意义的内爆》一文中鲍德利亚指出,在传媒信息社会中,大众传媒是吞噬了信息,消除了意义。一个例子是大众传媒将火热的体育比赛、战争、政治动乱和灾难等等,冷却成了媒体事件,使之失去现场的热情。这样来看,麦克卢汉提出的要求参与较少程度的高清晰度"热"媒体和要求较多参与程度的低清晰度"冷"媒体的区别,实际上是已经消失了。用鲍德利亚的话说,这是因为信息在直接破坏意义和内容,它把意义和社会化解为种模糊不清的状态,堵塞新事物过量出现,反之将信息量在整体上平均分布开来。传媒的上述特征;也使得大众与知识分子之间形成了一种微妙的新型关系。就大众传媒加强了人们思想观念和日常经验的一体化过程来看，诚然，通过迎合大众心理，用娱乐场面来复制大众的兴趣口味和生活方式，大众传媒是从外部来统一大众的意识，但问题在于在这统一的过程当中，故而大众传媒中，观众和听众是处于一种平面的、单向度的经验之中，被动地接受和拒斥意义，而非积极地参与到意义的流动和生产过程中去。这意味大众已被大众传媒塑造成一种漠然无衷的"沉默的多数"，他们在接受信息和形象的同时便也消除了这些信息和形象的意义。

由此带来的一个结果，是知识分子不复是传统社会中观念的传播者和灌输者，大众也不复是传统社会中被动的观念接受者。鲍德利亚认可大众传媒时代大众已开始用"沉默"来对抗传媒的主宰和知识分子的统治企图。这沉默往好说应是一种权力、一种回应、一种策略，它不是被动的表现，反之恰是终结宏大的政治和信息操纵系统的努力，藉此大众以沉默对上面强加下来的政治的、社会的、文化的控制企图，做出了他们自己的回答。这个回答对于当代知识分子的位置和策略调整，应当说无论如何是发人深省的。

第四章 文化的系统理论

本章阐述的文化系统理论,主要包含文化生态系统、文化空间系统和文化社会系统。实际上,文化的系统理论不仅仅包含这三个方面,在讨论这三个方面的时候,也讨论了其他方面的内容。

第一节 文化生态系统

人是自然界的一部分,人类的活动首先是作为一种自然力与自然界发生着关系。人类的创造活动是一种与自然界的交换。不管这种创造活动是法之于天,法之于地,还是法之于道,归根结底是法之于自然,是按照自然界的根本法则进行的。人所创造的万事万物都是自然界的延伸和再创造。因此必须记住:我们统治自然界,绝不能像征服者统治异民族一样,绝不能像站在自然界以外的人一样,相反,我们连同我们的肉、血和头脑都是属于自然界的,存在于自然界的。我们对自然界的整个统治,是在于我们能够认识和正确运用自然法则。随着自然科学的大踏步前进,我们愈来愈认识到,人类自身的发展必须与自然界一致,那种把精神和物质、人类与自然、灵魂与肉体对立起来的荒谬的、反自然的观点,也就愈不可能存在了。

一、文化生态学的含义

文化生态学的概念是美国的朱利安·斯图尔德提出来的,但

◀ 第四章 文化的系统理论

生态学的思想远可以追溯到达尔文的"适者生存"的生物进化论思想。我们知道,达尔文曾用生物适应环境的进化论思想论述过人类的由来和发展。其后,以拉采尔为代表的文化地理学派、以格雷布纳为代表的文化圈派等都从地理环境方面论述过人类文化的创造;其他像现代进化论者、文化相对主义者等,也都从不同民族环境中论述过文化模式、文化类型的形成。但他们的理论还不是斯图尔德的文化生态学思想,尽管文化生态学是建立在"环境适应"这一概念基础上的。

文化生态学是从人类生存的整个自然环境和社会环境中的各种因素交互作用来研究文化产生、发展、变异的规律的一种学说。"生态"一词源于希腊语"Oicos",含有"住所""区位""环境"诸意。后来,一些生物学家用之研究生物体居住条件、物种构成及其与周围环境的关系,遂形成一种生态学说,即有机体与环境关系的学问。这种学说认为,一定区位的有机体是一个生物集,它们的数量、种类及其分布是受环境影响的。如森林中的树木、青草吸收水分、无机物,靠光合作用制造成有机物,这些有机物被鹿、山羊、兔子等食草动物吃掉,而凶猛的豺、狼、虎、豹等食肉动物又把这些食草动物吃掉,从而保护了树木和草地。这样,自然环境中的生命也就各有自己的位置,彼此相克相生,保持着生态平衡。如果一方失去控制,整个生态环境就要遭到破坏,物种的生存就要受到威胁。用这种理论研究人类文化的创造和变异情况,就是文化生态学。它认为,人类是一定环境中的总生命网的一部分,并与物种群的生成体构成一个生物层的亚社会层,这个层次通常被称为群落。如果在这个总生命网中引进超有机体的文化因素,那么,在生物层之上就建立起了一个文化层。这两个层次之间交互影响、交互作用,在生态上有一种共存关系。这种共存关系不仅影响着人类一般的生存和发展,也影响着人类社会文化的创造活动。

文化生态学虽然以生物学的概念作为工具性方法去分析、研究文化现象,但它并没有从遗传学上推导文化特征或文化模式,而是把文化放到整个环境中,去看它的产生、发展、变异过程,即人如何适应环境而创造了某种特征的文化,这些文化现象又是如何适应环境变迁而不断向前发展的。文化生态学认为,人虽然是总生命网的一部分,但人是社会化了的动物,在体质上是受文化活动影响的。因此,人并不是仅仅以有机体的本质进入生命舞台的,而是带着文化的因素出现的。文化的因素既影响总生命网,也受总生命网的影响。一些文化特征受自然环境的影响,但这种依存关系又是受文化自身因素影响的,如风俗、道德、宗教、信仰、知识等一系列的特殊目标和价值取向,它们与自然环境的关系则是间接的。这里,文化与环境的关系表现为各种因素的交互作用,表现为极为复杂的安排。正因为文化生态学极为注意文化发展的各种复杂变量的关系,特别是注意人类文化创造活动与物质环境之间的不同中间变项,所以它在研究方法上与19世纪的简单文化进化论和"环境决定论"是不同的。同时,由于它着重研究的是人类文化行为,研究环境适应的不同区域的文化特征,而不是研究生命网本身,所以它与一般的人类生态学和社会生态学也是不同的。尽管人类生态学家和社会生态学家在调查研究中也注意到了文化现象,但文化现象毕竟还没有成为他们研究的主要目标。

　　文化生态学在寻求用各种环境因素的交互作用来解释不同区域文化特征方面,无疑有其独到的见解。特别是在从整体的观点研究人口、居住条件、亲属结构、土地使用及其他资源的利用与技术发展等相互关系方面,比之那种孤立地考虑文化因素增长的观点,有很大的优越性。

　　如果我们把人类的活动看作社会的主体,把人类的文化创造划分为科学技术(包括经验、知识等)、经济体制、社会组织和价值观(包括风俗、道德、宗教、哲学等)四个层次(语言作为信息工具暂不包含在内),依据它们与自然环境关系的密切程度,我们就可以看出文化生态系统的结构模式(如图4-1所示)。

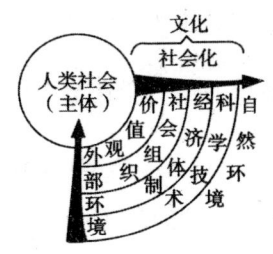

图 4-1　文化生态系统结构模式图

从上图中，我们可以看出，与自然环境最近、最直接的是科学技术一类智能文化。大凡工具、机械以及经验、知识、科学、技术一类发明创造，都与自然环境直接相关，即强度相关；其次是经济机制、社会组织一类的规范文化；最远的是价值观念，自然环境虽然对它有影响，但影响比较弱，而且往往是通过科学技术、经济体制、社会组织等中间变量来产生影响的。但是，如果反过来看，对人类的社会化影响最近、最直接的却是价值观念，即风俗、道德、宗教、哲学等观念形态的精神文化，它表现为强度相关；其次是社会组织、经济体制；最远的是自然环境，它对人类社会化的影响则是通过经济体制、社会组织、价值观念等中间变项实现的。

综上所述可以看出，所谓文化生态系统，是指影响文化产生、发展的自然环境、科学技术、生计体制、社会组织及价值观念等变量构成的完整体系。它不只讲自然生态，而且讲文化与上述各种变量的共存关系。

这种文化生态系统究竟是一种理论假设，还是有它的实践意义，现在让我们通过研究不同文化的空间分布来进行检验。

二、人类文化的自然基础

某种文化是被人类创造出来的，但绝不能说这种文化一定会或者必然会被人类创造出来。离开了人类创造活动的一定地理环境中的气候、地形、土壤、水分、植被、动物群以及矿产、能源等自然条件，离开了人类生存繁衍的自然生态环境，一切文化创造活动都会失掉客观的基础。正是从这一点出发，文化生态学首先把自然环境看作影响文化产生、发展的第一个重要变量。

(一) 人类文化的陆地自然环境基础

从考古学的发现可以看出,人类在陆地上出现并开始活动时,出于自身的本性,都是选择最优厚的自然环境作为生存条件的。1959 年在东非坦桑尼亚境内的奥杜威峡谷发现的人类化石遗址表明,那里在 190 万年以前曾经是个湖泊。根据非洲当时的自然环境可以推测,在湖泊区域有茂密的树林和灌木丛,有河马、羚羊、斑马、长颈鹿、野猪以及刺猬、野兔、鼠类、龟、蛇等动物出没。奥杜威能人正是在这种生态环境中生活和进行最早期的文化创造的。他们为了与这些生命类做斗争,开始创造自己的工具,如砍砸器、盘状器、球形器等,这些石器主要是用附近的熔岩、石英块打制而成的。这些奥杜威文化的创造,皆取之于自然界,并被用于与自然界做斗争。

1965 年,在中国云南省元谋县上那蚌村发现的早期直立人化石遗址同样表明,元谋人生活的自然环境是非常优越的。根据元谋人时代的动植物化石推测,在 170 万年以前,那里气候宜人,山麓、水边生长着针叶林和阔叶树,有犀、象、鬣狗、剑齿虎、云南马、爪蹄兽类出没其间。元谋人在这里猎取兽类,摘取果实,并以棍棒挖取植物根茎谋生。它们用天然的石英打制砍砸器、刮削器、尖状器之类的工具。在元谋人化石的地层中,还发现有炭屑。专家认为,元谋人当时已经知道用火。[1] 元谋人文化生动地证明,远古人类的文化创造无不与他们生活的陆地环境直接相关。这些最原始的文化可以说是人与自然契合,是无须什么中间变量的。这些文化创造主要出于人类生存的本能,即人自身的本性。人与自然界的关系是直接依存的,人类的文化创造也是直接借助自然界的。

即使在原始人类中产生了血缘家族一类的社会组织形式,如

---

[1] 贾兰坡.中国大陆上的远古居民[M].天津:天津人民出版社,1978,第 17 页.

第四章　文化的系统理论

中国周口店的北京人、陕西的蓝田人、山西的河人等的文化创造，起主要作用的还是陆地自然环境。因为这种简单的社会组织形式是受生物界自然选择的法则支配的。例如，血缘家族群体的大小主要是由可供利用的居住穴洞、觅食范围等自然资源条件决定的。在这种情况下，血缘家族乃是陆地自然环境直接赋予的形式，它在人与自然之间的中介作用是微乎其微的。

到了旧石器时代，即考古学上的智人阶段，我们才可以明显地看到社会观念及社会组织等在文化创造中的中介作用。例如，1908年在法国莫斯特附近岩穴中发现的莫斯特文化中有骨制的"砧"，从这种打制修理技术可以看出，当时的文化创造是有组织地持续进行的。石器已经有了分工，还出现了埋葬的风俗，这些都是有组织的行为。特别是他们学会了人工取火，这就第一次使人支配了一种自然力，从而最终把人与动物界分开。只有在这个时候，我们才看到社会组织、观念一类中间变量在文化创造中开始起作用。特别是到了旧石器晚期，人类学会了建筑住宅，并转入相对的定居，同时也出现了简单的装饰器，产生了原始的审美观念。这个时候，社会组织、价值观念等才在人与自然之间架起了一座真正的桥梁，成了人类文化创造的重要中间变量，从此开始了人类文化生态系统的新的较为复杂的阶段。即使如此，自然环境也仍然是人类文化创造的重要变量。

(二)河流是人类文化创造的摇篮

1. 仰韶文化

在人类文化创造的自然环境中，河流可以说是人类文化的天然"摇篮"。例如，举世闻名的中国仰韶文化就是在黄河流域形成的。它虽然因发现于河南渑池县仰韶村而得名，但其分布却遍于黄河中下游。它的遗址有1000多处，最主要的有：陕西省西安半坡、临潼姜寨、宝鸡北首岭、华县元君庙；河南省陕县庙底沟、安阳后冈、洛阳王湾、淅川下王冈等处。黄河上游甘、青地区的甘肃临洮马家窑文化，也属于仰韶文化系统。这些遗址都属于新石器时代的文化，约在公元前 5000 年至前 3000 年。虽然马家窑文化晚一些，也在公元前 3000 年左右。仰韶文化为什么能在黄河两岸广阔的台地上发展起来？这是与该区域肥沃的土壤、有利的地形、适宜的气候、充足的水量以及密集的动植物分布联系在一起的，特别是在中下游。在黄河河道的陕、甘、晋高原一带，有渭、泾、汾、涞、洛、伊、沁等十多条支流，周围面积达 18 万平方千米。古时这里土壤层厚而且肥美，生长着茂密的森林及野生动物。即使到了中国西周时期，这种自然生态环境仍然保存着。《诗经》里的"阪有漆，隰有栗"，"阪有桑，隰有杨"，❶以及所谓的"平林""中林"等语，说的就是这些地方生长着巨大的森林，林中栖息着野雉和飞禽，生活着野兔和鹿群。可以说，当时这一带是一片生机勃勃的景象。而在古代黄河中下游地带则布满了湖泊。据《水经注》记载，渭、洛支流有十多个湖泊；太行山以东有四十多个湖泊；长、淮以北，黄河以南有 140 个湖泊。其中，今河南的荥泽、圃田、孟诸，河北南部的大陆泽，山东的巨野、雷夏、菏泽等都是有名的大湖，当时水草丛生，鱼虾遍于湖中。仰韶文化就是在黄河两岸这样得天独厚的自然生态环境中发展起来的。正是在这样的自然环境中，人们发展出了农业和渔猎的经济生活，也发展起了村落一类的氏族、部族社会结构。当时，人类为了从事刀耕火种的农业生产，创造了石斧、石铲、石刀及石磨一类生产工具；为了从事捕捉野兽、鱼虾的渔猎活动，创造了弓箭、矛以及鱼叉、鱼钩、石网坠等渔猎武器；同时，学会了家畜饲养。在农业生产基础上，他们掌握了简单的纺织技术，制造了陶纺车，纺织所用的骨梭、骨针、骨锥一类文化则是狩猎经济生活的直接派生物。仰韶文化的另一个特征是彩陶制作，盆、碗、盘、杯、瓶、钵、罐、瓮皆为细泥红陶、灰陶等，都刻有人面、动植物花纹和几何图形，有的还被赋予彩绘，形态生动、逼真，构成了一个独具特征的文化系统。因此，

---

❶ 诗经·国风·车邻.

人们又把仰韶文化称为"彩陶文化"。它不仅说明当时人们已经产生了初级的几何概念和审美观念,而且也说明当时人类掌握了相当可观的烧陶物理、化学知识。由于有了村落氏族社会,房屋的建筑也是相当可观的。西安半坡遗址中的房屋有半地穴式的和地面木架式的两种,造型有圆的、方的。自然,建筑材料是取自周围的泥土、木料、茅草。在这些村落中,已划分出了居住区、烧陶场、墓地等区位,这无疑是当时社会结构的产物。在淅川下王冈仰韶文化中,发现有卜骨,说明当时已经出现了巫术、占卜。而且有迹象表明,当时已经有了灵魂的观念,显示了宗教信仰的萌芽。这些都是人类凭着先天道德本性在思想意识上寻求自己与自然界之间的联系时所产生的精神文化现象。从仰韶文化的各种特征来看,不论是知识、技术以及物质文化,还是社会组织、制度性文化以及审美观念、巫术信仰等精神文化,可以说都是直接或间接地植根于当时黄河流域的自然环境之中的,是当时人类尚不能脱离自然界的文化创造的表征,带有明显的生物生态特征。

2. 埃及尼罗河文化

埃及位于非洲的东北部,南有撒哈拉大沙漠,北临地中海,尼罗河流贯其间。尼罗河两岸有一大片狭长的沃野,加之地近热带,气候温和,宜于农业生产,特别是河流入海处,形成了一个广阔的三角洲,为古代埃及人的发展创造了条件,古代埃及的文化就发源于尼罗河两岸的土地上。大约在公元前4000年的新石器时代,埃及人就发展了他们的农业,种植谷物、麻类,发明了象形文化、草纸。由于农业生产的需要,他们发明了历法;为了算出尼罗河泛滥的周期及泛滥后丈量土地的需要,他们创造了天文学、几何学;同时,也创造了祭司等级以为农业领导者的统治,埃及的国家就是这样出现的。当时的埃及法老既是政治统治者,又是宗教首领,日神和地神的宗教崇拜正是在这样的环境中产生的。为了墓葬法老,象征着权力的陵墓金字塔出现了。埃及人之所以能够建筑那样庞大的建筑物,是与当时人口的增加以及一部分人能够从事非生产性劳动分不开的。为了使死者(木乃伊)不朽,医学也发展起来了。所有这些文化,都是埃及人在尼罗河流域的环境中创造出来的,自然,金字塔一类文化是通过社会权力、组织等中间变量实现的。但是如果没有尼罗河的生态环境优越条件,这些中间变量也许根本就不能产生。这种情况在美索不达米亚、印度等地方也是同样存在的。在古代西亚两河流域,不仅苏美尔人关于洪水的传说直接来源于河流泛滥,而且当时的度量制度、法典也都与水利灌溉、土地占有密切相关。至于城池建筑及城邦国家,虽然是与当时的生产力相适应的,但也是在当时的地理范围内形成的。在古代南亚印度河流域,公元前22世纪至前18世纪的摩亨佐·达罗城文化和哈拉巴文化就出现在这里。到公元前12世纪至前10世纪,雅利安部落占据印度河流域以后,在河谷地带利用水利进行灌溉,发展了农业,并向恒河上游发展。正是在这个时期,他们建立了第一个王政时代,即史学上的吠陀时代。在人类历史上,不仅一些经验、知识、技术及物质文化的创造源于自然环境,而且许多社会组织及制度性文化也都是为了适应自然环境的需要而派生出来的,而河流正是造成这种自然环境的一个重要条件。正如中国、埃及、美索不达米亚、印度等古代文化系谱所表现的那样,这些文化都直接或间接地带有河流文化特征。

3. 希腊海上文化

所谓希腊文化,实际上是爱琴文化,因为它是在爱琴海诸岛及周围沿海陆地上产生和发展起来的。爱琴海位于欧洲东南部,北有巴尔干半岛,东有小亚细亚半岛,西有希腊半岛。海上岛屿星罗棋布,周围陆地曲曲折折,尽是港湾。特别是南部的克里特岛,位于埃及与希腊半岛之间,土地肥沃,水源丰富。爱琴文化就是在这样的区域环境中发展起来的。大约在公元前8000年至前6000年,这里已经有了早期彩陶文化。后来,爱琴海地区的居民受到了安那托利亚、叙利亚、巴勒斯坦、埃及文化的影响。到公元前3000年至前2000年,爱琴文化已经取得了相当高的成就。这里的人们学会了航海,有了文字,学会了炼铜,制造了扁斧、短剑,建筑了"王宫"。希腊半岛南端山脉纵横,港湾曲折,有无数的小平原。公元前 2000 年左右,北方游牧的希腊人在此定居下来,并且得到了发展;到公元前 5 世纪,经过希腊—波斯战争,希腊成为爱琴海上的宿主。其后,以雅典为中心,发展出了盛极一时的希腊文化。它的文学、艺术、哲学都成熟于这个时期。由此可见,古代希腊文化乃是在爱琴文化的基础上发展起来的,是海上文化的发展和继续。自然,研究希腊文化的产生、发展的历史是一件极为复杂的事情,但是从文化生态学的观点看,爱琴海周围的自然环境不能不说是一个重要的条件。不仅爱琴海诸岛及周围沿海陆地的土地、气候为它的居民提供了生存的条件,而且那些港湾及便利的海上交通条件,也为他们向周围先进居民学习知识、技术等提供了独一无二的机会。可以说,没有爱琴海,没有爱琴海特殊的自然环境,也就没有古代希腊的灿烂文化。这些文化不仅是从海的环境中产生和发展起来的,而且带有海的性质和特征,如航海技术、海上商业和贸易,甚至连奥林匹斯神系及荷马史诗中的英雄观念的产生,也无不与海上争夺密切相关。

三、村落文化的生态分析

(一)村落文化的起源

世界文化起源于村落,更远一点可以追及人类原始氏族时期。然而作为人类文明发展的一个重要阶段,村落文化产生于什么时间。考古学的发现认为人类村落社会最早出现于 200 万到 300 万年以前,不过这个时期的证据过于模糊。真正证明人类能够建筑人工住所的,是出现在旧石器高级阶段的建筑遗址,例如捷克南部多尔尼·维斯顿旧石器遗址(距今约 25000 年至 29000 年)的棚式建筑,前苏联维尔斯克·诺夫戈罗德附近的普什卡里遗址、沃龙涅什附近的科斯秋基遗址、顿河上游的加加里诺遗址。

虽然这些遗址建筑已有构成一个小小村落的雏形❶,但从遗址中出现的许多妇女头像看,它仍处于蒙昧时代的母系氏族阶段,不过是家族集合的住所。在这里,人们过着渔猎、采集生活,因此这些建筑还不能算是真正的村落文化的出现。

蒙昧时代是以采集现成的天然产物为主的时期,人类的制造品主要是作为这种采集的辅助工具。野蛮时代是人类学会经营畜牧业和农业的时期,是学会靠人类的活动来增加天然产物生产的方法的时期,因此可以说,村落文化的出现和形成应该是人类从蒙昧时代的高级阶段到野蛮时代的事情,即从中石器时代到新石器时代发生的原始的农耕和畜牧业革命开始的。在中石器时代(即蒙昧时代的高级阶段)已经出现了弓箭、细石器、独木船、家犬等,出现了渔猎生活与采集生活的结合,同时也出现了定居形式的家庭。如丹麦的马格尔莫斯文化就是这样。在公元前6000年左右,散住在波罗的海沿岸至英法海岸的马格尔莫斯文化居民,用火制的石斧建筑房屋,制造独木船、弓箭,一方面从湖泊、沼泽、森林中采集食物,另一方面又以独木船、鱼叉、鱼钩、渔网为工具捕鱼捕蟹,同时还不同程度地饲养家畜、种植谷物。因此,他们沿海滨建立了许多这样的居住地。虽然住处范围不大,但三五错落成群,已经可以看到定居而成的村落的某些萌芽。随着野蛮时代的到来,人类先后在美洲、欧洲、西亚、东亚等地区,以动物的驯养、繁殖和植物的种植为标志,开始了一次畜牧业和农业革命。村落文化的形成正是这次革命的结果。

(二)村落在人类文化史上的重要地位

1. 村落实现人类从游牧向定居的转变

村落文化的形成经历了由季节性定居走向永久性定居的过程,这个过程正反映了人类从游牧狩猎生活到畜牧、农业生活的

---

❶ 林耀华.原始社会史[M].北京:中华书局,1984,第161—162页。

转变。在美洲的墨西哥、秘鲁等地,人们经历了从公元前10000年至前5000年的游荡生活,到公元前5000年至前3400年,经过农业的发展,才逐渐定居下来。而真正形成村落文化则是公元前1500年左右的事。在西亚北部伊拉克的萨威·克米、巴勒斯坦约旦河谷的耶利哥、小亚细亚南部的沙塔尔·休于等地,在公元前9000年至前7000年,已经出现了季节性和永久性的定居。在南亚的印度河流域的俾路支斯坦,山麓、河谷上的居民点出现于公元前4000年至前3500年,而真正形成村落文化则是公元前3500年至前2500年之间的事情。中国村落文化的形成距今也有六七千年历史了,从中国黄河流域的仰韶文化中,已可看出当时村落布局和经济生活的状况。总而言之,在人类历史上,差不多任何一个种族或民族都经历过村落文化的阶段,而这种从季节性定居到永久性定居的发展,正反映了人类从游牧狩猎生活向畜牧、农业生活转变的普遍规律。在村落文化的形成中,出于人类生存的需要,亲自然的倾向是普遍存在的。在游牧狩猎时期,人类生存的地域主要是有森林、果实、野生物存在的山区和有鱼虾的湖泊、沼泽地带以及有牛、羊等畜群出没的草原上。由此可知,人类的分布是完全受自然力支配的。到了农业时期,人口的分布就不同了。人们主要聚集在肥沃的江河流域的河谷、平原、三角洲,或群山环抱的盆地,或沿海的港湾地带。虽然这种定居的选择仍然体现着人与自然的亲和力,但相对于巢居洞宿而言,这第一次表现出了人类对于自然环境的支配。也就是说,从这时候起,人类就不再仅仅是适应自然环境去生存,而是利用自然条件创造自己的文化环境了。

2. 村落是人类进行文化创造的新起点

一些文化一旦被创造出来,便不会消极地存在着的,而是要积极地影响人类的生存活动,这就是人类生存的文化环境。人类创造出一种文化环境,同时为了适应这种文化环境,又要进行新的文化创造。因此,文化环境本身就构成了文化创造的重要变量。特别是一些根基性的物质文化的出现更是这样,它们常常构成人类活动的物质基础,从而推动整个文化的发展。例如,在村落基础上新形成的耕犁文化的出现就是这样。

可以说,整个村落文化就是以耕犁文化的出现为主要特征的。正是耕犁文化的出现,带动了整个村落文化的形成。首先,耕犁文化大大促进了农作物的种植,如美洲的马铃薯、倭瓜、玉米种植,东亚的小麦、大米种植,西亚的小麦、大麦种植等,都是在耕犁文化出现后发展起来的。耕犁文化不仅给人类带来了丰富的食物供给,而且它较之渔猎生活活动更加有规律。这种耕犁文化可以说是原始劳动力与土地结合的中介,即人与自然的契合的中间变量。正是这个中间变量,第一次改变了人类的生活方式,使其由游牧狩猎生活转向了永久性的村落定居生活。

其次,耕犁文化发展了农业,这就给村落文化发展奠定了经济基础,带动了农村规范文化的发展。例如,村落中的邻里关系、家族制度、社会组织等,都是在农业经济基础上形成的。自然,在原始村落中,这些规范文化都是与血缘家族分不开的,甚至在一定程度上是以血缘关系为核心的。但是不能不看到,这些血缘关系之所以能够在村落文化中得到维持,是与农业经济密切联系在一起的。没有耕犁文化所提供的农业经济基础,人类的定居生活就不能形成,血缘家族关系也就不能够维持下来。而随着农业经济的进一步发展,这种血缘家族关系就自然而然地让位于更为复杂的社会关系了。例如,在原始村落中,土地归全体成员所有,由整个血缘家族管理,大家都不视土地为私有财产,而是根据家中男子人数的多少分配耕种,或者以家庭为单位进行分配。不论何种分配形式,土地都是由血缘团体共同经营的。随着农业生产的发展及剩余产品的出现,产生了私有制,于是,土地不再属于血缘团体,而是属于国王或诸侯。这个时候的耕农,已不是土地的共管者,村落中的血缘关系也不再是维持和联系人口的主要形式,其规范文化也就不再绝对服从于血缘关系,而变成了土地私有制的直接产物,如土地制度、水利管理制度、森林保护制度等。随着

第四章 文化的系统理论

农业生产的发展,村落的社会组织形式及生产劳动制度愈来愈复杂,愈来愈多样。这些规范文化一方面是耕犁文化及其农业经济的产物,另一方面它又作为人类与自然界之间的新的变量而影响村落文化的创造和发展,如管理水利的组织和制度的出现给农业生产发展的影响就是这样。中国秦代的"车同轨"对于交通的发展所起的作用也是不小的。

最后,原始村落中人们的风俗、道德、宗教等观念文化,也是受农业经济影响的。在古代原始村落中,人们基本上是按照"日出而作,日入而息"的生产方式形成自己的生活习惯的,各种季节性风俗活动,如庆丰收一类节日,大都与农业生产有着密切的联系。由于当时的农业生产对自然环境中的土地、河流、雨量、气候有着很大的依赖性,因此,当人类还不能支配自然界的这些因素时,崇拜土地、河流、天神一类的宗教就出现了。在中国史学家司马迁的《史记》所记载的西门豹治邺的故事中,人们对河神的崇拜和恐惧就是这样产生的。中国的一些少数民族在近现代还保留着对土地神、河神、山神的信仰,也说明了这种情况。原始村落社会的这些观念文化,既是以农业生产为基础的,又是人与自然的物质交换过程中的各种变量关系交互作用的结果。

我们说耕犁文化所带来的农业发展是村落文化形成的主要变量,并不是说其他变量都是无关紧要的,恰恰相反,山林水泽的利用、家畜的饲养、手工业的发展等,可以说都是村落文化生态所不可缺少的相关变量。山林水泽的利用,大大增加了村落的物质财富;家畜的饲养,不仅给农业生产带来了动力,由此出现了牛拉、马拉的耕犁、车辆等,而且也是促使农村社会分工的重要因素;手工业如木工、铁工、织工、陶工等的发展,对促进农村商品交换及社会组织、社会关系的扩大都曾起过重大的作用。故《周书》说:"农不出则乏其食,工不出则乏其事,商不出则三宝绝,虞不出则财匮少。"[1]只有这些生态因素交互作用、交互影响,才能构成村

---

[1] 史记·货殖列传.

落文化的完整系统。

四、城市文化生态的多变量关系

关于城市的含义,《说文解字》说:"城,以盛民也。"城从土,上古之时,大概用泥土筑个大堡,盛居一定人民,就可以算作城。"市"也未有商业、贸易之意。市从巾,是胸前佩戴的一种象征符号。故《说文解字》说:"市以象之,天子朱市,诸侯赤市,大夫葱衡。"城市与商业、贸易发展联系起来是后来商品经济发展的结果。这里的城市概念,是与村落相对而言的,凡是比农村集镇较大的社会、经济、文化及人口居住中心,不论大、中、小,皆谓之城市。至于城市的规模和其他标准这里不讨论。

(一)城市存在和发展的原因分析

1. 城市是社会分工发展的结果

在野蛮时代高级阶段,农业与手工业之间发生了进一步的分工,从而产生了直接为了交换的、日益增加的一部分劳动产品的生产,这就使单个生产者之间的交换变成了社会的迫切需要。文明时代巩固并加强了所有这些在它以前发生的各次分工,特别是通过加剧城市和乡村的对立而使之巩固和加强,此外它又加上了一个特有的、有决定意义的重要分工:即创造了一个不从事生产而只是从事交换的商人。可以说,城市是作为与乡村的对立并由社会分工所固定下来的形式。欧洲许多城市都是商品经济发展的产物,如古代希腊雅典以及科林斯、麦加拉、西昂等城邦便是这样发展起来的。它们虽然是政治、军事重地,然而它们本身却是爱琴海地区商品经济发展的结果,是作为商业中心出现的。中世纪的罗马城邦也是这样。古代的罗马公社原是由血缘关系成员组成的团体,到公元前3世纪时还是一个很小的城邦。但是随着农业手工业的发展,特别是大农庄、大果园、大牧场、矿山以及冶金工、木工、陶工、皮革工等专业分工的发展,商品生产、贸易交换使财富的聚积极大地增长,从而出现了经营金融、商业及包缴行省税收的"骑士"阶层。到公元前2世纪中期,罗马已变成了"世界城市"。至于欧洲近代城市,更是以工业、商业为基础发展起来的。

2. 宗教活动

宗教教会、僧侣在西方有很大势力,教权常常大于政权,政权更替也要得到教皇的承认。因此,宗教教会兴建教堂,扩充势力,成为促进城市发展的一种特殊力量。例如,罗马帝国虽然被日耳曼人灭亡了,然而在罗马帝国内出现了一个比它更有势力的组织,这就是基督教会。君士坦丁堡就是这样建立起来的,并且成为国中之国,在整个中世纪它都是欧洲最大的城市。它不仅保存了罗马的传统、精神、法律、文学和艺术,而且给整个西方世界以宗教影响。在欧洲的其他城市,教会的势力也是很大的,都不同程度地影响了它们的文化。在中国古代的城市建筑中,以工商业发展为中心出现的城市是很少的,作为宗教活动的中心而出现的城市更少见。这一则是因为中国社会自古以来以农业生产为基础,商品经济不发达(尽管有的城市也发展了商品经济),二则是因为中国宗教寺庙大都散建在深山老林,所以中国古代很少有欧洲那样以工商业为中心或以宗教活动为中心的城市。

3. 政治活动

中国古代城市建筑大都与行政管理有关,特别是从殷周以来,实行疆土分封制度,使大大小小的领主建立了各种不同的居住城邦。这也是中国城市星罗棋布的一个原因。当然,这并不是说,中国古人不考虑城市建筑的生态环境,恰恰相反,他们对城址的选择考虑得是很周密的。《礼记》说:"凡居民,量地以制邑,度地以居民,地邑居民必参相得也。无旷土,无游民,食节事时,民

— 117 —

咸安其居,乐事劝功,尊君亲上,然后兴学。"❶建一个小城,尚且要考虑有关人民的居住、就业、上学及行政管理问题,建一个大城就更要考虑它的兴旺发达等问题。如周代丰、镐二邑的建筑就是这样。丰、镐二城位于渭河支流沣水两岸,东有灞水,北有渭水,地处平原,土地肥沃,自然是发展农业经济的好地方。所以《诗经》说:"文王受命,有此武功,既伐于崇,作邑于,文王烝哉!……考卜维王,宅是镐京,维龟正之,武王成之,武王烝哉!"❷

4. 军事活动

军事的考虑是中国古代城市建筑的一个很重要的原因。特别经过春秋战国的混乱及秦朝以后的楚汉之争,封建统治者认识到城池对巩固统治的重要,于是大力兴建城市。汉高祖刘邦曾经下令,天下县邑皆筑城。❸ 刘邦平定天下以后,曾经想在雒阳(洛阳)建都。刘敬出于汉朝的政治、军事统治的考虑,反对建都洛阳。他说:"陛下取天下与周室异。……而欲比隆于成康之时,臣窃以为不侔也。且夫秦地被山带河,四塞以为固,卒然有急,百万之众可具也。因秦之故,资甚美膏腴之地,此所谓天府也。陛下入关而都之,山东虽乱,秦之故地可全而有也。夫与人斗,不其亢,拊其背,未能全胜也。今陛下入关而都,案秦之故也,此亦天下之亢而其背也。"❹当时左右大臣多是山东人,说雒阳"东有成皋,西有黾,倍河,向伊雒,其固亦足恃",因此极力劝刘邦在雒阳建都。刘邦犹豫不决,因此问张良。张良劝刘邦说:"雒阳虽有此之固,其中小,不过数百里,田地薄,四面受敌,此非用武之国也。夫关中左函,右陇蜀,沃野千里,南有巴蜀之饶,北有胡苑之利,阻三面而守,独一面而东制诸侯。诸侯安定,河渭漕輓天下,西给京

---

❶ 礼记·王制.
❷ 诗经·大雅·文王有声.
❸ 汉书·高帝纪.
❹ 史记·刘敬传.

师;诸侯有变,顺流而下,足以委输。此所谓金城千里,天府之国也。"❶刘邦听了很高兴,于是命人修复了被项羽烧毁的长安,在那里建立了国都。可见,长安之所以得到修复与发展,军事方面的考虑是很重要的因素。中国古代一些边疆城市的建筑也是出于军事需要,如在的玉门、酒泉等西北城市,就是汉朝以后为了镇守和开发西北边疆而建设起来的。

  出于军事方面的考虑,中国城市的城墙一般都很高大,矮的5米,高的达18米。尽管如此,一个城市如果不处于进可以攻、退可以守的险要地理位置,在长期割据的战争中也是很难存在和发展下去的。例如,中国古代的临淄和邺城就是这方面的例证。临淄古代属齐国,《战国策》记载说:"临淄甚富而实,其民无不吹竽、鼓瑟、击筑、弹琴、斗鸡、走犬、六博、者;临淄之途,车毂击,人肩摩;连衽成帷,举袂成幕,挥汗成雨。"❷可见当时的临淄人口很多,商品经济也很发达。秦灭齐统一六国之后,临淄也就失去了重要性。汉代以后,虽然临淄的经济仍很发达,但始终没有发展成为大城市,反倒慢慢衰落下去。邺城位于漳水附近,战国时期属于魏国。西门豹引漳灌溉,开十二道渠水,促使了这一带农业的发展,邺城也就很快发展起来了。至东汉末期,袁绍以邺城为中心拥有冀、幽、青、并四州之地。曹操灭袁绍后,拥汉帝于许昌,自己驻邺,即魏都。左思的《魏都赋》就是描写邺城的:"廓三市而开廛,籍平逵而九达。班列肆以兼罗,设圜阓以襟带。济有无之常偏,距日中而毕会。抗旗亭之峣薛,侈所之博大。百隧毂击,连轸万贯,凭轼捶马,袖幕纷半。一八方而混同,极风采之异观,质剂平而交易,刀布贸而无算,财以工化,贿以商通,难得之货,此则弗容。"❸从左思的描绘中足见当时邺城工商业之发达及人口之众多。晋朝之后,十六国中的石虎、慕容隽都曾建都于邺城。但由于这里四通八达,无四塞之固、山川之峻,易四面受敌,终不可守,

---

❶ 史记·留侯世家.
❷ 战国策·齐策.
❸ 文选·卷六.

所以邺城在中国封建社会终于没有发展成为大城市。由此可见，一个城市能不能存在和发展，有无险要的地理环境是一个重要的变量。

5. 交通因素

由于城市是人口集中的地方，所以交通是城市文化发展所不可缺少的变量。在古代城市初创阶段，由于交通条件的限制，无论是两河流域、爱琴海沿岸的城邦，还是中国古代的列国城池，规模都是比较小的。苏美尔城邦只有一两万人口。雅典是比较大的城邦，但在公元前500年左右成年公民人数也只有3万人。中国古代的城市也都不大。《战国策》说："古之四海之内，分为万国。城虽大，无过三百丈者；人虽众，无过三千家者。"❶战国时代齐国的临淄算是最大的城市，居民也只是7万户。郑国公叔段居住的京城，也不过百雉。古代方丈曰堵，三堵曰雉，一雉之墙，长三丈高一丈。由此看来，百雉也只有三百丈。即使是三百丈的城市，有人还对郑庄公说："都城过百雉，国之害也。"❷这当然是出于政治上的考虑。但是，城市大了，人口多了，交通不发达，各方面的供给都是很困难的。古代城市规模之所以很小，交通、运输工具不发达是一个很重要的原因。

从城市文化发展的交通、运输技术变量看，在以步行为主的交通时代，城市的范围半径一般不超过10里。因为从城外到市中心走10里路程，人们往返一次需要两三个小时，是很累的，而且运输东西要靠肩担手提，路程再远了就很难到达目的地。中国古代的洛阳就是这样。晋朝陆机在《洛阳记》中说："洛阳城周公所制，东西十里，南北十三里。"周朝时城市交通主要靠步行，城市自然不能发展很大。到了以车马为交通工具的时代，城市的规模虽然有所扩大，但一般说来它的半径也不超过30里。车马较之步行虽然方便，但到市里去办事，30里的路程往返也需要一天，再

---

❶ 战国策·赵策.
❷ 左传·隐公元年.

第四章　文化的系统理论

远了也是很难胜任的。洛阳发展到南北朝时期,才"东西二十里,南北十五里,户十万九千余"❶。长安是汉朝最大的城市,但城的方圆才63里,经纬12里,经过唐代扩建,周围才71里。城市规模只有到了现代化的交通、运输工具如汽车、电车、火车等出现以后,才迅速地扩大。如美国华盛顿1846年面积只有67平方英里,合173平方千米,20世纪80年代已经发展到1500多平方英里,合3885平方千米(包括弗吉尼亚州和马里兰州的一部分),1970年人口达7576510人。日本东京(历史上的江户)1640年建成时街道长才300町(1千米=9.167町),20世纪80年代它已从京滨扩展到京阪神地区,到市中心有50千米,居住2000万人口。又如中国的北京,过去的内城东西宽只有6.5千米,南北长只有5.5千米;外城东西长约8千米,南北约4千米。但是到1970年,北京已经拥有1780平方千米面积和760万人口了。1980年,北京的整个面积达2460平方千米,人口则近1000万。这些现代化大城市的发展,固然与现代工业、商业的发展密不可分,但交通运输工具的现代化不能不是一个重要条件。它不仅为工商业的发展提供了交通运输条件,而且更为重要的是它作为现代化信息工具,把城市众多的人口及其相互关系联系在一起了,使之能够成为一个有机的整体而不停地运转,否则,现代城市规模如此之大是不堪设想的。

6. 水源

水源也是一个城市发展所不可缺少的变量。有了水,不仅可以灌溉城市内外的农田、园圃、树木等,而且对于战争也是很重要的。战国时候秦率韩魏的军队围赵襄子于晋阳城,就是决晋水淹城取得胜利。当时有个老人(智伯),原是以晋水浇灌山上树木的,观此情景很有感慨地说:"吾始不知水之可以亡人国也,乃今知之。"❷所以,中国古代城市建筑大都傍于江河湖泊。如长安的

---

❶ 洛阳伽蓝记.
❷ 史记·魏世家.

曲江、洛阳的天渊池、开封的龙池、南京的长江和玄武湖、济南的大明湖、北京的三海和两河都是如此。最典型的是武汉三镇。武汉位于长江、汉水之滨,又有东湖,这不仅给它提供了水源,而且水路交通极为发达,使其素有"九省通衢"之称。武昌、汉口、汉阳三个城市所以能够发展,除其他条件外,丰富的水源及由此提供的水利交通条件,不能不是说一个很重要的原因。中国的城市分布所以集中于长江、黄河及其大小支流的两岸,都与城市发展的水源需要直接相关。有些城市则是随着运河的开凿逐步发展起来的。例如中国北运河段的天津、通州,江南运河段的镇江、苏州、杭州等,它们的发展都受运河开凿的影响。运河一方面带来了灌溉之利,使农业得到发展,另一方面又促进了商品交换的发展,从而才能使城市成为商业的中心。

(二)城市的文化生态系统

从文化生态学的观点看,作为一个群落中心,城市的发展首先需要人口的发展。一个城市要想存在和发展,就必须具备众多人口赖以存在和发展的生产、居住、消费(包括衣食及文化活动)条件三个要素。为此,城市发展要处理好人与自然、人与人、人与社会三个方面的关系。这些关系交错发展往往形成一个城市的文化生态系统。在中国传统社会,城市主要靠周围村落文化的存在来发展。这种文化生态模式最典型的莫过于旧时的北京了。

北京北枕燕山山脉,南临华北平原,西有西山、军都山做天然屏障,东隔山海关与东北三省相接,并临渤海湾,又有永定河、潮白河流灌其间,依山傍水,土地肥沃,资源丰富,而且从军事上讲,北京南控江淮,北连朔漠,左环沧海,右拥太行,进可以攻,退可以守。北京的这种生态环境可以说得天独厚。北京的文化生态结构是很讲究的。它以故宫的殿、堂、楼、阁、亭、榭、廊、轩为轴心,向四方辐射:皇城区是内府官员的住宅,东交民巷与西交民巷一带是衙署行政区,北城一带为王府居住地,东四牌楼与西四牌楼是城区的两个主要市场,如东四的猪市大街、小羊市、多福巷(豆腐巷)、骡马市,西四的马市大街、缸瓦市、羊市大街、羊市胡同、粉子胡同等,都是著名的专业市场。正阳门以南是手工业和商业区,东有打磨厂、肉市街、鲜鱼口、果子市等,西有珠宝市、钱粮胡同、煤市街、粮食店等。北京市大街小巷,左右对称,南北垂直,如东单、西单、东四、西四、东直门、西直门,天安门、地安门,朝阳门、复兴门等。北京的建筑结构及设施是建立在极为有利的自然生态环境中的。以故宫为中心,前有金水河、永定河,后有北海、什刹海、积水潭。以护城河为外围建立了鼓楼、牌坊、五坛、八庙、胡同、四合院为体系的城市结构,行政公署及工商区也是按照这种结构体系分布的。北京在元代(1270年)已有40万人口;明朝年间(1578年),人口达70万;延至清代末年(1910年),发展到76万人。这么多人口,加上宫廷及庞大的官僚机构,没有广阔的城市郊区作为生活和生产资料的基地,它是无法存在和发展的。因此,金、元、明、清以来,都在北京周围建立了范围很大的京畿地区。元、明两代的京畿地区有3万多平方千米,北至长城,南及保定,东伸至渤海。如京东的通州是明代漕运粮食的重镇,宝坻是金代的盐仓,南边大兴县的采育镇是明代家禽生产基地,旧称"鹅鸭城"。可以说,围绕北京的整个京畿地区由府、州、县、镇、村构成了一个城市文化生态的体系,表现出了中心城市与周围区域生态上的一致性。它不仅反映出了人与自然、人与人之间的关系的整体性,也显示了整个城市社会文化各种因素之间的有机联系。

现代城市文化生态系统的结构较之古代城市更为复杂。一般说来,旧城都比较小,房屋陈旧、道路狭窄,设备也差,没有停车场、大学以及儿童游乐场所,但商业比较发达,大的商店、百货公司、银行等集中在旧城。随着现代工业的发展及人口的增加,许多大城市都在旧城市郊建起了工业区、文化区,并在远郊建起了卫星城市。这样就形成了旧城、新城及卫星城的三层结构。从文化生态学的角度看,在这种新的现代城市结构中几乎每一层都是一个独立的系统。它们之间的关系主要是商品交换关系,直接的调拨或附属关系是很少存在的。卫星城市是农村及集镇的贸易中心，它从农村及附近集镇收购农产品，如粮食、棉花、油料等，经过加工，供给大城市的工业区。工业区以自己的产品卖给卫星城及周围的农村地区。但在工业区，大商店一般比较少，人们往往要到旧城繁华地区去买东西。这样就形成了在郊区发工资，在市中心花钱的局面。因此，存在于现代城市社会的主要是一种商品与货币关系。正是这种关系造成了城市结构层次间的人流和物流，而它又是通过交通、信息的连接而实现的。

五、文化生态在平衡与矛盾之中发展

人类是地球生物圈内生物群落的组成部分，其文化创造是不能离开周围生态环境的，在一定程度上是受自然生态环境支配的。只有依赖生态环境，合理地利用自然界，才能维持人类文化创造和文明社会的存在，否则，掠夺过度，开支过度，将会使人类失去自己生存的基础。没有平衡，就没有永恒！因此，在今天，正确地处理文化创造与自然界的关系乃是人类文明进步的关键。

（一）人类文化要不断发展，唯有正确处理与自然环境之间的平衡关系

近百年来，科学突飞猛进的发展使一些人忧心忡忡，这是可以理解的。现代社会几乎是在人类尚未来得及充分考虑科学与人、科学与社会、科学与自然的种种关系的时候，科学就出人意料地长足发展起来了。特别是现代科学转化为技术体系为人类社会服务的时候所带来的后果，是人们没有意料到的。人类在进入17世纪和18世纪的大工业生产时，几乎没有考虑能源、水源及空间生态条件等一类问题，因为在当时的人们看来，能源、水源都是取之不尽、用之不竭的。但是实践证明，人类无限制地进行工业化生产，也会带来燃料、水源的不足，也会给生存环境造成极大的破坏，这就是人类的经验。只要总结这些经验，人类就会提高自己认识文化创造与自然环境的关系的水平。我认为，社会化的人、联合起来的生产者，将会合理地调节他们与自然之间的物质

交换,并把这种交换置于人类的共同控制之下,而不让它作为盲目的力量来统治自己,并靠消耗最小的力量和适合于他们本性的条件进行这种物质交换。任何时代,人对自然规律的认识的片面性都是难免的,但是人类只要不断地增加自觉性,去掉盲目性,那么,随着科学向深度和广度发展,人类利用和控制自然的能力也必然越来越大。只要化不利因素为有利因素,人类就能够创造出越来越发达的文化,从而为自身的生存谋得更大、更多的幸福。例如,目前人类利用遗传基因在试管或器皿中培养新的农作物品种,用以迎接新的农业革命和避免粮食危机就是证明。它不仅说明人类文化创造有着广阔的天地,而且表明人类有着利用和控制自然界的巨大能力。由此可见,那种担心科学过度发展和文化无限创造会导致人类灭亡的悲观论点是没有根据的。

(二)人类要建立起文化的新陈代谢体系

文化的新陈代谢体系要求人们在进行文化创造时充分地考虑人类、科学技术、社会组织、经济体制、价值观念与自然环境所构成的文化生态综合体的各种变量关系。我的这种主张是从进行文化生产的人们与自然环境的相互关系出发的,而绝不同于现代社会达尔文主义者威尔逊那种从人类共同基因中寻求文化普遍性的社会生态学观点。人类社会与动物社会的本质区别在于,动物最多是收集,而人则是从事创造性的劳动。仅仅由于这个唯一的或基本的区别,就不能把动物的规律直接搬到人类社会中来。人类是包括自然环境在内的整个环境的客体,同时又是社会、文化环境创造的主体。作为客体的人,他受整个环境(包括自然环境)的制约,所以我一再强调环境对人类及其文化创造的影响和作用。但是我同时又强调指出,人是社会化的动物,是文化的创造者,因此他们的行为、价值观念又对环境施加更为积极的影响。当一种社会文化环境不能适合人类生存的需要时,他们就会抛弃这种社会文化环境而另外创造一种社会文化环境。这是一个积极的社会文化新陈代谢过程。这个过程一方面表现出社会体系、文化体系与自然体系的交互影响,另一方面又反映出社会文化一体化水平,即人类不断地创造和适应社会文化环境的整体一致性。

第二节 文化空间系统

任何文化的产生、发展、演化都要有一定的空间得以展开。文化空间系统的观点坚持认为,不同类型的文化存在明显的相互作用,这种相互作用催生出新的文化,实现人类文化的发展。

文化的空间系统是和文化的实践系统紧密联系的,不可能有严格的区分。但是鉴于前面章节已经有和时间的相关论述,这里便尽量单独说明文化的空间系统。

一、文化丛

(一)文化丛的含义

文化丛是在一定时间、空间产生和发展起来的一组功能上相互整合的文化特质丛体,它也是研究文化特质的一个单位。在人类历史上,一种文化特质产生许多相近的文化特质。例如,在一些部落或民族学会了驯马后,就会形成一组以马的功能为特质的文化丛;在养马的过程中发展了马棚、马房、马槽、马栅;骑马发展了马鞍、马镫、马缰绳、马嚼、马鞭;为了用马运输而发展了马车、马套、马路;除此之外,其他像马竿、马枪、马刀、马号等文化特质,甚至像马工、养马术等也都是围绕着马文化发展起来的,因此,就形成了马文化丛。其他像农业文化丛、畜牧文化丛等,也是这样形成的。文化丛是各种文化特质持续发展、相互整合的结果,它往往形成一个文化特质交错的体系。

文化丛的概念最初是威斯勒等人在研究物质文化的产生和

发展,研究各民族物质文化的传播、采用及其交互影响的历史过程时提出来的。后来,一些文化人类学家、民族学家(如克罗伯)则用之研究民族文化的生活、宗教、经济、技术等的发展,从它们持续发展、相互凝结的过程中说明不同民族文化体系及文化模式的特征。另外,考古学家也经常使用这个概念,用以考证古代文化特质的各种材料。

文化丛作为文化特质持续发展、联结、整合的一个单位,可以帮助我们观察、研究、分析各种文化形态的形成及其发展。

文化丛表示着人类依据一定的自然生态环境进行创造的能力。我们到山区去,常常对山区人的石器文化创造能力表示赞叹。墙是石头砌的,房是石瓦棚的,路是石块铺的,其他像石桌子、石凳子、石碾子、石磨、石碑、石板,几乎无处不是石的文化,构成一种石文化丛。我们到南方去,也常常为南方人的竹器文化创造能力感到惊讶。他们的衣食住行无不与竹子有关:头戴箬笠,身披竹布,住的是竹楼,吃的是竹笋,走路拄的是竹杖,上山抬的是滑竿,下河撑的是竹筏子,此外还有竹篓、竹筒、竹凳、竹椅、竹床、竹席、竹篮子、竹盒、屏风,而且门帘、扇子、长箫、短笛也无一不是用竹子做成的。人们生活的环境中到处是竹子,他们自然也就创造出了许许多多竹文化,构成竹文化丛。无论是石文化丛,还是竹文化丛,都是人们依靠自己的生态环境创造出来的,显示了人与自然的契合。

(二)文化丛与文化特质

正因为文化丛最早表现为人与自然的契合,所以我们才可以通过文化丛研究人类文化史上不同区域环境中的文化特质,并通过比较、分析,从中看出各种文化之间的区别与联系。例如,分布于黄河中下游的仰韶文化和分布在黄河上游甘、青地区的马家窑文化,可以说是以原始农业和彩陶为特征的两个文化丛。我们从陶器中的盆、钵、壶、瓮、盂、豆、碗、杯的彩绘纹饰特征上,可以看出两个文化丛同属于一个文化系统。从两个文化丛的发掘过程来看,甘肃马家窑文化层又叠压在中原仰韶文化层之上,并且根据碳 14 测定,中原仰韶文化的年代约在公元前 5000 年至前 3000 年,马家窑文化的时代约在公元前 3000 年至前 2000 年。这就说明了马家窑文化丛是仰韶文化丛沿黄河向上发展的结果,两个文化丛既有区别又有着密切的联系。

  文化丛并不是一些文化特质或文化要素机械地堆积或毫无联系的任意分布,而常常是围绕一种中心文化内聚起来的。例如,马文化丛是围绕驯马文化内聚起来的,农业文化丛是围绕土地耕种文化内聚起来的,畜牧丛是围绕牲畜饲养文化内聚起来的。不仅物质文化丛是这样的,精神文化丛也是这样。中国辉煌的敦煌艺术丛,就是围绕着宗教活动内聚起来的。最初,佛门弟子路经大漠深处的鸣沙山,面对着这遥远、神秘、幽静的地方,也许出于过分的虔诚而眼前呈现出佛图灵光的幻觉。于是,他们在这里挖窟凿洞、尊佛念经,吸引了一批批佛门弟子聚集在这里不断开拓。从 366 年到 1368 年(即从十六国时期至元代),经过千年凝聚、积淀,这里终于发展成一个斑斓绚丽、多姿多彩的神秘艺术宫殿。敦煌石窟的一切神话、故事、传说、壁画及彩塑艺术,都是内聚在宗教观念下的,其内在的统一性和整体上的一致性都是出于宗教功能的需要,是这种功能需要不断整合的结果。

  这就给我们观察现代文化发展一个启发,即任何文化的发展都不是孤立的,都在功能上有着内在的统一性和整体的一致性,所以我们搞任何现代化建设都必须全面地考虑各种功能的相互整合。比如我们建设一个工厂,不仅要建设生产车间的流水线,建立试验室和研究室,还要建立许多附属设施,如公路、加油站、仓库、保管室、停车场等等。这些不同的文化特质在功能上都是相互整合的,缺少了某种文化特质,它就不能成为一个系统,就不能充分地发挥文化丛的功能。

  在某种意义上,可以把文化丛看作一个功能上相互整合的文化特质群,即文化群。人类社会中的大大小小的文化丛,实际上是不同形态的文化群,大的有工业文化群、农业文化群、城市文化群、乡村文化群,小的有服装群、食品群、建筑群,在精神文化上还有作家群、艺术群等。每一个文化群都由许多文化特质组成,并且在功能上有着内在的统一性和整体上的一致性。因此,文化丛的理论不仅可被用来研究古代文化复合体,更可以被用于研究现代文化的集合。这样,我们就可以把文化丛的理论推到一个更高层次,用以观察、研究、分析现代的各种形态和特征。

二、文化圈

(一) 文化圈的内涵

文化圈是一个与文化丛相关的文化概念。如果有许多地带的类似的文化丛相连接,其主要的文化特质内容相似或者基本相同,文化社会学就把这种文化现象叫作文化圈。

文化圈作为一个关键性的概念,是德国的格雷布纳最先使用的,后来奥地利的施密特进一步扩展了这个概念的内涵。首先,格雷布纳所说的文化圈是一个地理空间上的概念,其内容与文化丛差不多,或者说是一些相关的文化丛。而施密特在使用文化圈概念时,尽管也注重其地理空间上的意义,但他往往从两地相关的文化丛或文化圈中推出文化的时间性。其次,格雷布纳所说的文化圈多注重物质文化,而没有把人类文化的一切现象都包括在内,如社会文化及宗教、艺术等精神文化。而施密特所说的文化圈则包括物质文化以及社会风俗、伦理道德、宗教等人类各种文化范畴在内。再次,格雷布纳所说的文化圈的独立性是很小的,而施密特所说的文化圈有很强的独立性。最后,格雷布纳所说的文化圈与弗罗贝纽斯所说的文化形式概念是颇为相近的,只是一些文化单位细目的总和,而施密特所说的文化圈则是指功能上相互关联的各种文化特质构成的有机体。文化圈的概念由德奥民族学家不断深化、发展,逐渐成为一种理论,即"文化圈论"。

我们知道,文化圈论作为一种研究不同民族文化的理论和方法，基本上是为了复原历史而构造出来的，它既是主观主义的，又带有似是而非的模糊性。但是，如果我们把文化圈看作人类不同的活动范围，看作他们在一定范围、场合的文化创造及其在时间、空间系统上的相互关联的迁徙、扩散、集结过程，那么，它就成了活生生的现实。如果我们把文化圈的概念放到历史的基础上，用以观察、研究、分析人类各种文化形态的发展、变化，那么它仍然是一个很重要的文化范畴。

人类总是在一定的空间范围、场合生活的，采集、耕种、制作、创造，这就自然而然地产生了文化圈。文化圈实际可以被看作人类生活环境、生活样式的共同场合、地带、区域。生活环境、生活样式都是人创造的，是一定的种族、民族或区域民众创造的，因此，文化圈的形成又表示着一个历史的过程，表示着人与环境交互作用的持续过程。

圈有大小，大则种族、民族、国家、东西半球以及各种文化带，小则城邦、村落、家族以及各种民族区、风俗区等。凡人类在共同生活环境中形成的社会的、语言的、风俗的、道德的、宗教的等共同的文化特质，我们皆可称之为文化圈。

(二)文化圈与人类文明

像文化丛一样，文化圈首先显示了人类依据一定生态环境所进行的独一无二的文化创造的法则、秩序。如果说文化丛仅仅是一组文化特质丛体、一个相关的文化群，那么文化圈则是由文化丛体、文化群的广泛分布所形成的文化地带、文化区域。文化圈一方面反映着更多更广泛的人类群体对文化创造的共同参与过程，另一方面也显示了各种文化特质在功能上的更大整合，而且文化圈愈大，所整合的文化特质愈多，层次也就愈高。例如印度有许多邦，每一个邦在宗教、风俗等方面都有很大差异，都表现出无穷无尽的多样性，因此，每一个邦都可以被看作一个小的文化圈。这种邦文化圈是印度不同的种族(民族)文化特质及其在历史发展过程中实现功能整合的结果。但是如果我们把印度文化

第四章 文化的系统理论

看成一个文化圈,它就比各邦文化圈整合的范围大了,层次也高了。又如,东方文化圈不仅包括印度文化及其各邦文化,也包括了中国文化、日本文化、朝鲜文化以及东南亚各国的文化,它是这些国家或民族文化的更大范围、更高层次的整合,反映了这些文化的共同特征。

由于文化圈在时间和空间上包含有较广阔的地带,可以做深广的研究,因此,我们通过它可以观察人类文化的全貌。美国学者威斯勒在1923年出版的《人类与文化》一书中,曾将人类在地球上生存的环境及文化的存在划分为中央地带、冻原(Tundra)地带和林莽地带三部分。他认为人类的文明及文化繁荣都发源于连绵两半球的中央地带,这个地带从非洲北部经过南欧东亚一直到美洲的墨西哥、秘鲁,在这个地带产生了埃及、美索不达米亚、希腊、罗马、印度、中国、墨西哥、秘鲁等古代文化和文明。所谓冻原地带,指位于中央地带北部的地带,从南俄杜突拉至草原、平地、森林地带,包括北欧、俄罗斯、西伯利亚、蒙古、加拿大、美洲东部等地。与中央地带相比,冻原地带的文化虽然发生得晚一些,但发展很快,具有相当高的文化成就。所谓林莽地带,主要是指位于中央地带南部的高温低湿地带,包括亚洲南部、非洲及热带诸岛地区,这里的文化或文明处于低级阶段和落后状态。[1] 尽管威斯勒对于人类文化的分布所进行的一系列描绘未必精当,但他的文化分布图却给我们勾勒了一幅人类文化生态的全景,使我们可以看到人类文化发展的全貌。

世界上一切民族都有自己的历史,都有自己的遭遇。由于自然界的变化及人类社会的各种原始的生存斗争和现实的自我发展的需要,民族的迁徙是经常发生的。一个民族从一个环境迁到另一个环境,也就带来了文化的移动。因此,我们研究人类的文化圈,就可以看出各民族文化在历史上的联系。西方文化圈派把人类形形色色的文化归结为单一的、一次性的现象,归结为最原

---

[1] (日)西村真次.日本文化史概论[M].北京:商务印书馆,1936,第22—23页.

始的形式和个别历史人物的功劳,无疑是主观主义的和形式主义的。但是,如果抛开文化圈派那种随意拼凑材料的主观主义成分,把文化圈看作各个民族文化不间断地发展的连续体,看作有独立性、自主性及稳定性的文化整体,那么,我们从它们的各种特征上不是可以获得一种时间的深度而复原出历史上各民族文化的相互联系吗?

人类文化的发展是一个历史的连续过程,它从古代延续下来,一直发展到现代,原则上没有间断过、停歇过。所谓文化层,不过是现实的文化丛、文化圈在历史上的积淀、凝结。文化圈不过表明了文化层的发展次序。当文化圈随着时间的推移而沉积、重叠时,它们也就形成了文化层。虽然文化圈与文化层在时间上是分开的,但它们本身却有相似性,也显示着一种历史的连续性。因此,文化圈的研究对于了解历史上文化层的分布、移动及时间顺序有着复原的意义。这一点对研究古代文化史特别重要。

如果说文化层是文化圈在历史上的沉积,那么,为了认识文化圈在现实中的空间结构及其分类现象,就不能不说到文化区了。

三、文化区

(一) 文化区的含义

文化区的概念最早见于西方文化地理学派,但用法各不相同。法国的丹纳多用"环境"一词表示区位,德国的拉采尔则用"文化区域"。最早使用文化区一词的是美国的奥·梅森,他曾把拉丁美洲的土著文化划分成18个文化区或文化环境。20世纪初期的文化传播学派,则使用文化圈的概念说明文化的空间分布。但由于他们多从文化移动迁徙的观点论述文化圈的独立性和永久性,而没有从发展的观点对文化区域分布做深入的历史研究,因此,美国文化历史学派弃文化圈而采用文化区概念。如威斯勒

第四章 文化的系统理论

在《美国的印第安人》一书中,曾对印第安部落的经济、物质文化、社会制度及宗教、神话等的地理分布情况及其特征进行过详细的研究和分析。克罗伯也从历史的角度分析和研究过各民族文化的分布和特征。但美国文化历史学派的文化区概念也有受人批评之处,一是它多着重于物质文化特质的复合体,如威斯勒把美国印第安人的文化区本身归结为几个大的食物区,如鲑鱼区、野牛区、玉蜀黍区、木薯区等;二是他们往往抓住历史的片断,对区域文化作静态的形式分析,因此他们所说的文化区往往是一种工具性概念,没有把文化区看作一个变化着的区域文化群体。

文化区是指有着类似文化特质的区域。我们可以从以下三个方面观察它:

第一,文化区是文化特质的区域分类概念。我们知道,人类依据不同的生态环境所创造的文化特质是不同的。例如,平原上的人们不仅创造了土地耕种、五谷栽培以及车辆、房屋等,而且还创造了与之相适应的观念,如土地崇拜、庆丰收的节日风俗以及风水、望族、君子之泽等。人们为土地而生存,为土地而进行文化创造,所以一切文化都带有土地的特质。而水乡的文化则与此恰恰相反,人们结网而渔,楼船而居,水里来,水里往,观风察水,撑篙扬帆,呼喊对歌,一切文化都与水密切相关,表现出水上文化的特质。这些不同特质的区域分布就是文化区的特征。由此看来,文化区是与行政区不同的,行政区只是一个行政管理的区域单位,而文化区则是不同文化特质的空间载体,前者是人为地划分的,后者则是在一定地理环境中形成的。有些行政区由于长久的历史的划分,可能本身就具有文化区的性质,如中国山东省的齐鲁文化,四川省的巴蜀文化等,皆属行政区兼文化区的性质。但是有些行政区则不具有文化区的性质,例如中国的江苏省虽然是一个独立的行政区,然而它在文化上却以长江为界,划分为不同的文化区域:长江以南的扬州、苏州、常州、镇江一带,地近上海,其物产以丝绸纺织、手工艺为主,其语言、风俗、习惯、服饰等,则与浙江仙霞岭以北的钱塘江一带的文化近似;长江以北至徐州一带,则地近山东省,其语言、风俗、习惯、服饰等文化特质与齐鲁文化相近。由此可见,虽然江苏省是一个独立的行政区,但其文化则有苏南与苏北之别,并不能构成一个统一的文化区。

第二,文化区还是一个历史的概念,区域文化具有稳定的特征。最初,人类依据不同的生态环境创造了各种文化特质,其中有些文化特质因不适合人们的需要而被淘汰了,有的则被一代一代地传递、积累、保留了下来。一般说来,凡被传递、保留下来的文化特质,都是比较适合人们生活需要的,具有一定的生命力。而且,这些文化一旦被保留下来,作为一种历史的文化遗产就具有相对的稳定性。就世界而言,无论是东方文化区,还是西方文化区,从古到今都保留着它们各自不同的民族性格。就东方文化区的中国文化区来讲,历史上虽然多次经过异族入侵和外来文化的影响,如东汉以后的佛教,但中国作为一个文化区仍然保留着它自己固有的文化特征。中国国内的各个文化区也是这样,齐鲁文化区、吴越文化区、三晋文化区、楚文化区、巴蜀文化区、燕赵文化区等等,远在春秋战国时期就出现了,虽然在几千年的历史发展中有所变化,但它们至今仍然保留着历史上的文化区的特征。由于文化区具有这种稳定性,所以它与现在所划分的一般经济协作区、经济特区以及新兴建的各种商业区、共同市场等等是不同的,前者是一种历史的文化区位,后者只是一种经济实体的管理单位。因此,我们研究文化区的时候,一定要把它与这些经济管理单位区别开来。

第三,一个文化区会历史地形成其特殊的文化环境,其居民的心理、性格、行为都带有该区域文化的特征。人们长期生活在一个文化区域的环境中,共享同一种文化,自然要接受其区域文化的教化,因此他们的心理、性格、行为也必然带有区域文化的特征。司马迁在《史记》中曾对中国历史上不同文化区的人们的风俗、习性等方面有过描绘。例如,他提到,关中、镐一带的人有"先王之风,好稼穑,殖五谷,地重,重为";中山一带地薄人众,"丈夫相聚游戏,悲歌慷慨","女子则鼓鸣瑟,跕,游眉富贵";邯漳之地

第四章 文化的系统理论

人多"微重而矜节";燕赵之区民多"雕捍少虑";齐俗"宽缓阔达","足智,好议论";邹鲁俗"好儒,备于礼","地少人众,俭啬,畏罪远邪";西楚之民剽轻易怒,南楚之民好辞、巧说、少信等等。虽然司马迁的描述、记载未必准确,但他能够从不同文化区域的特殊文化特征出发,描述人们的基本心理、性格、行为特征,无疑为我们研究文化区提供了宝贵的资料。

我们在论述文化区的这些性质和特征时,并不是说它是一个僵死的、静止的概念,恰恰相反,任何文化区作为一种文化共同体都是不断发展、变化的。随着经济基础的发展和社会生活的不断进步,一些旧的文化区消失了,一些新的文化区出现了,这是经常发生的事。即使旧的文化区仍然存在、维持下来了,它的文化特质也是不断变化的,也有一个不断淘汰、更新的过程。在整个社会经济发展的过程中,文化区不断地自我发展,正是这种不断发展,使它具有了时代特征。特别是现代化经济的发展以及文化的传播和交流,不仅打破了传统文化区域封闭性的体系,而且正在形成和造就与传统文化区域性质和面貌完全不同的新的文化区域。例如,埃及开罗的新、旧两个城市文化区就是这样。开罗原是一个古老的城市,有悠久的文化历史。但是随着城市现代化,开罗逐渐形成了两个文化中心:一个是中世纪的开罗,它位于市中心的狭长地带;另一个是现代化的开罗,它位于尼罗河两岸。两个开罗城区文化性质和特征完全不同。在旧开罗,其南边 10 英里左右是大大小小的金字塔,市内建造着星罗棋布的清真寺,一般房屋也是古老的建筑,有很低的木制的格窗、镶嵌的大门,雅致、精美。虽然那里也有现代化的交通工具,但四轮或两轮马车依然存在,甚至还有骆驼和毛驴缓步街头。白天,人们从事传统的手工艺品生产;晚上,人们群集在小巷之中,有时买上一杯咖啡,饮着聊天,有时点上水烟袋,悠闲地听人讲《天方夜谭》;星期天人们则去做礼拜,听阿訇讲《可兰经》。总之,这里的一切生活方式中的风俗、礼俗文化都遵循着伊斯兰教的古老传统。新的开罗则截然不同。这里到处是现代化的高层建筑、公寓、楼厅,富丽

— 135 —

堂皇,有地中海式的,也有法国巴黎式的,它显然是受了欧洲建筑风格的影响,即使漂亮的小别墅,也筑起高高的围墙。交通工具也是现代化的,有电车、汽车,还有疾驶而过的摩托车。居住在这里的大多是商人、企业家、银行家以及受过高等教育的人。他们拥有自己的公寓、别墅、小汽车等,有灯红酒绿的夜生活,男人西装革履,妇女有时还穿巴黎流行的超短裙。总之,新的开罗完全抛弃了穆斯林的传统文化,人们所追求的是一种新的西方生活方式。开罗两个文化区的形成和对比有力地说明,随着现代化社会经济的发展,传统的文化区正在经历着一个深刻的变迁过程。因此,我们在研究文化区的分类及特征的时候,既要考虑传统的文化区域特征,也要认真研究和分析新文化区的形成、发展和变化。

（二）文化区研究的理论意义

文化区的研究是一个既有理论意义,又有实践意义的课题。我们知道,区域的文化对人们的心理、性格、行为有着深刻的影响,不同区域的文化特质不仅造就了人们的特殊习性,而且一定程度上决定着人们的价值取向。我们搞现代化建设,无论是物质文化生产,还是精神文化生产,只有在满足了人们的文化心理需要的时候才是有意义的。当然,这种文化心理不是不变的。随着中国现代化建设的发展和科学技术的进步,电话、电视、电脑等现代化信息系统愈来愈发达,各文化区与整个社会的联系会愈来愈密切。现在不论是村落文化区,还是城市文化区,都在经历着深刻的历史性的变革。随着生产方式的改变,传统的生活方式正在让位于新的生活方式,伴之而来的则必然是人们的风俗、习惯、情趣等文化心理的深刻变化。这些文化心理的趋向是什么,它们具有什么新的特征,其规律性如何,这些无疑都是值得研究的。

文化区的形成和发展是比较复杂的,是由各种变量关系决定的。文化区与文化区之间,各种文化区内部（如中心区与边缘区）的文化特质,都既有差异,又有共同之处;既有独立性,又相互影响、相互渗透。因此,我们要想进行有效的文化区研究,首先必须对它进行科学的分类,然后制定出详细的计划,有步骤地进行调查研究,并根据不同的目标,预测文化区的发展趋势及大众文化心理及行为取向。

四、文化类型

(一)文化类型的概念分析

文化类型的提法在美国民族心理学派拉尔夫·林顿1936年写的《人的研究》一书中已经出现,其含义与文化区的概念差不多。它作为一个关键性的文化范畴,是美国现代进化论者斯图尔德1955年在《文化变迁论》一书中提出的。他认为,文化类型是不同的民族文化适应环境而产生的各种文化特质相互整合的核心特征丛,它不是全部的文化特质或文化元素的总和或集合,而是指那些有代表性的、具有因果联系的特征;这些特征都是与文化的结构相关的,具有功能上和生态上的联系;它代表着一个特殊的时间顺序和发展水平,体现着各民族文化之间的本质差别。他还认为,各个民族的文化在相似的条件下,可以沿着相似的道路发展;在不同的条件下,各有特殊的发展路线;19世纪进化论者的那种包罗一切发展阶段的、以正常顺序出现的文化现象是很少有的,每个民族的文化都经历着特殊的历史变迁过程。斯图尔德把文化类型发展成为一种理论,即多向进化论,用以探索文化变迁的原因。

还有一种德国斯宾格勒和英国汤因比所使用的文化类型概念。他们认为,研究人类统一的历史是不可能的,也不存在这样的统一历史,因此必须确定一个空间范围的最小的单位作为研究对象。他们把这个最小的历史单位叫作文化或文明类型。从这种理解出发,斯宾格勒在《西方没落》一书中把人类的文化或文明划分为埃及的、希伯来的、希腊的、罗马的、印度的、中国的等8个类型;汤因比在《历史研究》一书中则把人类的文化或文明划分为26个类型,并说明每一种文化或文明都经历着"起源、生长、衰落、死亡"的历史过程,就像春、夏、秋、冬的更替一样。斯宾格勒和汤因比的文化类型概念,主要是指人类历史发展的空间范围的最小单位,是为了探索人类文明史发展的自然过程而设置的。

无论是斯图尔德,还是斯宾格勒和汤因比,其文化类型理论都涉及人类文化发展不同源流及变迁的一般规律问题。这些问题,我们在研究文化变迁时还会讲到。这里,我们把文化类型看作人类文化发展历史过程的一个层面,看一看它是怎样形成的,它具有什么样的性质和特征。

理解文化类型的概念,我们可以从以下两个方面着手。

第一,文化类型是各种文化形态体系的差异,这种差异是人类不同群体在历史上共同参与的结果。人类不同的社会群体,包括民族的、国家的及地区的各种人类共同体,依据一定的自然环境和社会环境共同参与劳动及社会事务,他们不仅创造了别具特色的物质设备、经济生活、工艺技术,也创造了特殊的风俗、习惯、伦理、道德以及宗教、语言、制度等社会文化。在历史的发展中,这些文化特质不断实现功能上的整合,于是就构成一种文化形态体系,即文化共同体。一般说来,文化共同体作为一种历史的遗产,有很大的独立性。由于历史上各种因素的长期交互作用,文化形态体系的结构与功能是有很大差异的,最后就形成了各种不同的文化类型。

第二,文化类型是指各种文化形态体系的最有特色、最能显示一种文化的本质属性的特征,而不是指它的全部特征的总和。这一点又主要表现在不同文化精神及价值体系方面。虽然物质文化特色在文化类型中也是很重要的要素,但社会学家在谈论人类不同文化类型时,更多地是指涉不同民族文化精神及其价值取向。例如,人们在谈论印度文化类型时,主要是指它的超脱的达摩文化精神;在谈论古代日本文化类型时,则主要是指它的神道文化精神。每一种文化精神都显示出别具一格的特色,并且使一种文化共同体区别于另一种文化共同体,从而构成不同的文化类型。

(二)人类文化类型划分的重要意义

首先,文化类型划分可以帮助我们认识不同民族文化的独特发展道路。人类生活的环境不同,其创造精神和能力也千差万别。可以说,几乎每一个人类群体都是在非常独特的条件下进行文化创造的,他们的能力、精神、欲望在历史上的凝结,形成了许多民族、许多文化,构成了许多特殊的文化现象。我们只有深入研究不同民族的独特的发展道路,才能了解不同文化的特殊本质,才能观察、认识不同民族的文化个性及其精神、品格。

其次,文化类型可以帮助我们认识人类文化的丰富性和多样性。人类散居在地球的各个地方,各用其全部的生命进行创造,并没有人给他们规定什么统一的格式和模式,他们基本上是按照有利于生存的原则营造环境的,但凡可选用的自然资源,他们都利用了;但凡可继承的历史遗产,他们都不抛弃。每一个历史时代,都是前一个历史时代的继续,又是新的历史时代的开端。就这样,不同的人类群体,不断地继承、创造,经过单一的或多重的物质的运动与精神的运动,经过无数次的交织和离散,或者与大世界的人类发生千丝万缕的联系,或者自己偏居一隅,这样就形成了多种多样的文化,并且显示出丰富多彩的面貌。这些文化不仅表现了人类各种群体的独特存在方式,也表现了他们不同的人生意向。我们只有研究这千差万别的文化,才能看清人类形形色色的过去,才能认识他们形形色色的现在和将来。

我们承认人类文化的丰富性和多样性,承认各种文化类型的差异性和独立性,但这并不是说文化类型都是孤零零的现象,它们毫无内在联系、毫无规律性。不是的,人类的文化是多样性的统一,人类的衣食住行等基本需要是一致的。为了这些基本需要,人类不同群体一方面独自创造,另一方面又必然相互交往,这样也就必然造成文化上的交错、重叠以及融化、整合,从而把各种文化糅合在一起,形成统一的文化。虽然中国有齐鲁文化、巴蜀文化、楚文化、吴越文化、三晋文化、两广文化等文化类型,但这些文化类型经过长期的历史运动,已经整合为统一的中国文化了。尽管文化差异是存在的,但是这种差异不是无法同化的。社会愈是统一,其文化愈是融合为统一的整体。

在社会学史上,无论是美国现代进化论者,如斯图尔德,还是欧洲国家的新康德主义者,他们的文化类型理论虽有不少真知灼见,如对民族文化的创造精神及能力的肯定等,但是他们的理论的弱点是只承认人类文化、历史的个别性,而不承认它有统一性和共同法则,因而也就往往陷入了主观主义。这是我们研究文化类型应该注意的。

第三节 文化社会系统

埃文斯·普里查德在研究非洲努埃尔人的文化时发现,他们的空间观念并不是由物理距离决定的,而是由氏族部落间的关系决定的,即使两个村庄距离相等,如果一个村庄属于自己的部落,那么它也要比另外一个村庄近。埃文斯—普里查德的发现说明,对文化的产生和发展,仅仅从一定生态的空间、时间系统去研究是不够的,只有把它放到一定的社会系统中,才能说明文化的根本性质。

一、社会系统

社会,不管其形式如何,都是人们交换作用的产物,都是人类社会关系及整个互动关系发展的结果。《易传》讲:"有天地,然后有万物;有万物,然后有男女;有男女,然后有夫妇;有夫妇,然后有父子;有父子,然后有君臣;有君臣,然后有上下;有上下,然后礼义有所错。"[1]因此,在文化发展的一定状况下,或一定的生产、交换活动的发展阶段上,都会发展出一定的组织形式与社会制度,表现为一定的社会形态。正是这种活动和互动构成所谓社会关系,构成所谓社会,并且是构成处于一定历史发展阶段上的社会、具有某种特征的社会。"社会"一词按其本义,包含有群体、参与、陪伴、联结、团体、帮会等义。只有当人们按照一定关系互动并结成不同群体时,才成为社会。因此,社会乃是人类在生存绵延过程中按照一定的关系和组织形式、制度形式结成的各种群体,如家庭、家族、种族、民族、工厂、学校以及各种各样的社会集团。所谓社会系统或体系,就是指各种人际关系的总和以及按照一定方式结成的大大小小的人类社会群体。

帕森斯在他的《社会系统》等著作中,曾把社会进程的结构划分为四个体系:①行为有机体;②人格体系;③文化体系;④社会体系,并把它们的不断分化及交互作用看成一个普遍行动体系的模式,如图4-2所示:

文化体系	行为有机体	普遍适应能力的进化	文化体系 ⇌ 行为有机体
社会体系	人格		社会体系 ⇌ 人格

图 4-2 普遍行动体系模式图

在这个模式中,帕森斯把文化看成由一系列的象征符号组成的体系。对文化的这种看法虽然源自传统的符号互动论者,但帕森斯并不满足于这种互动理论,而是从这一点出发建造他的庞大的社会学理论体系。帕森斯认为,文化体系是一个自给自足的独立性体系,尽管它与其他体系有着不可缺少的联系。在他看来,在原始社会时期,社会和文化是紧紧联系在一起的,而随着社会的进化,社会和文化渐分为不同的体系,并且文化从社会体系里抽象出来的愈多,它的自主性及其功能也就愈显著;反之,抽象出来的愈少,它的自主性、系统性愈小,也就与社会体系的属性差不多了。帕森斯认为,文化对社会有导向和控制作用,它不仅指导

---

[1] 周易·序卦传.

和控制人们的心理、情绪,而且为人们提供价值观念、思想方式、行为规范,从而使人们按照一定文化体系的导向去生活、行动,达到社会控制的目的。

帕森斯所讲的行为有机体,乃是指生物性的人。他认为,作为生物有机体的人,按其本能或天性,他的行为有四种特质:①寻求心理的满足,如食、色、性等;②追求理解象征符号(文化)意义的兴趣,如学习、理解、思考等;③适应生理有机环境,如饥而觅食、寒而制衣等能力;④有与别人交往的要求。在他看来,人们的行为主要受两种环境制约,一种是生理有机环境,另一种是社会环境和象征环境(即文化环境),并且他把后一种环境看成终极的现实。他认为,人一方面在社会和文化环境中实现社会化,另一方面也使社会制度得到了合法化。

帕森斯所讲的人格,主要是指经过社会化的人的品格。人在一定的社会和文化环境中(主要指家庭内)获得一种品格,他的心理、动机、行为模式以及解决社会问题的方式等,就具有一定的自给自足的独立性,并作为社会进化的一个体系而发生作用。

帕森斯所讲的社会体系乃是一种高度自给自足的独立系统,这个体系并不是指社会中的家庭、学校、工厂、企业、社区等,而是指建立在这些环境之上的自主性的体系。它虽然依赖生物有机环境、人格环境、文化环境以及社会群体环境,但并不受这些环境的支配;相反,它能够控制这些环境,以维持社会的生存。由此可见,帕森斯把社会体系看成了一种超社会的独立形态,自然是抽象化的。

帕森斯的普遍行动体系的模式,主要被用于说明社会的进化。他认为,社会在应付环境的过程中是不断进化的,各种自主体系也是不断分化的。帕森斯虽然不用"进步"这一带有价值倾向的概念表示社会的发展,但他认为各种自主体系的分化更具有适应社会进化的能力。

从这种理论观点出发,帕森斯首先从一般的自给自足的文化体系中分化出维护社会生存的制度性文化与其他组织象征、

第四章 文化的系统理论

认识象征、道德评价象征等副模式或副体系。同时,他非常重视制度性文化模式。所谓制度性文化,就是指从社会里分化出来的为人们所认可的合法性文化,如法律、礼仪制度等。因为这种文化能够给权势、财富、声望等以合法的承认,即承认现实社会的合理性,所以它对社会行为有很强的控制力。制度文化的合法性愈广泛,其整合功能就愈大,控制能力就愈强,社会也就愈稳定。

帕森斯对社会体系的分化也是这样看的。他从自主性的社会体系中分出社区、阶级、阶层、集团等副体系。他所谓的社区,乃是指组织人民集体生活的规范、秩序的模式,也是公民生活的根基。他认为,从亲族集团发展为社区更能适应社会变迁,因为世袭的亲族集团中的人们是很难获得这种生活根基的。他还认为,一个由有权势和无权势的阶层组成的社会,较之由无数亲族关系安排的社会更有适应能力。

帕森斯认为,经济制度是人应付外在环境的产物,因此他把经济制度看成是从行为有机体中分化出来的一个副体系,并把它看成是社会动员其成员负担义务或完成任务的方式和方法。他认为,现代社会通过市场以货币收买的动员方式较之传统社会为家庭供奉父母或为完成国家政治、军事征调而进行动员的方式更具有普遍的适应能力。帕森斯以同样的方式解释从人格体系里分化出来的政治或政体等副体系。他认为,传统社会中的职位只是一种生物关系的世袭,一个人成为国王只是因为他父亲是国王。而在现代社会里,职位是社会赋予的,它不过是权力象征体系。因为权力是流动的,不是世袭的,所以他认为,职位由传统的亲族角色地位中分化出来,由社会或团体作决定,对社会进化具有更高的适应能力。

如果用图表示帕森斯所说的社会进化中从各种自立体系分化出来的不同副体系,其相互作用的关系则如图 4-3 所示。

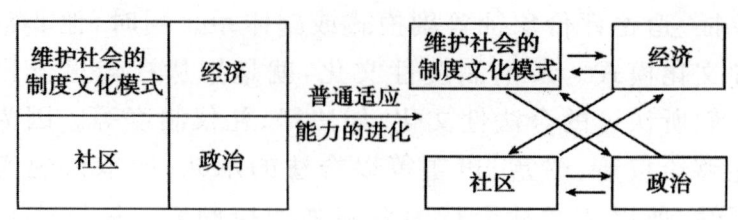

图 4-3　社会进化图

帕森斯认为社会是不断进化的,各种副体系也是不断分化的,一个副体系可以产生许多副体系,如工业革命使经济从政治中分化出来,民主革命使政治从社区中分化出来等等。这些副体系也是互为功能的,它们的相互关系可以按上边的模式不断地表示出来,从而构成一个庞大的社会进化的理论体系。

帕森斯的理论体系是在社会进化的旗帜下建立的,其中心论题乃是维护社会秩序的平衡和稳定。在他看来,个人是不重要的,社会的存在和稳定才是关键性的。帕森斯的理论虽然有机械论倾向,如把社会看成一种超社会形态的体系等,但他把社会划分为不同的体系或系统,并看出它们在社会进化中的相互关系,这仍然是有价值的。

帕森斯喜欢通过四对变量关系来建立自己的理论体系。其实,他所说的行为有机体和人格体系仍是一对变量关系,因为我们所说的人,乃是社会的人、文化的人,乃是有道德本性的存在者,而不是生物性的个体。人格体系不过是按照一定文化规范社会化了的人的行为总和。因此,帕森斯的四对变量实质上只是三对变量,即由人、社会、文化三位一体交互影响、交相作用,分别产生出角色、人格、规范。朱岑楼先生将它们的关系用等边三角形表示,其模式如图 4-4 所示。

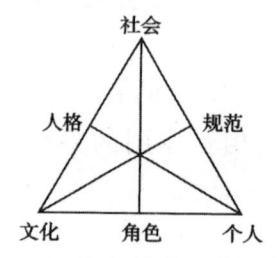

图 4-4　人、社会、文化的变量关系图

文化是社会发展的产物,是人在社会化过程中的一种创造,任何文化都不能脱离社会及社会化的人而存在。同样,社会离开了文化就不能进步,人离开了文化就不能进入文明状态。文化不仅有维护社会体系的功能,也是指导人们社会行为的规范。角色乃是人在社会群体中的地位,人格乃是文化规范的品质和风格。在这里,人、社会、文化的交互作用表现为一个复杂的整合过程。

在人类的生存和延续过程中,社会是整个文化的承担者或载体,是各种文化的生产和再生产以及各种文化功能相互整合的单位和代表者。我们虽然不能忽视个人在文化创造和传递中的作用,但是,文化作为人类各种集体的财富,离开了社会群体的参与是不能存在和发展的。文化一方面从社会体系中抽象出来,成为一个独立的系统和体系,并且抽象出来的愈多,它的系统属性愈大、愈有独立性,而不是附属于社会体系之内;另一方面,文化系统愈发达、愈进步,也就愈能促使人类社会脱离野蛮状态而进入文明状态,并且使人脱离血缘关系而成为社会关系中的人,即社会化的人,成为共享一种文化的群体。人类是按照一定的世代积累的文化体系演化的,文化是在各种社会群体的形成、发展及其不断整合的过程中进步的,二者相互依存、相互作用。我们要想认识人类文化的发展,就必须把它放到社会系统中去考察,然后才能说明人类文化的不同社会学属性。

二、文化的血缘亲族基础

(一)血缘亲族的含义

所谓血缘亲族,是指有共同的世系(共同的男女祖先)及社会文化制度的血缘群体,它包括以血缘关系为基础组成的氏族、胞族、部落及部落联盟在内的各种人类群体。它是民族和国家出现以前人类社会群体生活的基本形式。

人具有文化与社会性是人之所以成为人的一个重要基础。

当前视域下的文化社会学探究

我们知道，人之成为人的存在，除其先天道德本性的规定性之外，一个重要的灵明心性特征，就是人会创造文化。人创造了文化，同时人也就成了社会文化的存在。另外一个特征是人的社会性。人是最名副其实的社会性存在，人性的特征不是人的胡子、血液、肉体的生物特性，而是人的社会性。凡是血缘亲族，不管其起源、分布、演变和发展如何，也不管其人体比例、头颅形态、肤色、毛发等等体质上的差异怎样，都是具有一定文化的社会性群体。就像没有文化、不具有社会属性的人类是不存在的一样，没有文化、没有社会属性的血缘亲族也是不存在的。

文化与社会两个特性的交互作用是推动着血缘亲族演化和发展的重要原因。在蒙昧时期，人类的基本需要是相同的，因此其萌芽阶段的社会生活和文化创造也基本上是类似的。原始人类最古老的石器文化在形式上几乎是完全一致的，它们所反映的原始社会生活也是类似的。因此达尔文说："这个事实只能有一个解释，就是不同的种族有着类似的发明能力和心理能力。"[1]但是，随着不同血缘亲族的社会文化的创造和发展，血缘亲族之间的同一性、一致性开始发生变化。一个血缘亲族的文化愈发展，脱离狭义的血缘属性就愈远，就愈能摆脱自然界的不可预见、不可控制的力量，而成为一种名副其实的社会力量，因此也就愈脱离血缘关系而发展出复杂的社会关系。

(二)血缘亲族的四个发展阶段

摩尔根在研究希腊人的社会发展时认为，希腊人在梭伦时代以前的社会组织，经过氏族、胞族、部落、民族四个阶段，这四个阶段在古代社会是普遍存在的，是符合人类政治观念发展的自然进程的，"这一个体系表现了人类在建立政治社会以前，其政治观念发展到何种程度"[2]。当然，古代社会组织发展的四个阶段的顺序也不是绝对的，有时候氏族组合成胞族，如雅典人的每一个胞族

---

[1] 达尔文.人类的由来[M].北京:商务印书馆,1984,第280页.
[2] 摩尔根.古代社会(上册)[M].北京:商务印书馆,1983,第24页.

包括30个氏族;而在易洛魁人那里,胞族却可有可无,因为易洛魁人的社会所偏重的不是政治性的组织,而是社会和宗教性质的组织。

1. 氏族

氏族是一种以血缘亲族为基础组成的群体,也是部落或民族构成的基本单元组织。在原始氏族里,由于存在着普那路亚婚姻,所以父亲的血统是无法确认的,只能承认母亲。因此,这个时期的氏族是只承认一个女祖先的血缘团体。如易洛魁人的氏族就是这样。

这种氏族群体的文化,虽然已经有了一定的社会属性,如议事会、选举、撤换酋长与军事首领及禁止氏族内部通婚等,但是,其基本性质还是建立在血缘群体基础上的,如亲族的团结及为亲族复仇的观念、共同的墓地、财产的氏族共产制度等文化,都是从氏族血缘关系中派生出来的。这种情况,到了希腊人的较为发展的氏族里,就发生了变化。这是因为,希腊人的氏族已经不再是易洛魁人的那种古老的氏族了,群婚的痕迹正开始显著地消失,母权制已让位给父权制。与此同时,正在产生的私有财富在氏族制度上打开了第一个缺口。特别是实行父权制以后,富有的女继承人的财产在她出嫁时应归她的丈夫所有,从而归别的氏族所有,所以,这便摧毁了整个氏族法权的基础。因此,希腊人的氏族文化中发展出了明显的社会属性。例如,第一个氏族虽然都有自己的酋长,但是已经没有严格的世袭制,因为这种制度是与氏族内富人和穷人享有不完全的平等权利相抵触的。再如,在梭伦时代以后产生的维护死者财产的雅典法律,就是以氏族和胞族的区分为基础的。这些都是与易洛魁人原始形态的氏族文化不同的地方。由此可以看出,氏族文化愈是脱离血缘关系,也就愈是具有鲜明的社会属性。

2. 胞族

胞族是从母系氏族分化出来的群体组织,它是一母所生的同胞兄弟氏族，所以也是以天然的血缘关系为基础的。摩尔根认为："胞族是氏族与部落两者之间的中介组织，它不负担政府功能，所以它的根本作用和重要性既比不上氏族，也比不上部落。但是，它是介乎这两者之间的一种常见的、自然的、或许不可少的重新结合起来的一层。"❶

胞族的功能主要在于宗教方面。例如，希腊人的宗教生活的中心和来源是氏族和胞族。摩尔根认为，荷马史诗所反映的奇迹般的多神教制度，包括它的群神体系及崇拜的象征形式，都是在氏族和胞族组织中完成的，并且由此产生了神庙和装饰建筑。各种制度、技术、发明、传说的世系、神话体系及零散的诗歌，都是通过氏族和胞族完成的。但是，这种文化仍然带有血缘关系的性质，如胞族作为编制军队的单位，以便胞族帮助胞族；又如胞族中的血族复仇的义务以及胞族的共同神殿和节日活动等，都是建立在血缘关系上的。但是，古代罗马人的胞族（称为库利亚）比希腊人的胞族有更重要的社会职能，更具有政府的性质。它是以氏族为单位而组成的，而不像希腊人那样由氏族再分化成为胞族。库利亚虽然也负责宗教事务、祭祀典礼等事，但它的职能已远远超过了希腊人的氏族宗教活动事务，如库利亚大会集权于元老院；大会产生祭司，全体祭司及助理祭司构成祭司集团；10个库利亚构成一个部落。这些社会职能显然都是希腊人的胞族所不具有的。因此，罗马人的胞族文化也比希腊人的胞族文化更具有社会的性质。

3. 部落

部落是更高一层的组织，它往往是由几个亲属胞族构成的。在北美印第安人那里，部落是由操同一方言的氏族组成的，每一个部落都有自己的区域，自己的名称，自己的方言，自己的最高政府。"有多少方言，就有多少个部落。"因此，方言就构成了印第安

---

❶ 摩尔根.古代社会（上册）[M].北京：商务印书馆，1983，第239页.

人部落的标志。而在希腊人那里,每一个部落有3个胞族,每一个胞族有30个氏族,其组织划分是很严密的。但是,其方言差异则不如印第安人那样显著。在荷马史诗中,我们可以看到希腊人的部落在大多数场合已联合成一个小民族。他们有自己的城堡,有农业和手工业,有财产上的差别。所以,希腊人的部落是由氏族组成的一种独立的社会。而罗马人的部落则包括10个库利亚、100个氏族,每一个古老的部落都是由母系氏族分化出来的操同一种方言的氏族自治集团,每一个部落都有自己的酋长会议、人民大会,有自己的首领及其指挥的军队。摩尔根把酋长会议、部落首领和部众大会看成是罗马人部落的三个要素,并据此说明部落的社会性质。❶ 按其自然发展来说,部落虽然仍然是有血缘关系的组织,但是,就其社会职能来说,部落已经远远脱离了血缘属性而增加了社会属性,因此在文化上也就更具有社会学的性质了。例如,希腊人部落的最高酋长巴赛勒斯的职能,已不仅是主持部落的宗教典礼,而且具有司法和居民管理权。这种文化制度都不是建立在血缘关系的基础上的,而是从维护社会关系及其秩序的需要中产生的。

4. 民族

人类社会组织发展的自然进程顺序,是由氏族、胞族发展为部落,然后由部落联盟发展成为一个联合的民族,这种人身关系的结合是带有种族血缘关系的。但是,民族的形成和出现乃是社会要素和文化要素发展的必然结果,因此,它不仅远远脱离了种族血缘关系,而且远远超出了血族本身的界限。例如,中国古代的华夏族,不仅包含了夏人、殷人、商人,而且融合了周围的许多少数民族。所谓民族,是人们在历史上形成的一个有共同语言、共同区域、共同经济生活以及表现在共同文化上的共同心理素质的稳定的共同体,是在一定社会历史阶段上发展起来的人类群

---

❶ 摩尔根.古代社会(下册)[M].北京:商务印书馆,1983,第306页.

体。例如雅典人发展到野蛮时代的高级阶段,由于农业、手工业、商业的发展,出现了商品交换和地产买卖,于是氏族、胞族、部落的成员很快杂居起来,同时在胞族、部落内也出现了外来的移民。这些不同血缘亲属的团体居住在一起,打乱了氏族社会制度的正常秩序。为了处理共同的事务,逐渐形成了中央管理机关。这样,社会组织形式就向前发展了一步,相邻的各个部落的单纯联盟被这些部落融合成的统一民族所代替了。

所谓民族文化,乃是在民族成员共同参与共同事务的过程中形成的文化。如雅典民族法就是这样的文化。这种文化制度是不问氏族、胞族或部落的,它是公民共同参与共同事务的结果,是属于雅典氏族制度以外的所有公民的。正因为如此,它已经丧失了血缘关系的意义,而蜕变为民族性的东西了。不同的氏族、胞族、部落杂居得愈久,他们的文化就愈融合,亲属性质的联系就愈让位于区域性质的联系,种族的性质也就愈让位于民族的性质了,文化的社会学性质也就愈来愈显著。

一个民族的成员不仅共同参与一种文化制度,而且还共享一种文化制度,久而久之,也就会形成该民族的成员共同拥有的文化精神。各个民族之所以不同,不仅在于他们的生活条件不同,而且在于民族文化精神的不同。文化精神既是一个民族共享一种文化制度的结果,又是一个民族区别于别的民族的重要标志。所谓文化的民族性,主要就是指其思想、意识、感情、心理等不同的精神特质。自然,还包括物质文化、制度文化等不同特质。一个民族共同参与、享受一种文化制度愈是久远,接受这种文化制度的社会化也就愈深刻,民族文化的传统精神也就愈强烈,也就愈具有民族性。由于民族区域生态环境不同、文化积累和传播不同、社会和经济生活不同等等,各个民族的文化差异是很大的。这种差异表现为不同的民族性。例如同是宗教,犹太民族与希腊民族就大不一样。犹太人对于神的本质到底是什么是不过问的。他们认为,人在神的面前是渺小的,只有神的启示才是可信的,因此,犹太民族在神的面前只有绝对地服从。希腊人则不然,他们在人与神的关系上追求一种理想与现实的统一,即个体的人与理想的神的自然和谐一致,从个体上体验、领悟神的存在。因此,希腊民族神的体系乃是人的体系,理想的境界乃是现实的反映。如果说犹太民族的宗教观是一种解脱的、超现实的思想的话,那么希腊民族的宗教观则是现实的、人神结合的观念。前者唯基督之意是从,唯上帝的爱而爱,人类现世的物质的利己欲望是必须克服的,后者则追求一种现世的享乐精神,因为人的爱就是神的爱,人的精神就是神的精神。这种不同文化精神表现在民族性格上,则是犹太人的孤立、孤独与希腊人的活泼、健美。

无论是古代,还是现代,文化都是有民族性的。文化的民族性是从种族血缘关系中分化出来的一种社会属性。这种属性是从原始的种族、氏族、胞族、部落的自然发展进程中一步一步发展起来的文化特质,它愈是脱离人类的血缘关系,其社会学性质就愈强烈、愈显著。所谓民族风格,就是文化民族性的体现。

自然,民族作为一个历史范畴是不断发展的,特别是随着私有制的确立、阶级和阶层的出现以及国家的形成,民族的演化也就有了新的特性,同时也给文化带来了新的社会学性质。在我们讨论了文化与阶级、阶层的关系后,这一点会更为清楚。

三、小群体文化与副文化

(一)小群体文化

社会群体并不是一群没有联系、没有组织、没有目的的乌合之众,而是按照一定文化发生互动关系的人类群体。社会群体不同个体的集合体。只有当人的集合体按照一定的文化发生互动关系时,如列车遇到了洪水、地震而出现危险时,旅客们按照列车长及列车员的吩咐行动起来,共同排除事故及其危险,这个时候,他们便形成一个社会群体,因为他们按照一定文化发生了互动关系。

荀子说:"人之生,不能无群。"❶合群是人类的社会属性。在人类社会中,人们依据不同的社会关系和文化模式结成了各种不同的社会群体,大则国家、民族、部落、阶级、阶层,小则机关、学校、工厂、企业、邻里、家庭等。凡有社会的地方,大都有社会群体存在。

所谓小群体,就是构成社会的最基础的组织单位。人虽然是社会的最小单位,但是单个的人并不能构成一个组织。只有一个人与另外一个人发生互动的时候,才能形成一个社会组织单位,即最小的群体。自然,小群体并不只是由两个人组成的,而是由两个以上的许多人构成的一种社会组织形式。这里所谓的小群体,只是相对而言的,并不是绝对的不可再分的。例如,有的工厂、学校较小,只有几十个人,它自然属于小群体的范围,但有的工厂、学校有几万人,它里面还有车间、班组等,我们就可以把车间、班组当作小群体来研究。小群体是构成社会的最基础的单位。在研究一个社会的文化时,只有对小群体文化有了深刻的了解,才能真正认识整个社会文化的性质和特征。为了研究方便,这里把社会群体区分为制度性群体和非制度性群体。

1. 制度性群体

所谓制度性群体,就是指按照社会的合法文化规范组成的群体,如家庭、学校、工厂、车间、班组等。制度性群体一般都是社会认可的组织形式,因为它们的文化意识主要是按社会规范建立起来的。但是,这并不是说它们的文化意识都是一般社会文化意识,恰恰相反,它们也有自己的个性化的文化意识。这种文化意识就是同类意识,或叫同类文化意识。它是在群体成员互动中形成的一种行为模式、一种群体哲学、一种群体思想。如家风、校风等就是同类文化意识的表现。《颜氏家训》说:"吾家风教,素为整密。每从两兄,晓夕温,规行矩步,安辞定色,锵锵翼翼,若朝严君

---

❶ 荀子·富国篇.

焉。"颜之推所讲的"规行矩步""若朝严君"的家庭风教，就是一种家庭群体同类文化意识。这种文化意识一旦形成，对群体成员的思想、感情、心理、性格等都有深刻的影响。我们常常看到，一个新娶的媳妇到婆家后处处受拘束、不自由，也常常看到婆媳之间发生矛盾、冲突，其中一个很重要的原因就是家庭同类文化意识的差异。也就是说，新娘在娘家养成的心理、习惯、生活方式、行为方式等，还不能适应婆家文化意识的需要，新娘自己也还没有接受婆家文化意识的教化。她要想减少这种矛盾冲突，要想避免婆媳之间的不愉快而舒心自如地过日子，那么，从结婚那天起，她就必须放弃原来的家庭文化意识，接受新的家庭文化意识，如同一个孩子生下来接受家庭文化教化一样。自然，这是痛苦的。要放弃过去养成的思想、感情、心理、性格、行为方式、生活方式等，获得另外一种思想、感情、心理、性格、行为方式、生活方式等，就是一种痛苦的牺牲。一般人是做不到的。因此，大凡有经验的群体，对新的角色，一开始就会加强群体意识的教育。所谓"教妇新来，教儿婴孩"，就是这个意思。家庭如此，其他社会群体也是如此。如新入校的学生、新进厂的工人、新入伙的店员等，大都一开始就要接受群体文化意识的教育。习惯成自然，就是指对同类文化意识的适应。

一般说来，同类文化意识在首属群体中比在次属群体中容易产生。所谓首属群体，就是指由父母、兄弟、姊妹等首属关系联合成的群体，如家庭。所谓次属群体，就是指由次属关系联合成的群体，如机关、工厂等。这两种群体虽然都是按制度性文化组成的，但与在次属群体中相比，首属群体中的角色之间更有一种亲密感，一个手势、一个微笑，甚至点头和摇头，都有一种暗示、一种文化信息，因此他们之间的互动比较容易进行，感情也比较容易交流。一个人不愿在次属群体中讲的话，可以在家庭这个首属群体中悄悄地讲。一个男子在外面有泪不轻流，然而在父母、妻子面前可以号啕大哭，尽情地发泄他感情的郁结、愤恨和不平。这正是首属群体比较容易培养同类文化意识的缘故，因为这种行为互动在次属群体中是不容易进行的。但是,如果能在次属群体中建立起良好的关系,把它变得像家庭一样温暖,那么,这种同类文化意识也是可以很快产生的。日本的工厂、公司、企业所实行的"新家族主义",就是把次属群体变成首属群体的一种做法。他们的所谓"爱公司精神""爱公司如家"等,就是把社会集团意识变为像家庭文化意识一样的存在。中国的一些好的工厂、企业,大都能关心职工的生活,正确处理上下级关系等,使职工群众有"爱厂如家"之感,也是一种变次属群体为首属群体的做法。

2. 非制度性群体

非制度性群体是一种不符合社会规范文化的群体。我们在学校中常常看到这样的现象:一个学生有一本书,他常常只给这个学生看,而不给那个学生看,虽然他们同属一个班级。这就是说,在制度性的班级群体中还存在着非制度性的群体。电影《赤橙黄绿青蓝紫》中的司机班是一个制度性的群体,但是在这个群体中,还有一个以刘思佳为首的小群体。这种小群体一般都不是按照社会合法文化规范组织起来的,群体成员的行为模式也大多是不符合社会规范的。这种群体就是非制度性群体。

非制度性群体的形成主要是为了追求一种思想感情的满足。大规模的群体或制度性群体的目标通常是非个人性的,它常常限制个人的需求及感情的满足。在这种情况下,个人为了寻求自我满足,就在上下级之间或同级朋友之间互动,建立起友情,于是一种非制度性群体就出现了。

有的非制度性群体是有组织的,例如行帮工会、秘密结社、兄弟结拜等;有的是没有组织形式的,大家不约而同地走在一起,志趣相投,很谈得来。但是,不管是有组织的,还是没有组织的,它作为一种群体互动,都会滋长出一种同类文化意识。这类文化意识较之制度性群体的文化意识更有个性,因为群体成员大都是由非常有个性的角色组成的。自然,随着群体大小的变化,文化意识也有所不同。

一般说来,群体越小,其文化意识也就越单纯,目标和价值取向也就越一致;群体越大,文化意识越复杂,目标和价值取向也就越是多样,越不一致。非制度性群体的结构有很强的封闭性,文化意识也有很强的集团性。因此,当群体结构发生变化的时候,在群体角色的文化意识上很容易引起强烈的反应。例如,刘备、关羽、张飞"桃园三结义"形成了一个小群体,但是在诸葛亮出山以后,刘备与诸葛亮"情好日密",就曾引起关、张的不悦。直到刘备解释说,"孤之有孔明,如鱼之有水也。愿诸君勿复言"❶,并且当实践证明诸葛亮的行为取向符合他们的群体哲学时,关、张等人的不安情绪才真正消失。这种情况在现代的非制度性群体中也是存在的。小群体文化的集团性有两个特征,一个是强烈的自我认同和归属的小团体性,它常常用"我们"来表示;另一个是排外性,常常用"他们"来表示。小群体围绕着"我们"形成一个圈子,群体成员往往认为圈子内的人都是好的,圈子外的人都是坏的,或者是不怎么样的。这种共同文化意识发展到极端的程度,有时会丧失理性,变得非常疯狂,像帮派、团伙和种族团体等,有时会丧心病狂地迫害小群体以外的人。这些群体的成员常常认为,不属于"我们"的人都是坏的,都是对他们群体的威胁,必欲除之而后快。我们把这种变形的同类意识称为副文化或亚文化意识。

(二)副文化

副文化是与主文化相对而言的,它的表现很多,像哥们义气、行帮主义、迷信、种族歧视、宗教迫害狂、病态心理等等。这种文化是从各种不同集团中衍生出来的一种亚文化系统,包含着特殊的价值观念、行为规范以及认同心理和归属心理等。副文化主要是在小群体成员与社会隔离中发展起来的,它对个人有一种深刻的影响,常常赋予个人一种特殊的身份、地位、思想、见解以及生

---

❶ 三国志·诸葛亮传.

活方式、行为方式。当他与社会文化规范发生矛盾冲突时,他往往还以为自己是对的,是有理的。许多青少年犯罪就是由于接受了副文化的影响之故。

这里应该指出的是,副文化并不仅仅产生于小群体,它在大的社会群体中也同样产生,如种族主义、行帮习气、宗教狂热等就是在大社会群体中产生的。正因为如此,所以每一个社会都几乎存在着主文化与副文化两个系统。由于这两种文化系统有着不同的价值取向,所以经常发生文化冲突。这种文化冲突是极为复杂的,有时候主文化中包含着副文化的价值,有时候副文化中也掺杂着主文化的成分。副文化是非常复杂的,它不一定都是消极、落后的,如当代西方反主流文化就有积极的一面,因此对副文化要具体分析。人是属于不同群体的,他可能是机关干部,同时又是一个政党的党员,而在其他场合,他又可能是工人俱乐部的积极分子,回到家里可能是丈夫或父亲。他在这些群体中的角色地位是不一样的,所接受的群体文化意识也是不一样的,因此,要在他的行为中分清楚哪些是主文化影响的结果,哪些是副文化影响的结果,是非常困难的。我们常常看到一个人自相矛盾的现象,其实,这种矛盾乃是不同群体文化规范的要求所造成的。副文化虽然有一定的独立性,但它与主文化绝不是绝对对立的,而是可以转化的。例如积极介入消极的小群体后,就以自己的行为模式影响了该小群体的文化,使他们小集团的消极的文化意识变成了积极的集体主义的文化意识。因为文化有此复杂性,我们在研究一个群体的文化意识时,必须具体地分析其社会环境,小心地评价各种角色的思想、性格和行为尽量化消极因素为积极因素。

文化分化出各种各样的社会群体属性,种族的、民族的、阶级和阶层的以及小群体的、小集团的等等,这种属性只是社会分裂的结果。也许人们会问:那么,文化还有没有它的普遍属性呢,还有没有它共同的本质呢?有的。为了说明这一点,我们就不能不简单地讲一讲世界文化了。

四、世界文化

世界文化问题就其本质来说乃是文化的普遍属性问题,即文化的共性问题。

关于世界文化的存在性,摩尔根说:"人类的经验所遵循的途径大体上是一致的。在类似的情况下,人类的需要基本上是相同的,由于人类所有种族的大脑无不相同,因而心理法则的作用也是一致的。"[1]正是由于人类的需要、心理法则及经验积累的途径是基本相同或大体一致的,所以人类文化创造的经验积累及其所遵循的心理法则与途径也大体上是一致的,并且有着共同的本质,即为了满足人类生存的基本需要。因此,世界各民族的文化尽管有差异,但仍然有着普遍的本质与共性,并且会按照共同的需要和心理法则消除文化上的分歧,创造一个满足共同需要的世界。

以人类的需要、心理法则及经验积累的途径大体相同来解释人类文化创造的同样的结果,诚如摩尔根所说,只能做出部分的解释。[2] 要想做出更为满意的解释,我们就必须把世界文化的发展置于现实的基础之上,这个现实就是以大工业为基础的现代社会的发展及世界市场的出现。特别是现代科学技术和通信的发展、经济一体化与世界市场的开拓,使一切国家的生产和消费便都成为世界性的了,过去那种地方性的和民族的自给自足和闭关自守的状态,被各民族的各方面的互相往来和各方面的互相依赖所代替了。物质的生产是如此,精神的生产也是如此。现在,世界各民族的精神产品成了公共的财产,民族的片面性和局限性日益成为不可能,于是超越民族的和地方的文化,而形成了一种世界文化。

事实也证明,在以科学技术及大工业生产为基础的现代社

---

[1] 摩尔根.古代社会(上册)[M].北京:商务印书馆,1983,第 24 页.
[2] 摩尔根.古代社会(上册)[M].北京:商务印书馆,1983,第 8 页.

会,随着一切民族卷入竞争及交往越来越具有世界性质,世界文化也就必然会出现。现在,实践已经证明了世界文化的存在:当你使用电视机、录音机插头的时候,你就会发现它对任何电视机、录音机都是适用的,它的型号大小是世界统一的。其他许多机械的部件、零件也是这样的。现在一些跨国公司、国际市场越来越具有世界性质了,不仅它们的物质产品是世界统一的,就连它们的交换价值也愈来愈具有世界性质了。物质文化生产是这样,精神文化生产也是这样。当你阅读比较文学、比较哲学、比较历史学以及比较语言学著作时,你会认为它们是属于哪一个国家、哪一个民族或哪一个社会群体的吗?它们本身是跨越民族和国界的,是世界性的东西。这些科学正是由于比较和确定了被比较对象之间的差别而获得了巨大的成就。科学上的比较研究具有普遍意义。

现在,单个人的活动愈来愈依赖于全面的关系,依赖于自然形成的世界历史性的共同活动形式。世界劳动组织形式的发展与世界语言的发展就说明了这种情况。在日常生活中,不论是物质的东西,还是精神的东西,它们的生产都愈来愈打破了过去那种孤立的、局部的、狭小的范围,愈来愈具有全球的世界的性质。它不仅表现了世界市场力量的支配,同时也表现了个人的文化尺度与世界文化尺度的一致性。随着个人活动日益扩大为世界历史性的活动,随着世界普遍的共同活动形式的建立和扩大,从民族的、区域的、市民社会的意识形态向世界性质的、普遍的、共同的意识形态的过渡,就是不可避免的事情了。

文化是人类的创造物,并不属于任何私人。只有在私有制度出现以后,在阶级、阶层、民族及民族国家出现以后,在社会分裂成各种社会群体、集团以后,文化才丧失共同属性而发展出那些特殊本质。就其本身的价值来说,文化只是人类的一种共同财富。但是,自从人类社会分化出不同种族、民族、阶级及社会集团之后,文化也从普遍的、共同的本质外化出各种特殊的、个别的本质,种族性、民族性、区域性、阶级或阶层性、集团性等等,都是这种特殊的、个别的本质的表现。当这些形形色色的特殊的、个别的本质把你弄得眼花缭乱的时候,它的普遍的、共同的本质就被隐藏起来了,就像使用价值为交换价值所掩盖一样。当文化的共同本质在普遍的社会联系中为人们所认识的时候,即当它作为一种世界文化出现的时候,乃是原来本质属性的归复,它的社会属性不是消失了,而是更加扩大了,扩大为整个人类社会的普遍属性。文化的这种共同属性归复得愈迅速、愈彻底、愈全面,它就愈不受异己力量的支配,愈成为全人类的共同财富。

然而在社会分裂成为不同的民族、国家的时候,分裂成为不同社会意识集团的时候,文化的共同本质的真正全面的归复是非常困难的。尽管世界文化已经在全球出现,但它在现代社会中仍然是受集团意识、政治权力及货币力量支配的,它还不能真正成为整个人类自由支配的共同财富。目前,世界文化的产生和发展还只是停留在知识、技术及浅薄的物质层次上。就深层次的文化意识形态来讲,如伦理道德、宗教信仰、审美意识等,世界各族的文化还仍然是独立各异的。虽然这部分文化中的一些合理性成分随着世界各族人民的交往,也会被认同,也会在更高的层次上发生融合。但是,这部分文化要作为人类共同的文化意识形态出现,恐怕比知识、技术浅层次的物质文化复杂得多。

最后要说的是,我们也不要把世界文化与人类各种群体的文化完全对立起来,特别是不可与民族文化的创造、发展对立起来。正如没有个别就没有一般一样,没有世界各族人民的文化也就没有世界文化。只要有民族和民族国家存在,民族文化也就存在,并且还要得到发展。这是不能仅仅从私有制度上进行解释的,因为它是民族群体参与互动的结果。但是,随着人类理性的发展,一切种族或民族的偏见、偏执都会被克服,各族文化中的合理成分都会被吸收进来,以铸造人类共同的文明之花。只有到那时,真正全面的世界文化才会出现。这可能是非常遥远的事情。即使这种世界性文化出现,世界各族人民所创造的文化也不会消失。特别是宗教、哲学、伦理、道德等高深的精神文化,要其完全融合在一起,或消灭其原来的价值,恐怕是很难办到的。因此,即使世界文化形成或出现,也只能是多样性的统一,国家民族文化的个性依然存在。

第五章 文化变迁与控制

文化变迁与控制,是文化从两个不同纬度施加对社会影响的重要方式。因此,研究文化社会学,必须要认真解决文化变迁与控制的问题。

第一节 文化变迁

文化变迁通常都是与社会发展联系起来的,然而人们在困惑是文化变迁导致社会发展还是社会发展导致文化变迁。因此,这里研究文化变迁对整个社会的发展都有一定的意义。

一、文化变迁的含义

"文化变迁"似乎是一个存在歧义的词汇,给人一种概念重叠的感觉。文化本来就含有不断变化之义,不断变化乃"变迁"。假定文化是 y,变迁是 x,若用包含 x 的 y 来论证 x,则 x 自动得证,这是一个具有先验性质的公式。岁月流转,光阴易逝,但文化变迁的概念之所以得以流传下来,并且其内涵不断地被挖掘、外延不断地被拓宽,多半是因为"变迁"实际上是作为文化的本质性特征存在的。如果说文化是人类生存的样法,那么变迁则是文化存在的样式。

在当代中国社会,最易观察出文化变迁。在 20 世纪 60 年代末 70 年代初的结婚照片上,我们看到的是充满革命激情的目光、古怪可笑的发型……而在今天的婚纱照上我们不仅能够看到温情脉脉的眼神、美轮美奂的装束,还能感受到缠绵悱恻、生动无比的爱情,让人觉得照片上的新人几乎就是落入凡间的天使;20世纪90年代之前上大学的人接受的教育几乎是零投入的,他们没交过学费、住宿费,生活费基本上和学校发放的助学金相持平,十几年后,高等教育的学费却疯涨到了令人瞠目结舌的程度;马克思主义学说在近百年的时间里一直站在时代的风口浪尖儿,引领着民众勇往直前,而今天它却遭受着多舛命运的洗礼,它或者已经终结,或者被解构得支离破碎,或者在夹缝中艰难地生存,总之,要想恢复马克思主义学说从前的地位,要想它成为再生的火凤凰,难度是相当大的。

对于文化变迁的社会现象,学界早已有所研究。文化变迁在西方近代文化史上是经常被使用的一个概念,它在不同时期的社会科学家的著作中有着不同的表述。在19世纪中期以前,由于社会学、文化人类学等学科刚刚从历史学、哲学中分化出来,当时的一些学者所关心的只是人类怎样从野蛮状态进步到文明状态的,如孔多塞对人类知识、道德、生活状况不断改善和进步的研究便是这样。到19世纪60年代以后,一些社会学家和人类学家开始研究人类社会及文化的进化规律,如斯宾塞和摩尔根,不过当时他们多用"进化"一词,而不用"文化变迁"的概念表示。到19世纪末与20世纪初期,由于反进化论思潮的兴起,人们才放弃简单的"文化进化"概念,而改用"文化变迁"一词。即使这样,在不同学派的著作中,"文化变迁"一词的含义也有很大的差别。在德国文化圈派的著作中,文化变迁主要是指各种文化现象的转移;在英国文化传播学派的著作中,文化变迁则指不同民族文化的迁移浪潮及其相互混合、融化。美国的社会学家和文化人类学家是经常使用"文化变迁"一词的,但用法也相当混乱,有时用"社会变迁",如奥格本的《社会变迁》一书;有时候又用"社会和文化变迁"或者用"社会文化变迁"。英国的功能学派则经常把文化变迁称为"文化变异"或"文化转变"等。第二次世界大战前后,由于社会

第五章 文化变迁与控制

动荡不安,人们对社会文化变迁的研究非常广泛,不仅"文化进化""文化变异"的概念非常流行,而且关于"社会进化""社会变迁"的理论也层出不穷。不同的文化变迁理论对它有不同的定义方法,也有不同的内涵和外延。有的从心理学方面将文化变迁界定为不同民族认识和忘却个体心理的过程,有的从文化适应方面将文化变迁定义为合乎规律的适应变化的过程,还有的从现代科学出发,将文化变迁看作能量由少到多、由低级到高级的转化等等。在中国,孙本文曾把文化变迁看作文化特质和文化模式的变化。这些定义都是从不同角度观察文化变迁现象的。

简单地说,文化的变迁是以文化内容的增加和减少为依据的,相应的会引起文化的针对性、表现形式和风格特色的变化。比如从无神论的科学观到有神论的宗教观的文化价值观的变迁是以内容上理性的减少和神性的增加为基础的,内容上的变化决定了前者指向现世,后者则指向来世,前者表现为具体,后者表现为抽象,前者是以科学为特点的正思,后者是以诡秘为特点的邪思。从猿到人的转变是兽性的减少和人性的增加,人的对象性活动范围无限扩大,表现为制造工具、直立行走、语言的产生,更以独立思考为突出标志。所以,文化变迁可以总结为:以文化内容的增加或减少为基础的,并引起相应文化结构、指向性、表现形式和特点变化的动态化过程。

文化变迁与社会变迁是两个既有联系又有区别的概念。文化变迁概念主要涉及文化环境诸现象的变化,如文化特质、文化模式、文化风格等等的演变,而社会变迁概念则主要涉及社会环境诸现象的变化,如社会关系、社会群体及社会生活演变等等。一般说来,社会变迁将引起文化变迁。所谓"歌谣文理,与世推移","文变染乎世情,兴废系乎时序",讲的就是这个意思。同时,从文化变迁中也可以看出社会变迁。所谓"观乎人文以化成天下",就含有这个意思。我们知道,在整个人文现象中,有的既是文化内容,同时又是社会参数,如组织形式、文化制度等,它们是不能截然分开的。因此,有些文化变迁现象也是社会变迁的内容。同样,有些社会变迁的内容也是文化变迁现象。在这种情况下,正如我们把一些难以划分的文化现象叫作社会文化一样,在这里,我们也可以把一些难以划分的文化变迁和社会变迁现象统称为社会文化变迁。

二、文化变迁的分类

(一)自主变迁与强制变迁

按主体意愿划分,则文化变迁分为自主变迁和强制变迁。自主变迁是主体本身对某种文化现象的认同,并随之发生的改变。比如留洋海外的人,时间久了思维方式和价值观都在潜移默化地发生着改变,以适应并迎合当地的人文环境,这是自主变迁。自主和自愿还不大相同,自愿包含了过多的主体意识和过于清醒的目的性,自主当然有主观选择的态度,此外还多少有入乡随俗似的被动迎合之意。强制变迁很容易理解,它并不是指外部力量违背主体的意愿,而是它干脆没有将主体意愿放在考虑的范围之内,比如基础教育。强制变迁和自主变迁的区别在于促使变迁发生的动力在外还是在内。从程度上说,强制变迁属于相对浅薄的变迁,所以它需要经历一个从行为服从到观念服从的漫长阶段。比如苏联国家解体了,共产主义意识形态坍塌了,有神论和自由主义成为社会的基本价值标准,但大多数生活在社会底层的人最初还是期待政府和执政党的真诚帮助。这里还可以以接受现代文明的鄂伦春民族为例,20 世纪 50 年代之前,鄂伦春人祖祖辈辈地过着生肉野果果腹、树叶兽皮遮体的原始生活。新中国成立之后,为了各民族的共同进步,提高全体国民的素质,政府将他们请下了山,分给他们土地,给他们盖房子,买电视,送孩子们进学校;但是鄂伦春人不习惯这种生活方式,有的人弃耕从猎,有的人把电视卖了换酒喝等等。

(二)有限变迁与无限变迁

按变迁的时空尺度划分,可分为有限变迁和无限变迁。就文化的本性而言,变迁是它的一贯存在状态,因而从这一角度来讲,无论是历时态的历史发展,还是共时态的存在现状,文化的变迁都是无限的。文化缘起于思想的启蒙,文化的尽头就是思想创造力的尽头。所以,人的世界存在一天,文化的变迁就会伴随一天;人的世界走到了终点,文化的变迁也会随之终结。文化变迁的有限性和无限性是相对存在的。宗教思想虽源远流长,但它始终将目标指向无望的彼岸世界和现实之外,这就决定了宗教思想只能在有神论的价值体系中变迁,所以它不可能实现从伪科学到科学的跨越。良好社会秩序的生成既要有强制性的规范,又要靠良心的维护,无论是规范,还是良心,其发展都是有限的,无限发展导致的不是专制主义,就是无政府主义。

(三)文化渐变与文化突变

按量变和质变的标准,文化变迁可分为文化渐变和文化突变。

文化渐变是一种缓慢的变迁。一般说来,文化特质的变化多属于这一类变迁。文化特质的飞跃虽然也是突变,但它对于整个文化体系的结构性变化来说则是量变。今天一件发明,明天一件创造,在不知不觉之中新的文化特质代替了旧的文化特质。人们有时对这种变化感到新奇,但并不感到生活本身在剧烈地变化。因为这种文化变迁是缓慢进行的,所以人们并不感到要付出什么代价,会有什么牺牲。正如今天改变一个规章制度,明天换了个别法律条文一样,人们觉得它是一种寻常事,故文化渐变又叫寻常变迁。

文化渐变又可分为自然变迁和有计划变迁两类。自然变迁是无意识的文化自然增长或积累过程。无意识并不是说每一种文化创造是不动脑子的,没有思想的,而是说这种变迁是不自觉地进行的,表现为自然发展的过程。你创造这个,我发明那个,有时候是重复地进行的,整个文化创造表现为一种无计划状态。人类文化史上大多数的文化历史过程属于自然变迁。不仅发明创造是不自觉的、无计划的,即使人们采用一种新文化,也是不自觉的、无计划的。只是因为这种新文化有用、有价值,人们才渐渐采用。采用的人多了,一种新文化特质也就盛行于世了。因为是无计划的变迁,所以它是很难控制的,一件发明常常给社会带来出乎意料的结果。例如,蒸汽机的发明就是这样。当瓦特发明蒸汽机的时候,他最多只是考虑这种文化创造本身的价值,但是他无论如何也不会预料到它给整个近代工业社会所带来的影响,即改变了整个社会文化结构。

有计划变迁则不然,它是人们自觉地有计划地发展或改革文化的一种变迁过程。例如,目前一些国家进行的社会经济体制改革就是这样。引进科学技术,发展物质生产,改革不合理的规章制度,建立新的社会经济机制等,一切都是有计划地进行的。每一项科学技术的引进或文化制度的改革,哪些适用,哪些不适用,适用者如何保留,不适用者如何淘汰,从提议、讨论到推广,都需精心设计、精心施行。这种文化变迁因系人力计划,所以比较容易控制。在现代人类社会中,因为物质资源有限及人的需要无度,先发展哪些文化,后发展哪些文化,何者为主,何者为次,更需要周密地计划,所以更多的是实行有计划的文化变迁。

当然,自然变迁与计划变迁都是相对的,不是绝对的。自然变迁从局部讲也是有计划的,不要说发明创造本身需要精密的计划与设计,即使在社会无计划地自然发展的历史时期,某些改革家进行的社会文化革新,也表现出一定的计划性。例如,宋代王安石变法,首先设"经义局",重新训释儒家经典,为新法寻找理论根据,造成社会舆论,然后制定新法,进行推广。这本身就是一种计划性。但从社会整体上讲,其计划性远比不上它的自然发展过程。同样,现代社会的有计划文化变迁,虽反复考虑、周密计划,但仍然有某些自然发展的文化状态会出乎预料地打破计划,造成

第五章 文化变迁与控制

文化失控的现象。因为各种文化力量是非常复杂的,所谓"计划赶不上变化",正是说明了文化自然变迁力量的伟大及其不可完全预测。好在人们可以随时根据这种变迁修正自己的计划,以适应变化了的文化状态。

人类文化史的演变,不仅表现为渐变,而且表现为突变;不仅表现为常态的缓慢地变化,而且表现为非常态的急剧的变化。这种非常态的急剧的文化变化,即是文化突变。

文化突变是文化发展过程中的质的飞跃,是整个文化风格、文化模式的变化。我们说文化特质的变迁是量的变化,是就它作为文化的最小单位而言的。事实上,任何一个文化特质的变化本身就是一种质的变化,它对文化整体来说是量变,对它自身来说则是质变。因为文化特质变化是质变,所以它是飞跃、突变,也产生新的文化结构形式。这一点在第七章中已经讲过了。文化特质的突变只是在最小单位上进行的,所以从文化整体上看,这种变迁不够明显,不太为世人所注意。但是,文化特质的变化常常积累成一种趋势,从而产生一种巨大的突变力量,引起整个文化发生剧烈的结构性变迁,突变出新的社会文化结构、文化风格和文化模式。

文化突变是文化的一种结构性变化,即由旧的文化结构变为新的文化结构,因此,它是全局性的变化。在这种全局性的变化下,不论是文化特质还是文化风格、文化模式,都必然在结构上发生新的分化、新的组合。特别是一个文化体系的突变,必然意味着深层结构的变化,不仅牵涉到物质文化变化,也牵涉到风俗、习惯、伦理、道德、宗教、哲学以及文学、艺术等人们精神世界的变化。由于它是深层的内在结构的变化,所以它对人们的思想、感情的影响也就深刻得多,人们常常要为此付出代价,做出牺牲,有时候代价是非常昂贵的,牺牲是非常痛苦的。虽然文化渐变有时也触及文化的深层结构,但由于它是局部的变化,缓慢地变化,本身有个调整.的过程,人们有个适应的过程,所以人们也就不怎么会感到代价的高昂、牺牲的痛苦。这也正是开明的社会自己会理智地进行改革的原因。

一般说来,一个开放性的社会适应文化变迁的能力要比封闭性的社会强一些。因为开放性社会的文化结构松散,文化价值也比较有弹性,人们平时与外界文化有接触,有一定的适应能力。而封闭性的社会则不然,其文化结构比较严密,文化风格、文化模式及其价值观念也比较固定。在封闭性社会中,当文化发生突变时,人们对新出现的文化环境一无所知,因此容易惊慌失措,不知所从。旧文化体系的解体常常造成人们价值观念的崩溃,或者造成宁死不愿为异类的文化悲剧。这对现代人来说也许是可笑的,然而对于封闭社会环境的臣民来说,却是一种"忠贞"的行为。

任何文化变迁都有一个发生、发展的过程,即使是突变也不是一下子就完成的,文化体系的变迁更是这样。一般说来,文化变迁要经历一个由无序状态到有序状态的过程。旧的文化特质、文化制度破坏了,新的文化特质、文化制度尚未被建立起来,即使被建立起来了,一时也还不能适应社会的需要,人们对它也感到不适应、不满意。这样,文化变迁必然出现一种耗散状态。只有经过一段历程,新的文化特质、文化制度被建立起来了,适应了社会的内在结构,人们也对它慢慢适应了,并且按照新的文化要求生活了,才能渐渐形成一种新的文化风格、文化模式,文化变迁也就从无序走向有序状态了。到了这时候,一种文化变迁才算真正完成、真正实现。

三、文化变迁的动因

凡事有果必有因。但事实上,单纯原因导致单纯结果的事例并不多见,有多因同果,也有同因异果。文化的变迁显然是属于多因同果、殊途同归。需要指出的只是哪一动因是本质性的,而哪些是非本质性的。我们先从非本质原因说起。

(一)地理环境因素

迁居到机器隆隆作响、空间拥挤无比的上海的西北汉子,日

第五章 文化变迁与控制

子久了如何能在这纷纷扰扰的喧嚣中保持他那份"古道西风瘦马"的侠骨柔肠?"法不惩恶"的现象在某地的日子久了,怎能不使武侠梦盛行?走进美洲大陆的英国清教徒在陌生的土地上种下了作物的种子,也把文化的"根"深深地埋在了这里。但这文化的模式是英式贵族文化和土著印第安文化的融合。

持这种观点的代表人物是德国的拉采尔。他的《土地与生活》(比较自然地理学),详尽地研究了自然环境与文化发展的关系。他认为,自然地理环境不仅决定着文化的性质,也决定着文化的形式与内容。政治集团的大小、社会组织的形式、人民的精神面貌,无不是由地理环境决定的。地理环境改变了,社会文化也随之变迁。再如英国的巴克尔,也具有同样的思想倾向。他的《英国文明史》认为,种族的差异是由气候、食物、土质等自然环境决定的,由此也形成了文明或文化上的差异。

在西方现代文化学家中,英国的伯特兰·罗素也是非常重视文化变迁的地理环境因素的。他在谈到工业革命时曾列述了一连串的因果关系,但是最后则把终极的原因归结为地理环境。他说:"工业制度是由于近代科学而产生,近代科学是由于伽利略,伽利略是由于哥白尼,哥白尼是由于文艺复兴,文艺复兴是由于君士坦丁堡的陷落,君士坦丁堡的陷落是由于土耳其人的迁徙,土耳其人的迁徙则是由于中亚细亚的干旱。因此,在探索历史因果关系时,基本的研究乃是水文地理学。"

无疑,地理环境是人类文化发展的重要因素,特别是在早期文化发展中,它曾给不同民族的文化发展以重要影响。但是,把文化发展仅仅看作人类适应自然环境的产物,看作像动植物一样地依照自然环境分布和变化,是无法解释复杂的文化现象的。在人类历史上,无数文化形成地的自然地理环境并没有多少变化,即使有变化也是不显著的(如古埃及、古希腊、古罗马等),然而其文化的变迁却是非常巨大的。由此可见,自然地理环境虽然是文化变迁的重要因素,但并不是根本性因素,特别是现代文化变迁更是这样。

(二)文化变迁的生物因素

达尔文在《物种起源》中写道:"人类的起源及其历史将被照亮","人类的历史"当然包括人类的文化史,或者从广义而言,就是人类的文化史。

斯宾塞是持有生物因素理论的第一个社会学家,他在《社会学原理》的中心思想就是,包括文化在内的社会是一个有机体,其变迁或进化是一个生物有机过程,是受自然法则支配的。其他像德国的利林费尔德、法国的华牧斯等也都持同样的观点。利林费尔德著有《社会病理学》,华牧斯著有《有机体与社会》,他们都将社会、文化的发展变化看作生物有机体适应环境变化的过程,看作生物有机体新陈代谢的自然现象。在这些人的著作中,社会有机论只是一个简单的类比,还不是纯粹的文化变迁的生物学观点。

把生物因素视为文化变迁的根本动因的最极端者是种族主义者,代表性人物及著作是法国的戈比诺的《试论人类种族的不平等》和英国张伯伦的《19世纪的原理》。他们认为希腊、罗马、犹太、条顿等文明或文化衰落的原因不是宗教、政治等因素,而是种族特质的变化。戈比诺认为,保持种族的纯粹性是保持文明或文化经久不衰的必要条件。张伯伦认为,优良种族的混合,有利于新文明或新文化的创造。他们的观点虽有所不同,但无不把种族的优劣视为决定文化发展变迁的根本动因。他们所说的种族,不是一定文化环境下的民族,而是先天遗传的人种本身,是超越社会文化环境的血缘群体。在他们看来,不同的种族有不同的化学原形质,这种原形质影响思想活动和文化创造;种族特质是先天的,文化特质也是先天的;血统的混杂可以改变文化的特质和风格。我们知道,种族、民族都是社会文化发展过程中的人类群体,种族、民族虽然是文化的创造者,但这种创造并不取决于他们的血液、肤色等生物特质,而取决于他们的文化积累及文化环境培养出来的智慧。种族、民族本身是社会、文化发展的产物,若离开社会文化环境,把种族血液、肤色等特质的变化看作文化变迁的根源,是没有多少科学根据的。

虽然这种社会达尔文主义的文化变迁理论经过人们的批判曾经销声匿迹,但是在当代生物学家中又有了一些新的追随者。1975年美国哈佛大学威尔逊写的《社会生物学的新综合》,就是这样的一本书。威尔逊所谓的新综合,就是综合了过去四十多年来个体生态学、环境生态学、群落遗传学方面的新观点、新理论,这种综合实际上是新达尔文主义的综合。这种新达尔文主义将文化的创造归结为亲族选择,将文化进化或变迁归结为生态环境中群落基因库的变异和基因群的分布。威尔逊梦想将生物学的研究成果推广到人类社会,"以便理解社会进化,包括人的社会进化的所有方面"。虽然生态的演变与文化的演变有着密切的关系,但是将文化的变迁归结为生物基因库或基因群的变化,则是一种蹩脚的理论。因为在人类社会中,文化制度要比遗传性普遍得多、重要得多,即使是在同一个种族或民族之内,遗传基因也没有多大变化,而文化变迁却是经常发生的,并且非常之大。

(三)社会心理因素

社会心理因素广泛而复杂。当有着强烈忧患意识的有识之士看到莫高窟的文化瑰宝被那个叫作王圆箓的龌龊道士几近散尽的时候,心里升起的愤怒和屈辱使他们不辞疲劳地往来于东西之间,饱尝着风霜苦雨,呕心沥血的进行研究,为的是挽救民族文化的流失。终于,近年来的研究成果表明,敦煌文化、敦煌学又回到了中国。

19世纪末20世纪初以来,在西方国家的一些学者中,盛行以心理的作用解释社会文化现象的做法,并形成了各种不同的文化变迁的心理因素说。

1.人类本能说

如美国社会学家沃德在《文明的心理因素》一书中认为,欲望是人类的主要意志,也是社会文化发展、变迁的原始动力。其他像英国的麦独孤的"本能说"、奥地利拉岑霍弗尔的"关心说"等,都是从人类先天的心理出发解释社会文化现象的发展变化的。弗洛伊德及其追随者在这方面走得更远,他们夸大性欲等生物本能的作用,把它们看成文化发展变化的天然力量,如罗海姆把一切文化活动都看作色情的升华。功能学派也有类似的看法,马林诺夫斯基把文化的产生和发展首先归因于满足人类的生物需要,一定程度上也受弗洛伊德心理学的影响。

2.心理刺激说

19世纪末法国的塔尔德的模仿心理说就具有这种性质。他认为模仿是人类的主要心理,也是文化发展、变迁的主要动力。特别是当模仿受到阻碍、怀疑或反对等刺激时,人类会运用新的方法和手段进行模仿而达到目的。这是一个循环往复、无止境的社会文化过程,也是其变迁的动因。这一点后来被英国历史学家汤因比发挥为挑战与应战的连续交错作用。汤因比在1948年写的《考验中的文明》一书中说:"倘若挑战和应战的交错作用可以说明无法解释和无从预测的文明的产生和发展的话,那它同样也可以说明文明的衰落和崩溃。"[1]文明或文化怎样产生、发展、衰落呢?是一连串富有刺激性的挑战遇到一连串的应战所取得的胜利,是平衡、挑战、应战、新挑战这种有节奏的功能过程,而激发这种节奏的则是心灵的因素。

3.心理互动说

这种说法始于德国的齐美尔的形式社会学。他认为,社会是人类心理连续不断的互动所产生的形式或关系,而文化制度则是它的客观化。美国的罗斯、爱尔伍德等人也用人类心理互动解释社会文化的发展和变化。特别是米德的个体心理学与符号学、语

---

[1] 现代西方史学流派文选[C].上海:上海人民出版社,1982,第121页.

言学相结合,产生了许多现代心理学派的文化变迁学说,如符号互动论、现象主义社会学、理解社会学等,皆从相互主观性方面解释社会文化的发展、变化。他们把个人心理作为出发点,把心理互动及其反思看作文化实现和文化变化的基础。在经验的世界中,人们体验着文化与社会,也体验着那些既作用于主体又反作用于客体的生活巨流的现象。在他们看来,风俗、制度、信仰、观念、价值,如此等等,一切都在其中产生,一切又都在其中流失。除了彼此相互作用和相互理解,这一切都是不存在的,是毫无意义的。

虽然心理因素说看到了文化变迁的深层结构的复杂性,但是它忽略了一个最基本的常识,即人类心理乃是社会文化发展的产物,而不是相反。在当代西方国家,一些极端的心理学家靠智商来测定不同种族或民族集团的文化发展,甚至认为这种智商差异的80%来自遗传。这种说法除了企图制造人类社会地位上的不平等外,一个最显而易见的错误是忘记了人们的智力乃是社会文化发展和积累的结果。虽然人类身上存在着某些生物属性的差异,然而当人类成为社会化的存在者之后,这种生物属性的差异对社会文化的影响是微乎其微的。夸大人类生物属性的作用,把它看作支配社会文化变迁的原始动因,也就舍本逐末了。客观心理学虽然承认社会文化环境的作用,但把文化象征看作交互心理的产物,并从交互心理中寻求文化变迁的原因,也同样夸大了人的主观能动作用。

从中国文化的发展来看,实用主义的社会心理在推动中国文化不断变迁,它表现在社会文化生活的方方面面,并决定了文化变迁的指向只能是内敛、含蓄和保守的。更多的人主张作为人类主要意志的欲望是社会文化发展和变迁的原始动力。

(四)科技进步的因素

科技进步的因素。这很容易理解。没有火的发现和使用,何谈后来的饮食文化?没有15—16世纪科学理性精神的崛起,文艺复兴运动从何说起？没有计算机，哪来的网络文学？没有手机，哪来的彩铃？没有克隆技术，哪来的克隆人伦理问题研究？……从这一意义上讲，科学技术是文化变迁的动因，它给文化提供了新的研究对象和素材，是文化变迁的基础。

科技进步推动文化变迁的观点在19世纪末法国的塔尔德的模仿心理学著作中已经显示出来。模仿就是发明创造，各种发明创造汇成一个总的发展趋势，就演变为文化变迁。不过塔尔德的发明创造是以模仿心理学为基础的。19世纪末20世纪初，虽然有些社会学家也非常重视科学、技术对社会文化发展的作用，如德国的桑巴特、舍勒等人，但是他们还没有把科学、技术看做起支配作用的因素。然而，到了20世纪四五十年代，随着科学技术的发展，人们越来越重视科学、技术在社会文化发展中的地位，越来越把它看作支配社会文化发展的决定性力量。英国贝尔纳著的《科学的社会功能》就是这样一本书。他认为，人类历史上的大变革都是以科学的发明创造为基础的，正是科学技术周而复始的改进，才使"文化一个接着一个兴起又衰落"，"科学所描绘的世界面貌虽然不断变化，但每一次变化都变得越来越明确和完整，在新时代一定会成为一切形式的文化背景"。[1] 随着自然科学、技术的发展，从20世纪20年代开始，特别是50年代以来，在西方国家兴起了一种科学主义的思潮，在哲学上出现了逻辑实证主义、逻辑实用主义、批判理性主义、历史主义等流派。他们试图用自然科学知识的增长解释人类社会文化史的发展与进化；与此同时，在文化社会学上也出现了以现代科学技术知识增长为基础的新进化论。例如，美国的怀特在《文化的进化》一书中认为，文化的进化是受技术、社会、意识形态及政治组织四种因素影响的，其中技术因素是决定性的，其他因素则处于从属地位。他强调技术与自然的结合，认为新技术及其制度一旦出现，它本身的生命和力量就构成了文化进化的源泉。与怀特的观点相近的还有英国的

---

[1] （英）贝尔纳.科学的社会功能[M].北京：商务印书馆，1982，第543、547页.

蔡尔德和美国的斯图尔德。蔡尔德著有《人类创造本身》《历史发生了什么》，运用大量考古学资料论证了技术的进步所引起的人类文化结构的变化。斯图尔德是文化生态学家，他在《文化变迁论》一书中分析了文化进化依从的不同变量关系，认为文化进化是适应包括技术经济、社会政治、意识形态在内的核心制度的变化而产生的，而技术经济在文化核心制度中则处于重要的战略地位。他们的学说在具体分析文化变迁的因素时虽不乏有益的见解，但在把握文化变迁的各种关系时又有许多模糊之处。

以上种种，都是外在的、非本质的原因。说到文化变迁内部的机理性原因，还是要回到马克思的经济决定论。在马克思看来，一切文化变迁都有一个现实的基础，即当生产力的水平发展到一定阶段，原有的生产关系与它不相适应时，就会发生变革。经济基础是一切精神力量变迁的最终动力和原因。春秋战国时代生产力的长足发展，改变了老子"小国寡民""清静无为"的生存状态，经济的发展沟通了地域和文化，加强了民族文化的凝聚力和向心力。市场经济活跃和丰富了人的物质生活，但它同时也间接地使人心远离、情义缺失，遂使诚信文化兴起。

四、文化变迁的规律性

古今中外多少明哲在探寻文化变迁的规律。如果仅仅从历史上看，关于文化变迁规律有太多问题要回答。总起来说，关于文化规律的问题，大致形成了四种理论：一是有规律论；二是无规律论；三是相对论，即多向进化论；四是两分方法论。

（一）文化变迁有规律论

文化变迁有规律论可以追溯到中国古代一些哲学家、历史学家及文化学家的著作。当孔老夫子在川上曰"逝者如斯夫！不舍昼夜"时，他就认为事物发展是有规律的。朱熹对此解释说："天地之化，往者过，来者续，无一息之停，乃道体之本然也。然可指

当前视域下的文化社会学探究

而易见者,莫如川流,故于此发以示人。"可见孔子说的不仅是自然界,而且包括人类社会在内。

如果说孔子的话只是一种启示录的话,那么司马迁则具体地谈论了社会文化变迁的规律。他说:"故待农而食之,虞而出之,工而成之,商而通之,此宁有政教发征期会哉?人各任其能,竭其力,以得所欲。故物贱之征贵,贵之征贱,各劝其业,乐其事,若水之趋下,日夜无休时,不召而自来,不求而民出之,岂非道之所符,而自然之验邪?"❶在司马迁看来,社会经济文化的发展及其交互作用,并不是行政管理的结果,而是一种自然规律。

我们在西方古代希腊、罗马哲学家的著作中同样可以找到关于社会文化变迁规律的论述,如赫拉克利特关于一切都转化为火的论述,再如爱利亚学派关于一切都归于土的论述等等。特别是到了18世纪和19世纪,西方一些思想家为了寻求人类从野蛮状态到文明状态的过渡,从不同的角度探索了人类社会文化发展的规律,如孟德斯鸠的《论法的精神》《罗马盛衰原因论》,皆认为社会文化现象是有规律可循的。孔多塞的《人类进化史图解》也认为人类的知识、道德、社会生活有一种共存律和连续律。

孔德、斯宾塞、斯宾格都是有规律论的坚定支持者。孔德发展了圣西门关于人类知识发展的三个阶段的学说,把它们看作社会文化运动变化的三阶段定律,即神学阶段、形而上学阶段、实证阶段。在孔德看来,这一条伟大的根本规律是"人类智力的发展永远必然遵守"的。斯宾塞、斯宾格勒所坚持的是生物进化论。他们认为人类社会文化永远是沿着生长、开花、结果、衰老、死亡的规律发展的。孔德的三阶段论不过是对人类智力发展史的一种机械划分,斯宾塞、斯宾格勒的社会文化有机体论也只是一种生物学的简单类比,他们都没有真正揭示社会文化变迁的根本规律。

---

❶ 史记·货殖列传.

(二)文化变迁无规律论

文化变迁无规律论的思想虽然可以追溯到古代一些思想家的著作,如中国古代庄子的因是因非、因非因是、朝三暮四的无是非观就包含着这种思想,但它作为一种社会文化思潮,却是19世纪末20世纪初在西方国家出现的。正如我们在本书第四章所指出的那样,当时一方面由于社会动荡不安,人们对于社会的前途、人类的命运都感到艰难莫测;另一方面由于实证主义社会学、历史学关于社会文化进化的思想本身存在着简单类比和机械论的倾向,引起了人们的不满,因此,各种各样的哲学家、社会学家、历史学家对文化变迁的规律性问题提出了疑问。他们著书立说,议论纷纷,意见虽多,但归结到一点,就是否认社会文化发展变迁有规律性。这里,举几个代表性人物的言论便可见一斑。

德国新黑格尔主义者狄尔泰认为,人类历史就是一部精神史,各种世界观都表达了真理的一部分,而真理又是隐藏着的、发展着的,因此,"每一种体系又都陷入一大堆自我矛盾中,历史意识动摇了哲学和自然科学均未能粉碎的最后枷锁"❶。

德国新康德主义者李凯尔特认为,"历史上的东西,从最广泛的意义说,就是那种仅仅出现一次的、件件都是个别的、属于经验范围的实际事物",如果有统一性,也只是精神生活的统一性,心理学主体的统一性。"在这种精神结构关系里,除了一种一般的形式之外,我们看不到其他任何东西,因此它对我们是毫无意义的。"❷

意大利直觉主义哲学家、历史学家克罗齐企图折中新康德主义和新黑格尔主义,提出"精神即历史,在历史存在的每一个时刻,精神就是历史的创造者,同时精神也是以前一切历史的结果",历史的一个面貌换成另一个面貌,"正是精神生活的节奏,它

---

❶ 现代西方史学流派文选[C].上海:上海人民出版社,1982,第8页.
❷ 现代西方历史哲学译文集[C].上海:上海译文出版社,1984,第6、16页.

的活动方式是自我决定和个别化"。❶

德国存在主义哲学家雅斯贝尔斯说:"历史现象真是支离破碎、凌乱不堪的一团。许多民族、许多文化,它们都有一堆数不完、说不尽的历史事实。在地球上,哪里有人能够谋生的立锥之地,哪里就有人的活动,从而也就构成了某种特殊的现象。于是,多种多样性就这样前前后后、左左右右地发展、消亡。"❷

法国存在主义哲学家萨特则说:"人们是在历史的行动中理解历史的。历史有一种意义吗?历史有一种目的吗?对我来说,这个问题是没有意义的,因为离开了创造它的人之外,历史只是一个抽象的、僵死的观念,不能说它有目的或没有目的。"❸

我们还可以援引一些人的言论。如英国功能学派的社会人类学家马林诺夫斯基认为,人类文化中的种种基本制度都是变动的,但并不是一种骇人听闻的转变,也不存在一种简单的次序。它的变化,只是一种功能的增加所引起的形式上的分化作用。再如美国文化人类学家罗伯特·路威说:"进化不是自发的,只有当某种特殊的原因登场,才会有新变化。这条原则也适用于文化。没有相当的原因,变化不会发生,这个变化也许是变好,也许是变坏。"❹

援引这些言论的目的不是要否定精神在社会历史发展中的地位和作用。事实上,某些民族精神过去和现在都在影响着各该民族的社会历史的发展,并表现为自身的统一性。我的目的在于说明,他们是在用精神的独特性否定文化变迁的规律性。在他们看来,文化变迁只有特殊性,没有统一性;只有偶然性,没有必然性。一切都靠偶然的机遇,靠特殊的人物与事件,"不是表现为有逻辑的联系,而是为上千种机遇所决定的事件的偶然结合。不测的疾病、气候的变化、一份文件的丧失、一个男人或女人突然间所

---

❶ 现代西方史学流派文选[C]. 上海:上海人民出版社,1982,第345页.
❷ 现代西方历史哲学译文集[C]. 上海:上海译文出版社,1984,第46页.
❸ 萨特研究[C]. 北京:中国社会科学出版社,1981,第48—49页.
❹ 路威. 文明与野蛮[M]. 北京:生活·读书·新知三联书店,1984,第291页.

产生的一个狂念——这些都曾经改变过历史的面貌"。在他们看来,什么历史规律,什么内在联系,什么必然性,统统不过是"海客谈瀛洲,烟涛微茫信难求"。

(三)文化变迁相对论

文化变迁相对论最初见于美国历史学派博厄斯的著作,他的文化区域理论及文化价值论就持这种见解。到 20 世纪 50 年代左右,美国的一些现代进化论者又发展出一种多向进化理论,其主要人物有怀特、马歇尔·塞林斯、斯图尔德以及默多克等。他们虽然承认文化变迁有某种规律性,但却认为普遍的共同规律是不存在的,各种文化变迁都有特殊的形式、特殊的规律,是多向进化的。所谓特殊进化,用塞林斯的话说,就是"文化按照多种路线所进行的系统发育的、分叉的历史性转化,就是各种文化的适应性变异"。这一派的文化变迁理论一方面想避开早期进化论的简单类比,另一方面又想从各种不可知论中解脱出来,试图用各种相关变量揭示历史演变的法则。实际上,这种理论只求文化进化的多样性,不求多样性的统一性,也就否定了人类的各种社会文化变迁的规律。当他们在人类历史的航道上前进的时候,他们自然就难免"雾失楼台,月迷津渡"了。

(四)两分法论

两分法论认为自然科学(物质文化)的发展有规律性,历史科学(精神文化)的发展没有规律性。这种观点始于德国新康德主义者李凯尔特。他在《自然科学和文化科学》中认为,自然科学概括的是普遍现象,是重复出现的现象,所以是有规律的,而文化科学所概括的是历史上的个别现象,是独一无二的、不重复出现的现象,因此是无规律性的。这种观点一直影响了许多社会学家和历史学家。例如,英国社会人类学家马林诺夫斯基就认为:"种种工具的变更确都经过了一连串阶段,遵守着多少有一定的进化法则,但家庭、婚姻或宗教信仰并不受制于任何简单而动人的蜕化次序。"❶这种观点一直影响到当代一些社会科学家,如英国的逻辑实证主义者卡尔·波普尔认为,在自然科学方面(如物理学、生物学等),理论的概括是达到某种目的的手段,"利用这种手段我们便能测验普遍规律",并且认为"这些普遍规律本身能使人发生兴趣和统一我们的知识",而对于研究历史来说,学者的兴趣在特殊事件上,因而"从我们的观点看来,不可能有什么历史规律"。美国的丹尼尔·贝尔(Daniel Bell)也认为,"在技术经济领域,由于有一个明确的替换法则,如一部机器、一个工具或者一种产品更便宜、更好,效率更高或更能节约能源,所以有一个'线性'原理。但是,在文化方面没有线性原理,甚至没有'进步'"❷。总之,在他们看来,自然科学研究的是物,物是普遍存在的,有规律可循;社会科学研究的是人,人是独特存在的,是无规律地活动着的。这种观点实际上是否定了社会文化变迁的规律性。

(五)文化的复杂变迁规律

总而言之,文化变迁中是存在规律的,不过非常复杂,大体上有以下几点内容。

第一,文化变迁是循着从地方性文化向全球文化拓展和演变的轨迹进行的,这是文化变迁的大体趋势。四大文化系统,即以儒家学说为主体的中国文化系统,以印度教、佛教为主体的印度文化系统,以伊斯兰教为主体的阿拉伯文化系统,以基督教为主体的希腊罗马文化系统,它们都具有明显的地域性、民族性特征。但随着文化传播和交流的逐渐扩大,尤其是网络技术的普及,文化的变迁也渐渐显示出全球性的特点。正如美国学者萨姆在《跨文化传播》一书中所言:"人们再也不能互相回避或坚持闭关自守的孤立主义政策。不断增强的流动性,现代化的交通电信技术的发展,似乎在迅速打破不同文化间的时空关系。由于偶然的和人

---

❶ 马林诺夫斯基.文化论[M].北京:商务印书馆,1945,第10—11页.

❷ 丹尼尔·贝尔.第二次世界大战以来的社会科学[M].北京:中国社会科学情报研究所,1982,第66页.

第五章 文化变迁与控制

为的原因,某些曾经显得遥远的、与世隔绝的文化,一下子与我们的关系密切起来。"人类文化向全球化的发展,是一场深刻的文化变迁和革命。现在这一特点尤为明显。

第二,文化的变迁实现着由单一文化形态向多元文化形态的转变。理论和实践都证明时代越是发展,那些具有特定强烈的地域性、民族性、种族性的文化就越容易被消解,这就是为什么传统文化的继承和保留成为亟待解决的问题的原因。社会的开放性和包容性反映在文化变迁上就是文化越来越多元,不同的形态和声音可以同时存在,甚至没人知道,"你是一条狗"。

第三,文化的变迁也按着由低级向高级的进程演化着。这种变化实际上就是一种文化本身去魅的过程。小孩子掌握了生物学的基本理论以后,他再不会相信父母的"你是大风刮来的、你是从垃圾堆里捡来的"谎言了;人们能用短信和网络来表达思念,电报和书信就会渐渐退出历史的舞台。社会发展的程度和丰富性决定了更高级的文化形态的产生。有人经常慨叹,现在的孩子咋那么聪明,那是因为文化的变迁使他从出生就站在你的肩上去领略世界。

第四,文化变迁是随着轮回式的周期性展开的。周期,简而言之就是有规律的轮回。农民充分意识到了农作物收成的周期规律,所以他们种一点粮食,养几口猪,农民需要分散风险。农业的生产周期与市场价格波动周期不同步。一般来说,市场上如果粮价高了,肉价就下降;肉价高了,粮价可能下降。所以农民种粮养猪,粮价高卖粮,肉价高卖肉。文化变迁的周期性首先表现在文化发展的轮回性上面,正如斯宾格勒在《西方的没落》和汤因比的《历史研究》中所主张的观点。需要指出的是,任何文化变迁及其周期性都是社会内在矛盾引发的结果。由于生产力和生产关系矛盾的规律性运转,导致社会局面治乱、盛衰、沉浮交替出现,反映在文化的变迁和发展上必然也呈现这样的周期。

第二节　文化控制

文化通常潜在地形成了一种社会规范,控制人们在社会之中的言行。人们无论在何种场合,都潜意识地在提醒自己这个场合的规范,甚至会告诉自己违反规范要受到制裁,因此人们会努力观察周围的群体,从而决定自己适当的反应。

一、社会控制的含义

(一)关于社会控制的初始研究

社会控制的理论最早由爱德华·罗斯在 1896 年提出。罗斯认为人类社会的真正构成是基于单独的个人和社会组织或集体之间,有足够的证据证明存在那种个体借以向社会存在转变的影响的诸种来源。这些不同的来源或社会力量在社会成员间创建起关联模式。这种关联模式本质上就是社会控制。

事实上,罗斯关于社会控制的研究与当时美国社会进步主义教育运动有密切关系。他的社会控制理论代表了一种调和秩序和进步要求的新方法。罗斯主要担心潜在的无政府主义个人会破坏社会秩序,没有社会秩序就不可能有真正的社会进步。

罗斯还区别了社会协调和社会控制。社会协调由规范社会行为的规则和程序构成,以此避免社会不同部分之间的相互干扰。社会协调的一个例子是交通规则。因为每个人在路上都为了表面上相同的原因——从 A 点到 B 点——在这种情况下,两端的追求是统一的。交通规则只是协调众多个人使用公共道路的联合行动,而非控制。反过来说,社会控制通过遏制一些人、激励另一些人来协调潜在的冲突行为。根据罗斯的理论,社会协调本质上是和谐的社会行为,而社会控制是规范不相容的目标和行为。

(二)社会控制本质是一种规范

任何个体从自然人成长为社会人都要经历教育,这个教育可以被狭隘的规定为文化学习。因为婴儿出生的时候是无助的,理论上需要成年人照顾——通常是他们的父母——监督儿童的行动,提供给他们物质和情感上的需要直到他们长大。除了食物、温暖、衣物、住处、情感培育和支持外,主要社会成员也为成长中的儿童提供一系列正当的行为准则。这些准则可以被看作一种道德模板,其内容来自社会普遍存在的文化传统。文化传统的本质是一个社会的规范,社会通过这种规范实现对整个社会秩序的有效掌控。

儿童的良好行为通常会得到父母和其他社会成员——教师、牧师、朋友和其他家庭成员等的奖励,不良行为则受到惩罚,以此迫使个人的行为达到群体的期望。也就是说,如果个人教育成功,个人将选择按照符合规范的方式行动,因为与越轨或不遵守行为紧密相连的代价和痛苦实在太大了。然而,同样重要的是:一旦个人认同这样的立场,即认为从事越轨行为代价太大,他们事实上已经把关于什么是公平、正确、适当、常态、道德或合法的社会标准内在化。通过这种方式,社会化确保自治个体的生成,因为当人们的行为没有得到社会中其他人的认同时,个人就会被外部制裁的威胁和内心受谴责的感受控制,这些内心的感受包括内疚、厌恶、羞耻、难堪、懊恼、悲哀、自卑、后悔。如果仅通过体现在法律系统及其制裁手段中的外部约束的话,没有一个社会可以适当地维持。"通过社会化的方式使一个群体的道德准则内化,是确保社会控制的一个典型机制,也就是文化控制(我们接下来会叙述)。

越来越多的人相信今天的青年人没有得到正确的教育,他们缺乏良知,所谓良知就是来自内心的声音,它能够告诉他们什么是对与错。这再一次体现了弗洛伊德的理论,发育迟缓或不完全社会化可能产生以"自我"过度发展(原始激情当道)为个性特征的个人或以"超我"欠发达（道德良知没有完全形成）为个性特征的个人。新闻报道分析了儿童不良行为及其莫名原因的案例——例如发生在1989年的著名的"疯狂"事件，六个男孩在美国中央公园袭击了一位慢跑的妇女，动机只是为了"找乐子"；还有自1996年以来，美国各地零星发生的校园枪击事件——可能促使观察员产生这样的想法，教育的作用正在减弱或正无可挽回地被破坏。这接着就会引起谈论，不只孩子们正处于危机中，就连家庭、学校、社区和公众，这些非社会控制的传统领域和活动都处于危机中。如果人们不再相信非正式机制能确保自我控制个人的生成，那么正式的控制机制便开始日益频繁地增长。这种形式主义的增长是任何社会控制的关键要素之一，在现代和后现代社会中，这种增长主要依赖法律。

　　马克斯·韦伯把社会控制理解成为权威的遵从。一名行刑队员向一个被判处死刑的人瞄准并开枪，因为他相信国家在某些情况下有施行死刑的权威。

　　根据韦伯的理论，有三种理想型的权威。分别是法律权威、传统权威和魅力权威。法律权威取决于对规则和命令的合法性的信仰。在法律型权威中，合法性权利的有效性基于合理理由。

　　传统权威取决于对悠久传统的神圣性和那些在此之下行使权力的合法性的信仰。传统权威通常归属于群体中的年长成员，因为他们对神圣传统文化的精通和长期熟悉。它也可以被归于继承的结果，例如在家长制中，男性被指定为家庭的首领。在以传统权威运作的社会中，其成员服从于领导（年长的部落首领和家长制社会中的父亲），而不是任何既定规则。

　　魅力权威基于对个人的卓越品质和模范特质的忠诚。一个有魅力的人据说被赋予了超自然、超人类、特殊力量或区别于普通人的气质。通常这些特殊力量或特性被认为是有魔力或具有神圣起源的。韦伯解释说："这种特殊气质被认为是基于神奇的力量，无论是先知、智者、领袖，还是战争中的英雄。"

第五章　文化变迁与控制

（三）违反社会控制的制裁

规范是行为的规则。规范的目标是通过制裁系统引导行为：遵守规范的人受到奖赏（肯定的鼓励），与此同时，违反规范的人受到惩罚（否定的制裁）。制裁可以分为两种，一种是个体制裁，另一种则是集体制裁。所谓集体制裁即一个群体因为其中一名或数名成员的行为受到惩罚（或奖赏）。集体制裁系统为成员服从群体规范制造了极大的压力。然而事实上，制裁很少纯粹是个人的或集体的。这是因为个人不是独立于集体的，而是集体的成员，因此个人与集体相互依赖。例如，如果一个已婚有孩子的男人因贪污入狱，受惩罚的不单单是他，还有他的妻子和孩子，他们现在必须寻求其他的物质来源、社会和情感支持。

制裁可以是集中的或分散的。集中制裁的最明显和重要形式是由正式控制的代理人（警察、法庭、监狱等）支持的民族国家司法系统。然而，社会秩序可以被视为集体行为问题，同时存在的经典难题是：如何激励足够多的人促成这一共享或公共利益（社会秩序）的生成。在人类社会集体行动的"游戏"中，集中制裁应该被用于对付"搭便车者"（free riders），即那些不为公共利益出力的人，他们要么是对社会秩序公然违反（直接从事犯罪或越轨行为），要么是通过自己的失败制裁其他违规者。另外，分散制裁是由地方个人或组织实施的奖赏或惩罚，它是针对违规者（个人或集体）的非正式制裁。"地方的"意味着行为者的非正式领域，包括小群体、邻里和社区。在此意义上，我们可以看到集中制裁和分散制裁概念与科尔曼的控制权利概念有怎样的区别。

从制裁的实施主体来看，制裁主要有四种基本类型，分别是：自然的、社会的、法律的、超自然的。自然制裁是自然环境造成的否定的、有害的或痛苦的后果，比如火灾、疾病及影响人类健康、幸福的相似因素，甚至与其他人相关的危险。自然制裁的观点强调进化论的知识，并强调父母和其他有能力的成年人的最重要作用是保护儿童免受制裁。社会制裁是人类社会的产物，比如与朋友结束友谊,被从一个群体中开除或孤立,或是来自父母的失望或愤怒的情感。然而,自然制裁是必然和直接的,社会制裁需要其他人的在场和参与。法律制裁是国家对违反刑法、行政法或民法的行为进行的惩罚。今天法律制裁被局限于罚款、监禁和一系列中等程度的制裁,而在人类社会早期还包括鞭笞、流放、肉刑以及各种形式的折磨。最后,超自然制裁是个人在死后受到的奖赏和惩罚。这些超自然制裁表面上适用于个人现世、此时此地的行为,比如一个人如果破坏宗教戒律将会被贬下地狱。

赫希和戈特弗里德森进一步指出,这四种制裁可以根据行为和受到制裁之间的时间顺序进行排列。自然制裁是最直接和最确定的,紧接着是社会制裁、法律制裁,最后是超自然制裁(最后一种制裁的后果永远不能被确切知晓,它必须停留于信仰层面)。根据他们的理论,人类的历史是缓慢而不断地增加次要制裁(超自然、社会和法律)以加强基本而最迅速的自然制裁的过程。

二、文化——作为一种社会控制手段

文化,为人类定义自己设定了起点。人类通过亲戚、朋友这个群体逐渐认识自己,清晰为自己在自己的圈子之中寻找一个合适的定位,用社会学的术语来说就是社会角色的分配。因此,文化是人们明晰自己多重社会角色的重要依据。

(一)文化控制的类型

一个人一生之中要遇到多重文化圈子,有家庭、社区、同辈、学校、工作、宗教、大众等。不同的文化圈子,在不同层级以不同方式控制人们的行为,引导人们的规范。

1.家庭文化

在人类发展的早期阶段,男人并没有承担传统的父亲角色,他们更多的是为了物种繁衍的目的而与女性接触。这意味着母亲,还有氏族的其他女性必须联合起来养育孩子。这也意味着早期人类社会可能是母系的,通过母亲的支系追踪血统,因为生物学父亲的永远缺席,他们无法提供抚养的支持。

然而,在此方向上进一步发展,父亲开始变成亲属系统中或多或少的一部分,随着人口的增长,群体规范开始在性和生育行为领域发展,父亲被认为担负有更大的责任。

走过人类存在的原始阶段,集体智慧认为孩子应该在尽可能稳定的环境中成长。这个稳定的环境过去是(现在仍是)家庭,其基础结构由母亲、父亲或亲近的男性亲属或扩展亲属(姨婶、叔伯、祖父母等)组成。

父母(生物学上或是其他形式的),传统上承担着照顾孩子并教授他们社会规则的社会责任。乔治·希勒里曾指出,"向'新成员'传授村子传统的主要责任由家庭担负。"希勒里进一步指出,尽管家庭是儿童文化传播的主要中介,在未知社会中父母独自承担这一任务。家庭处于被称为群体的更广泛的社会环境中。

2. 社区或乡村文化

1995年,希拉里·克林顿出版了一本名为《这需要一个村庄》的书,该书的主要论点是:尽管父母在传授社会规范和价值给孩子的过程中很重要,但只有当父母的疏忽被辅助的群体——"乡村"(由安全的学校和社区、提供帮助的老师和邻居们、教会、城镇组织和其他私人和公共机构组成)——补充时,文化传播才得以完成。在更小的范围内,关系紧密的群体被描述为机械的团结,确实在这种情况中许多直系亲属以外的群体成员积极参与对青少年的指引和教导。

3. 同辈文化

因为学校教育在发达工业社会中尤为突出,并且因为正式教育实施的年龄越来越小,孩子们大量的时间花在与同龄人相处上。尽管学校为同龄人社会化提供了主要的环境,同龄人的影响也可以在社区、家中的兄弟姐妹和一般的社会环境中感觉到。通常青少年文化源于共同的活动和兴趣施加的强大的压力,而反常的青年的亚文化也会对反常行为和青少年犯罪产生同样强大的压力。

尽管长期以来我们认为父母是确保青少年遵守行为规范的文化控制的唯一重要中介,然而越来越多的观察者相信其他一些控制中介,特别是同龄人对青少年施加同样的甚至比父母更多的影响。根据这一思路,因为孩子们现在比以前花更多的时间与其他孩子相处,无论是在学校、托儿所或是其他场合,父母已经从社会控制中介的第一线被代替。

4. 学校文化

学校教育的主要功能是传授孩子将来承担成人角色所需要的知识,尤其是在工作、公民身份、家庭和社区关系领域的知识。在学校里孩子们面对着一系列的规则和条例,并且早早接触家人以外的权威形象,在青少年道德发展过程中有重要作用。学校中社会化的主要中介当然是老师们,其他中介还包括校长、教导主任和同学们。

学校和家长之间矛盾的重要表现的之一是传统家长权威被削弱,某种程度上家庭的地方性文化和知识("家庭价值")被学校系统中更兼容并包和更"现代"的价值取代。学校系统的权威不大可能基于身份(比如父亲作为家长制家庭无可置疑的首领),而是基于超越地方性知识和事实的非个人的普遍知识。

5. 工作文化

尽管学校教育为个人加入成年劳动力队伍作了准备,然而一旦个人成为某个工作组织的成员,他们仍须"学习工作方法"。换句话说,无论是首次进入就业大军、换工作,还是在闲了一段时间后再次加入就业大军,人们都必须学习自己工作地的特殊规范、价值、规则和历史。这一学习的过程,通常被称为组织的社会化,它南几个方面构成。瞄。

第一,工作表现精通,这涉及学习并掌握工作组织中与某人职位相关的任务。第二,为了更有效地开展工作,成员必须学会适应组织中的其他人。在现代工作场所中,与其他人协调的能力——通常被称为软技能——被视为几乎与传统的工作表现精通同样重要。第三,政治因素,了解组织的各方面,特别是谁是政治上有影响力的人(在正式方面),非正式人际网络的特点,这是社会团结的根源,并且对一般消息极其重要。第四,雇员必须学习在自己特殊工作领域内使用的特殊语言(或行话)。第五,雇员必须熟悉体现于规则和原则中的组织目标的价值——无论是正式还是非正式的——这(理想上)有助于维持组织的完整。第六,人们要熟悉自己所工作的组织的历史。在此意义上,组织的历史包括用于向组织成员传递文化知识的传统、习俗、传说和规矩。

6. 宗教文化

在整个人类历史进程中,宗教作为一种有效手段确保了其成员遵守体现于其教义中的信仰系统。宗教社会化是这样一个过程,通过这一过程宗教信仰系统的重要准则一代又一代地传递给新成员。宗教社会化尤其与集体和真实信仰群体,也被称为教会或会众的特点相关。集体记忆的要素通过宗教教义得以形成,这些教义包括:

(1)起源传说,关于世界是如何被创造以及人类如何居于其中的传说。

(2)一系列仪式,通过它们真实信仰者参与宗教生活,并形成一种团结感和集体身份。

(3)对灵魂的理解,灵魂据信是免于肉体的物理死亡的。

(4)生活与现实的一系列规则,如果虔诚地遵守这些规则,信仰的选民将在死后获得恩典和救赎。

7. 大众传媒文化

在现代社会中娱乐和新闻媒体——电视、电影、广播、音乐、报纸、杂志、因特网和大众化视频游戏——提供了大量的被公众出于不同效果消费的信息和图像。一些观察者认为大众传媒对公众的影响是普遍不良的,另一些则认为不同类型的传媒会对社会产生积极的影响。例如,因为电视新闻追求扩大观众收视率,他们选择播放的犯罪故事倾向于比典型的犯罪更轰动、更奇怪、更暴力。这于是就歪曲了普通公民接收到的犯罪图画,由此也增加了全体公民对犯罪的恐惧。此外,许多观察者认为电影、有线电视和视频游戏中对性、暴力和离经叛道行为的大量描绘在青少年观众中造成了许多行为问题。例如,最近一项研究断定:大量接触电视、电影、杂志和音乐和性有关内容的青少年比没有接触这些内容的更容易滥交。另外,在那些只给公民提供小范围传媒的国家,因特网被认为是民主化的重要来源,从某种程度上讲,极权主义国家不太能控制这种特殊通讯媒介的使用和内容。

(二)文化如何控制个人

1.所罗门·阿希的遵从实验

勒温,谢里夫和怀特等人打下的基础为集体文化形成、修改、歪曲个人成员判断方面更精密的研究创造了条件。所罗门·阿希1951年发表了一篇论文,该文对群体施压与个人判断产生的结果进行了一系列调查。研究对象被要求看两张卡片。一张卡片上有一条线,另一张上有三条不同长度的线。被试的任务是判断第二张卡片上的三条线(A、B 或 C)哪一条的长度与第一张卡片上的最接近,并当众宣布他或她的判断结果(图 5-1)。然而,参与测试人员不知道的是,房间里参与测试的其他人都是实验者的同谋。在这一特别的实验中,当被问到他们判断线条的长度时每7个假冒的参与测试人员都给出错误的答案。这些实验的真正参与人员最终面对着要不要跟随一群判断明显错误的人的抉择。

第五章 文化变迁与控制

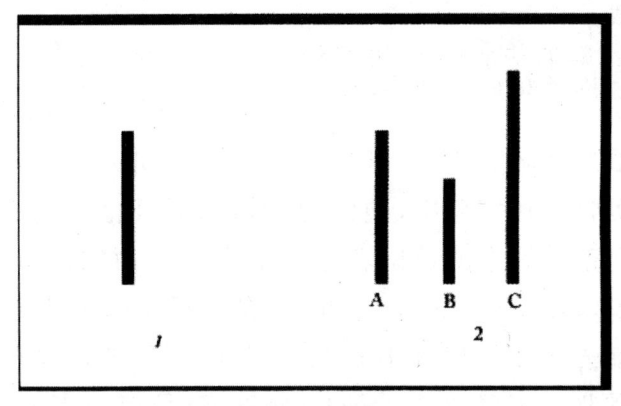

图 5-1 阿希实验

注：实验对象看到卡片 1 并被询问卡片 2 中的哪一条线与卡片 1 中的更接近。这里，A 明显是正确的答案。但是实验中的同谋们被指示总是给出错误的答案，B 或 C。实验考察了错误的大多数对参与测试人员的判断结果的影响。

尽管假冒的参与测试人员制造的错误很明显（他们声称相等的线条的长度相差 1/2 到 7/4），然而 32% 的真参与人员仍然跟随大多数。阿希在这个试验中论证的是大部分人将跟随大多数，即便他们是明显错误的。在变更实验中，阿希把假冒人员的数量从 7 个减少到 3 个。问题是：3 个人提供错误判断的效果同 7 个人一样吗·答案是一样。当主流的数量超过 3 人，真参与人员跟随大多数的错误判断的可能性并未明显增加。确实，3 个人的大多数比 7 个人带有一个反对票的大多数更具说服力。这一发现支持了格奥尔格·齐美尔的理论，即超过三人组合或三人群体的范围，群体规模的效果不会发生明显改变。换句话说，群体规模的决定性效果存在于从二人组到三人组的转变。

阿希的试验还表明了社会支持的重要性。单独一个反对票对 3 人或更多人没有太大效果。然而，只要增加一个人支持孤立的反对者，效果就会增强，即便反对的是一个更大的多数。当某人的行为和思考方式与群体共识相背时，反对者通常被贴上奇怪、古怪、异常、有病或离经叛道的标签。而那些遵从群体期望的人，仅是避免了不被其他人贴上有毛病或有缺陷的标签。不过，那些可以找到和他们行为或想法相同者的人能够减轻群体施加的否定制裁。

2. 米尔格兰姆的顺从实验

在一系列著名实验中,米尔格兰姆告诉研究对象他们将参与一个学习实验。在实验中,他们会被指示对其他不能在单词配对测试中给出正确答案的被试者进行电击。表面的借口是,这个实验用于检查惩罚对记忆和学习的影响。而实验的真正目的是考察研究对象会在多大程度上对另一些被试者进行电击。接受电击的研究对象并不是真正的研究对象,而是研究者事先安排的。真正的被试者是那些在实验者督促和提示下实施电击的人,他们实施的"电击"也根本不是电击。研究者使用一个精心制作的装置,推动按钮或拉动控制杆时会表现出被试者不时受高电压击打的假象。米尔格兰姆区分了实验中的一些情况以确定在什么情况下被试者会发送最高伏的电击,恰好此时受到电击的人痛得尖叫或乞求研究对象停止电击。米尔格兰姆发现当他站在被试者身旁发布命令而不是在其他房间中发布时,被试者更可能发送高伏电击。在1963年的试验中,40名被试者中的26人(65%)确实用发电机发送了最高的电击,实验结果完全出乎米尔格兰姆和外部观察者的意料。

对权威服从的问题成了一个紧迫问题,尤其是在第二次世界大战中纳粹在奥斯维辛的暴行被揭露之后,1933年到1945年之间有六百万犹太人在奥斯维辛集中营中被灭绝。许多人曾问,纳粹士兵和希特勒政府的其他工作人员怎么会在如此广泛而荒唐的程度上服从杀戮的命令。然而,除了解释这样巨大的种族灭绝是怎样发生的,米尔格兰姆也认识到,随着现代社会中职业的出现,越来越多的人习惯求助于不同领域的各种"专家",这些领域包括医学、法律、商业和金融、教育,还有迅速发展的"帮忙职业",如社会工作、婚姻和家庭治疗、心理健康咨询、公共健康等。遍布日益增长的日常生活广阔领域的专家的大量涌现表明部分公民对这些可见的权威人士乐意遵从,这也表明了看似在米尔格兰姆

第五章 文化变迁与控制

实验中证实的史化趋向。

这种对权威的顺从或是群体意志的实现,看似通过使用受欢迎的规范使人们遵从不受欢迎的规范的方法,被社会学家达蒙·森托拉、罗伯·威勒,和迈克尔·梅西(Michael Macy)称为"皇帝的困境"。皇帝的困境来自安徒生的童话,一个自负的国王相信了两个骗子的谣传,骗子声称可以制作一件衣服,任何不称职或愚蠢的人都看不见。骗子把"长袍"呈给皇帝和王宫的所有人看,他们当然什么也看不见,因为骗子根本没有真的制作一件衣服。皇帝和他的大臣们假装自己看到了漂亮的长袍,因为承认看不到长袍会被划入不称职或愚蠢的人之列。为了让所有人看看他华丽的长袍,皇帝带领游行队伍穿过王国的核心区域,来到民众面前。所有臣民假装他们也能看到皇帝的新衣服,巴结和讨好之声在人群中传播,但事实上皇帝根本什么也没穿。然而,人群中一个小男孩喊道"可他什么衣服也没穿"。这很快传到聚集在那里的其他人耳中,人们开始公开断言皇帝没有穿衣服。而这时,皇帝还在继续游行,仿佛他的新衣服是真的一样。

使用人际关系网络理论和基于中介的计算模型,森托拉、威勒和梅西寻求解释在何种情况下一个不受欢迎的规范或错误的观念会被人们被迫继续下去。显然,人们服从不受欢迎的规范的原因之一是他们怕如果不服从会对他们实施什么制裁。但是,正如作者们进一步发问的"为什么人们公开服从他们私底下希望其消失的规则"。

这一现象发生的原因之一是大部分人寻求的不只是跟着大众以避免社会制裁,还有他们对规范的由衷信仰。于是表现真诚的方法之一是公开地服从规范。由于越来越多的人这样做,产生了示范效应,大批的人便会服从他们私下里不支持的规范。

对不受欢迎的规范的服从得以大量产生并维持,主要是通过所实施的失实陈述,至少最初,仅有少数真正信仰者(或假装真正信仰者)。对某个领域内不受欢迎规范的服从足以诱使不信者和遍布社会网络的大量人群也服从规范。这将发挥多大的作用取决于人际网络中成员之间联系的特点。

森托拉等人指出传统即共识或功能主义理论的局限性,传统理论认为规范的产生是因为它们对社会有用,或是因为它们保护重要的社会价值。更多地与冲突和批判理论的观点相一致,他们指出,与其说文化规范解决了社会困境,不如说它产生了社会困境,并因此损害了社会福利。

3. 小群体的重要性

文化控制的大部分工作在地方层面的小群体背景中完成。经典理论家格奥尔格·齐美尔最直接地认同描绘人类群体并对各种规模的群体生活进行分类的工作,以及这些社会结构是怎样影响成员的群体关系。齐美尔没有把重点放在群体关系的主旨和内容上(即分析人们通过社会交换和交往活动尝试获得什么种类的东西,以及他们行为的动机),他的正式社会学强调这些关系的形式。例如,齐美尔指出了两人群体和三人群体的结构特点,以及不论群体成员的目标或愿望如何它们是怎样的不同。这些早期对小群体社会结构的评论产生了社会关系网络理论的研究传统。

齐美尔指出,以群体成员资格可以是自愿或非自愿的角度,主要群体和次要群体之间的传统区别应该被修正。例如,一些类型的主要群体,如朋友群体,大部分是自愿的。尽管大部分次要群体被认为是自愿结合的,但也有的不是。比如青年男女被征召入伍。根据这个自愿/非自愿的区别,库尔特·贝克曾指出,存在其他群体,其成员有助于融入社会并确保自身的持续。我们可以称其为"圈子"或"交际群",因为他们的主要来源之一似乎是成员间的自愿社会交往。

贝克的观点与齐美尔关于群体联系网络的经典陈述,以及他对在各种群体背景下更系统地理解自愿或非自愿成员特点的尝试相一致。使用与正式社会学相一致的几何类比法,齐美尔把这些不同种类的非正式或自愿群体称为"社会圈子"。齐美尔解释

第五章　文化变迁与控制

说,存在无数不显著的关系形式和交往种类。单独看,它们也许微不足道。但实际上,自从它们被引入综合和正式的社会结构,它们便独自形成了我们所知道的社会。把我们自己限制在巨大的社会结构中,就像早先的解剖学把自己限制于如心脏、肝脏、肺和胃这些主要的、特定的器官,从而忽视了无数普遍未命名或未知的组织。然而,没有这些组织的话,再多明显的器官也无法维持有机体的生命。

在日常生活中小群体有五种限制个人的基本方法。第一,群体提供社会化的重要基础,首先在家庭环境中,然后在学校、社区和同龄人中。个人通过社会化学习群体的标准。第二,在特定社会中,一些群体会挑战流行的文化标准和生活方式,使群体可以成为社会变化的推动力。在这些事例中,社会控制会受到质疑。小群体的活动甚至可能发展为成熟的社会活动,其中一些对社会福利有用,而另一些("皇帝的困境"式的现象)可能会有损社会福利。第三,小群体为成员提供了人际关系网络理论家所说的"强大"纽带,即,深远而持久的联系,它给成员一种"存在感"或归属感。例如,当在调查中被问到"群体"对他们意味着什么,人们最常提到家人和朋友,排在后面的是同事。"同时,正如我们所看到的,朋友和家人构成了主要群体的成员。第四,群体为集体认同的发展提供了帮助,集体认同是社会团结的重要来源。例如,集体认同感可以在家族姓氏或血缘;更广泛的种族认同;与社区、学校、教会或宗教组织相关的朋友群体;甚至一群青年人中形成。第五,群体为成员提供身份和其他种类的社会标志所依附的个人认同,例如,家庭为个人提供一系列有特点的身份,包括性别、种族或民族、社会阶级定位。

然而,我们知道,小群体在社会化、讨论个性和身份、集体共识的发展、非正式社会控制普遍发展和维持中扮演了主要角色。20世纪50年代,戈夫曼发展了名为拟剧论的理论观点,该理论是对在面对面交往中发生了什么进行固定理解的最佳视角之一,许多非正式控制在面对面交往中得以完成。

— 195 —

4. 欧文·戈夫曼的拟剧理论

欧文·戈夫曼在他的专题论文中指出，面对面的交往行为体现了活动的一个领域，他把这一领域叫作"互动秩序"。30年后，在美国社会学协会的会长讲话中，戈夫曼把"互动秩序"描述为当人们进入彼此的当下存在时产生的相对稳定的一连串事件和活动。当人们在彼此的当下存在时，任何共同从事的行为——无论是与朋友交谈，向陌生人询问时间，在办公室工作，还是与家人坐在家里的餐桌旁——在某些方面被认为是涉及冒险或至少不确定的。当同主要群体的成员交往或在熟悉、友好的地方，这些冒险和不确定当然总是被假定为最小化或可以缓解的，但另一些场合的面对面集会总是使我们身体和思想容易受到攻击。戈夫曼解释说：可能和风险内在于共同的机体。这些意外很严重，它们可能产生社会管理的技巧；并且由于同样基本的意外被处理，人们可以认为不同社会中互动秩序可能展现出一些明显相同的特点。

这些"社会管理技巧"意味着人们在自己的日常生活中在其他群体面前呈现自己的所有方法。换句话说，人们总是关注自己在共同呈现的他者群体面前的形象，同时他们表现的行为以符合这一道德期望。自我呈现——戈夫曼的书的正标题——是个人（也是群体）活动领域主要关心的事情之一。

在某些方面，戈夫曼的拟剧理论与莎士比亚"世界就是一个舞台"的言论相一致。就像在剧场中一样，人们在日常生活中的前台表演，他们悄悄离开后台为公开的演出排练或是仅为了平静下来并放松。例如，一位正在给学生上课的教授就是在前台表演，他（她）的观众是学生们。教授在后台备课，后台在远离前台聚光灯的办公室或是在家里。因为人们关注自我和团队的表演，他们总是注意到观众的特点，他们在这些观众面前活动和表演，并寻求表现得体的个人或集体。教授寻求一个令人满意的表演以满足默认的期望，这涉及对材料的掌握，参与"自由"谈话而非

第五章 文化变迁与控制

照本宣科,恰当使用幽默,讲话清楚,语调抑扬顿挫等等。

人们面对一群他者在特定情景中扮演角色自我呈现的一个重要和普遍策略是印象管理,个人在交往活动中全力以赴呈现最好的自己。这等于强调自我的积极面,同时对自我的不良信息轻描淡写或做最小化处理。例如,人们在初次约会时经常投入大量时间准备,包括买一身新衣服、做头发、洗车和打扫公寓,还有预演话题(包括奉承)所有这些旨在尽可能形成最好的第一印象。

最重要的是记住印象管理不只用于初次约会、工作面试或人们生活中的其他重要事件,它是日常生活的普遍特点。例如,即便在我们的家人和朋友中,印象管理也通过个人——或团队——频繁出现。发生在男女之间的最私密行为,性行为,也是一种呈现。我们也注意到大部分大多数时候表现得礼貌得体,即使在他们永远不可能再见到的陌生人面前也如此。如果那些陌生人不是——乞丐、妓女、无家可归者、罪犯、精神病人和其他在大部分工业城市中固定存在的街头怪人。

在全部交往行为中人类有一系列技能,通过这些技能他们可以向其他人传达:他们不是威胁,根据情况的预期他们是"正常的",他们是可以毫无障碍地进行自己或团队表演的合格角色扮演者。为维持得体和正常表演提供资源的这类角色之一是交往礼仪,它们有时是短暂而草率的行为,通过这些行为人们向交往中的他者传达他们是被授权的参与者。比如,当两个人正在交谈,扮演听者角色的人将经常频频点头,以明显关注的眼神交流,口头表达"恩""噢""啊,真的吗?""我知道了"等,通过这些形式向说着提供一连串稳定的礼仪支持。另一种在公共场合使用的交往礼仪是,当人们在街上或人行道上相遇时点头或敷衍着说"天气不错"。我们也注意到,即便是偶遇泛泛之交,大部分人也将用"你好"或"最近可好"打招呼问候,尽管问候的人也许根本不关心对方的境况。

人们表演这些交往礼仪的原因是人们急切地向其他人表达他们是表现得体的人,他们应该通过自己的得体和随和的行为,给其他人提供礼仪的支持和体贴。交往行为中这方面的规矩在两种其他类型的管理技巧中尤其明显,即礼貌性疏忽和角色距离。

首先,礼貌性疏忽是当你看到某事时装作好像没有看到一样。像交往礼仪一样,礼貌性疏忽遍布日常生活。礼貌性疏忽通常涉及当个人领域发挥作用时,例如,某人在控制他的身体功能方面有一个短暂的疏忽。经典例子是放屁。对放屁的人而言,处理几乎听不到的屁的默认规则是什么也不说,而那些听到放屁的在场的人则被期望假装根本没有听到或闻到。确实,放屁后说"对不起"会违反礼貌疏忽,因为承认放屁会给在场的所有人造成尴尬。尴尬会传染,它会像野火般迅速蔓延,由此可能成为有焦点或无焦点的面对面集会的最大危险之一。

第二个交往活动的对策,与礼貌性疏忽有些类似,是角色距离。角色距离是特定情况下,在真实自我和角色中的事实自我之间设置距离的倾向。真实自我由某人实际具有的能够被展现的所有特质组成;而事实自我由某人来自当下的,准确性被核实之前的名声组成。例如,被限制在某些机构,如精神病院、监狱、寺院、新兵训练营和相似类型的全封闭组织中的人,通常被剥夺了个人身份并被迫遵从各种组织命令,这些命令大部分源于与精神病人或囚犯的衣服、行为、交往、识别类型等相关的看守安排。尽管一些病人或囚犯确实默认这些机构强加于他们上的身份,但不管能不能,都有许多人反抗这种标签。事实上,他们只是口头敷衍然后继续"玩游戏"。他们的行为达到各种工作人员的预期时——这是他们的事实自我——他们内心深处却保留着一些基本的本质,关于他们"真正"是谁的一些观念。

第六章 文化与社会化

文化是人社会化的动力,或者说人社会化是文化得以传承下去的基本方式。因此,就这两个命题来看,文化传承与人社会化之间存在着等价关系。然而,从文化发展和传播的方式来看,文化的传播则更具有源初性的意义。文化变迁、突变而产生的巨大爆炸力而产生的文化创伤,推动人们进行再社会化。

第一节 社会化的含义

社会化是人成长之中的必经过程。在社会化之中,人获得了怎样的社会观念和社会技能对他以后的生活都将有重要的意义。毫无疑问,研究社会化的含义,对于明确文化在社会化过程中的意义有重要作用。

一、学界对社会化含义的研究

在社会学中,"社会化"概念的内涵有一个从狭义到广义的发展过程。一般来说,20世纪50年代以前的社会化研究主要以少年儿童为对象,研究的重点是个体如何从一个"生物人"转变为一个"社会人"。这一阶段的研究属于狭义的社会化研究。从20世纪50年代开始,在以美国社会学家T.帕森斯为代表的结构—功能主义社会学和A.英克尔斯关于人的现代化研究的推动下,社会化研究的范围逐渐扩大,出现并形成了广义的社会化研究。在广义社会化的观点看来,社会化不仅是一个从"生物人"向"社会人"转变的过程,而且是一个内化社会价值标准、学习角色技能、适应社会生活的过程。由于成年人生活中同样存在这样一些问题,因此,社会化不仅仅是青少年时期才会面临的问题,而是一个贯穿人生始终的过程。这种观点在20世纪60年代以后为社会学家所普遍接受。

近年来,随着研究的深入,广义的社会化研究又有新的发展。

一是强调研究具有社会意义的问题,亦即研究个体的社会化对于整个社会良性运行和协调发展的意义,以及个体社会化过程中社会环境因素所起的作用。简单地说,也就是强调个体的成长与社会运行和发展之间的互动关系。在个体与社会这一对矛盾中,以往的社会化研究侧重于个体方面,对社会化过程中的社会因素和社会化的社会意义有所忽略,现在则要把这一方面重视起来。

二是扩大"个体"概念的内涵。以往社会化研究中的"个体"一般是处于不同年龄阶段的生物意义上的个体,即我们在日常生活中所见的一个个具体的人。对于"个体"的这种理解限制甚至妨碍了社会化研究涉足具有社会意义的问题。为了克服这一弱点,社会化研究逐渐形成了一种改变"个体"概念内涵的倾向,即"个体"既可以指一个个具体的人,也可以指社会意义上的一个群体或单元,比如一个同龄群体(cohort)、一个文化群落,甚至处于特定发展水平上的某种文化传统。"个体"是社会化研究的基本单位,基本单位内涵的扩大显然有助于在社会化研究中纳入更多具有社会意义的问题,有助于拓宽社会化研究的视野。

不难看出,这两个方面的变化其实是相辅相成的。前者是研究取向或者说目标上的变化;后者是研究方法或者说手段上的变化。

社会化概念的内涵除了有一个从狭义到广义的发展过程外,还存在三种不同的理解角度:文化的角度、人格发展的角度和社会结构的角度。这三个角度对社会化的理解互有联系,但各有侧重。

(一)文化的角度

从文化的角度,社会化被看作是一个文化传递和延续的过程,社会化的实质是社会,文化(核心是价值标准)的内化。这种研究角度受文化人类学的影响,属于社会化研究中的文化学派。它形成于社会学的初创时期,美国社会学的创始人 W. 萨姆纳和 W. 托马斯开创了这方面的研究。20 世纪 20 年代以后,美国社会学家威廉.奥格本十分重视对社会现象中文化因素的探讨,系统确立了社会化研究的文化角度。奥格本还为现代社会化概念提供了一种重要的解释,即认为人的社会化过程就是接受世代积累的文化遗产,保持社会文化的传递和社会生活的延续。

(二)人格发展的角度

从人格发展的角度,社会化被视为一个人的个性形成和发展的过程,社会人就是经由社会化过程而形成有个性的人。这个研究角度明显受到心理学中社会化研究的影响,属于社会学中社会心理学派的立场。这一学派研究社会化的历史最为悠久。美国社会学家 C. 库利和 G. 米德关于"自我"的研究是这一研究角度的重要体现。在他们看来,内化他人的态度,并按照社会上其他人的一般期待来调整自己行为的过程,就是社会化过程。

(三)社会结构的角度

在个人与社会这两个对立统一的侧面中,同其他研究角度相比,社会结构角度更重视社会这一面。社会结构角度认为,社会化就是要使人变得具有社会性。1950 年,美国社会学家 S. 萨金特在《社会心理学:综合的解释》一书中,首次把角色概念与社会化联系起来,认为社会化的本质就是角色承担。后来,帕森斯进一步发挥这一观点,认为社会化过程就是一个角色学习过程。在此过程中,个人逐渐了解自己在群体或社会结构中的地位,领悟并遵从群体和社会对这一地位的角色期待,并学会如何顺利地完成角色义务。社会化的功能在于维持和发展社会结构。

关于社会化问题的以上三种研究视角本来是研究者们基于文化人类学、心理学和社会学等不同学科的基本立场和方法而形成的不同理论取向,但随着社会化研究的深入,特别是社会化概念由狭义到广义的发展,它们逐渐改变原来相对独立的状况,相互融通,最终演化为社会学内部关于社会化问题的三个相互联系、互为补充的研究工具。

综上所述,所谓社会化,是指个体在与社会的互动过程中,逐渐养成独特的个性和人格,从生物人转变成社会人,并通过社会文化的内化和角色知识的学习,逐渐适应社会生活的过程。在此过程中,社会文化得以积累和延续,社会结构得以维持和发展,人的个性得以健全和完善。社会化是一个贯穿人生始终的长期过程。

二、社会化的类型

迄今为止,社会学一共区分了五种类型的社会化。它们是:初始社会化、预期社会化、发展社会化、逆向社会化和再社会化。这五种类型,有的是人生必须经历的,比如初始社会化;有的则是不一定会经历的,比如再社会化。

(一)初始社会化

初始社会化是发生在生命早期的社会化。其主要任务是向儿童传授语言和其他认知本领,使其内化社会文化规范和价值标准,能够正确理解社会关于各种角色的期望和要求。初始社会化主要发生在儿童时期,是整个社会化过程的基础。

(二)预期社会化

预期社会化是这样一种社会化形式:人们在此过程中学习的

不是现在要扮演的角色,而是将来要扮演的角色。比如,学生在大学里进行的大量学习都是为将来在工作中所要扮演的角色做准备,这种学习过程就是预期社会化。预期社会化大量地发生在青年时期。

(三)发展社会化

发展社会化是相对初始社会化而言的,并且是在初始社会化的基础上进行的。它指的是成年人为了适应新形势提出的角色要求而进行的学习过程。比如,改革开放之后,政府官员都要重新学习社会主义市场经济知识,这就是发展社会化。发展社会化亦称继续社会化。

(四)逆向社会化

社会化长期被认为是一个单向过程,即长辈将社会规范和文化知识传授给晚辈。现在,社会学家普遍认为社会化是一个双向过程,即不但有长辈传授知识和规范给晚辈,也有晚辈传授知识和规范给长辈。晚辈传授文化规范和知识给长辈就是逆向社会化。在传统社会中,逆向社会化很少见。在现代社会中,社会变迁速度快,知识更新速度也快,一些成年人往往跟不上形势,他们要想不落伍,就必须接受逆向社会化。

三、社会化的生物基础

个体的社会化是以人的生物遗传素质为基础的。在生物界中,只有人类个体能够接受社会化的训练而具备社会属性并参与人类社会生活,人以外的其他动物则没有这种能力。也就是说,离开了人类特有的生物素质,社会化的活动就无法进行。这种社会化所依赖的生物基础主要在于人类具有经生物进化和人类长期劳动实践而形成的高度发达的大脑。人脑在容量和结构上与其他动物有很大差别,从而使人脑在功能上大大超过动物的脑,形成了人类具有接受社会化的一系列潜在能力。这些潜在能力主要表现在以下几个方面。

(一)语言能力

人类所具有的语言能力是人类个体接受社会化的一个重要条件,语言是客观事物在人的大脑中形成的表象、概念和思想的外部表现,是人类表达思想和感情所使用的工具和符号。人类只有借助于口头、书面、形体等语言形式,才能彼此传达信息,交流思想。语言是人类在长期实践活动中形成的,是人类社会所特有的现象。语言能力是以人类高度进化的大脑机能为基础的,人类在长期的进化和劳动活动中,发展了语言的器官和大脑有关语言的机能,这是其他动物所不具备的。心理学家们曾试图训练黑猩猩等高智能动物掌握人类语言,但实验证明没有一种动物能在人类的水平上使用语言。动物所发出的叫声只是本能的或对感官刺激的直接反应,而人的语言则能表达头脑中的表象、概念和思想。

另外,一切知识和观念都是靠语言来传达和接受的,人能够借助语言来学习社会文化,掌握社会规范和社会技能,通过语言广泛地学习呔量的间接知识,迅速扩展自己的信息量。另外,人们的大量的社会互动凭借语言来实现,人们借助语言理解他人的思想和要求,同时也向他人表达自己的思想和感情。没有这种社会互动,个体的社会化是难以完成的。

(二)思维能力

在影响社会化的因素中,直接与人类语言能力联系在一起的,是人类的思维能力,这是人类区别于其他动物的根本特征,也是人类个体能够接受社会化、适应社会生活的最重要的生物基础条件。

人的大脑及高级神经系统使人具有能动地反映客观外部世界的特殊思维活动能力,其中包括形象思维、抽象思维和逻辑思维能力。人脑和动物脑在机能上相互区别的关键在于,动物脑只能在第一信号系统范围里活动,即只能对直接作用于各种感觉器官的具体刺激做出反应;而人脑不仅可以在第一信号系统内,而且更主要和更大量的是在第二信号系统中活动,即对作为信号刺激的语言做出反应。也正是由于这一点才使人在脑的机能上大大超过其他动物,具有动物所没有的思维能力。在社会化过程中,人们正是运用了特有的思维能力,才能对所接受的各种有关外部事物的信息加以分析、归纳,形成判断和进行推理;才能把所学到的知识、技能通过记忆存储在大脑中,并根据社会活动的需要,随时提取这些信息。人们在社会生活中通过理性思维对周围事物做出事实判断和价值判断,并在此基础上理解各种社会规范对自己的要求,确立起自己的角色观念、价值观念和行为方式。

(三)学习能力

人所特有的语言能力和思维能力,使个体在社会化过程中表现出具有其他动物所不可比拟的学习能力。动物也具有学习能力,例如人们可以训练老鼠穿过迷宫,许多食肉动物的捕食能力也是在本能基础上通过学习而获得的。心理学家们的实验研究表明,三岁以下的黑猩猩的学习能力与同龄的小孩相差无几,但三岁以后两者的学习能力迅速拉开距离。儿童的学习能力很快提高到黑猩猩一生都无法达到的水平。这是由于动物不具有运用第二信号系统的抽象思维能力,动物的学习只限于直接或间接的模仿,缺乏创造性活动的能力。而三岁以后的儿童由于发展了语言能力、抽象思维和逻辑思维的能力,其学习能力立即发生了一个质的飞跃。

人所特有的学习能力在社会化中的作用表现为:第一,人凭借语言能力和思维能力,可以更迅速、正确和深刻地认识客观事物的本质属性,理解所处社会环境的意义,接受社会文化的熏陶。第二,人在通过各种途径认识事物的同时,能迅速根据所了解和学习的知识,确立起自己的思想观念、态度和行为模式,以此来指导自己的社会活动,提高自己适应社会的能力。第三,人类意识活动中的意志能力,可以使人主动地加强自己的学习动机,使个体的社会化成为有目的、有计划、积极主动的活动。

(四)较长的依赖生活期

人类个体在出生后由于受到生理发育上的限制,有一段较长的依赖生活期。所谓依赖生活期是指人类个体在出生后由于生理、心理、意识和行为能力尚未发展健全,不能独立生活,因此在生活上、心理上依赖他人,受他人照顾、监护的时期。这段时期大致经过乳儿期、少年期甚至青年期。

由于个体在出生后要经历一个长达十几年的依赖生活期,在这一时期,个人在生活上和心理上都要依赖于父母或其他人的照顾才能生存和正常地发育成长,一方面,这就决定了一个人一出生就要在一定的社会环境中生存,和他人发生社会交往活动,不能不接受周围的生活方式,并且通过长时间的耳濡目染,潜移默化地接受特定的风俗,养成与所处社会环境相适应的行为习惯。另一方面,由于儿童与其抚养人或监护人之间的这种依赖与被依赖的关系,使得儿童倾向于把所依赖的人看作是一种权威的形象而对他们怀有依恋、敬爱和畏惧的感情;父母或抚养人作为儿童心目中这样的权威,对于个体早期社会化会产生十分重要的影响,这种权威在大多数的情况下,可以导致儿童绝对地服从,对儿童思想观念和行为方式的确立具有巨大的指导和制约作用。

四、社会化的社会主体

人的社会化过程会涉及一系列个人、群体和机构。这些个人、群体和机构中最重要和最有影响者被称为社会化的主体。这些主体主要包括家庭、学校、同龄群体、工作单位和大众传播媒介等。对于一个健康、正常的儿童来说,其社会化过程的完成有赖于他所处的环境中是否具备社会化所必需的这些社会条件。如果剥夺了某些必要的社会环境条件,社会化必然出现重大缺陷而无法达到正常的水平。

(一)家庭

几乎对每个人来说,家庭都是个体出生后接受社会化的第一个社会环境,家庭的教育和影响对个人早期社会化甚至一生的社会化都具有重要意义。

首先,家庭教育和家庭环境的影响是一个人社会化的开端,它为个人一生的社会化奠定了基础,家庭社会化的结果将对个人的一生发生影响。对于个体早期社会化来说,家庭环境因素对个人的观念、心理和行为习惯会发生潜移默化的深刻影响,例如家庭在种族、阶层、宗教等方面的社会特征,父母的经济收入、生活方式和文化教养等,都通过日常的家庭生活和交往活动对儿童的行为规范、心理特征、价值观念、生活习惯等产生重大影响。

其次,家庭环境对个人社会化的意义在于对儿童感情和爱的培养。在各种社会环境中,家庭所可能给予个人的感情的交流和爱的体验是最多的,人一出生就接受母亲的哺乳,接受父母及其他亲人的搂抱、亲吻、爱抚、逗乐和安慰,这一切活动都伴随有丰富的感情交流,让儿童体验到亲人的爱和家庭的温暖。一个人的感情能否正常地发展,他能否理解爱,既懂得接受别人的爱,也能给予别人爱,这种感情方面的社会化很大程度上取决于他所处的家庭环境条件。

最后,家庭中父母的权威对儿童社会化具有重大影响。一般来说,儿童的依赖生活期都是在家庭环境中度过的。由于儿童在生活上和心理上对父母的依赖,很容易使父母成为儿童心目中全知全能的权威。而父母借助于这种权威形象对子女所进行的社会化指导,是子女所无法抗拒的。家庭环境中的权威形象和亲子之间感情交流,使家庭社会化对个体的心理和观念具有强大的渗透力和塑造力。

(二)学校

对于进入学校的儿童和青少年来说,随着年龄的增长,在社会化方面学校和教师的教育作用逐渐超过了家庭和家长的教育作用,而成为儿童和青少年社会化的最重要的社会环境因素。

学校作为社会化的社会环境条件之一,其特点主要有以下两个方面。

首先,学校是专门为社会化目的而设立的学习机构。这个特定的学习环境,给学生提供了有组织、有目的的系统化受教育的各种条件。如果说家庭里的社会化是以一种耳濡目染、潜移默化的形式,在日常生活中自然而然实现的,那么学校中的社会化则强调专门的学习,带有半强制性。学校教育对人的社会化具有更强的指导作用。学校受社会的委托,负责年青一代的社会化工作,帮助他们学会特定的适应社会生活的本领。学校的社会化具有系统性,它一方面传授各种科学知识和技能,同时也努力培养和树立学生的价值观念,使学生在德、智、体、美等方面全面发展。

其次,学校是一个组织机构。学校有一系列的规章制度,学生必须学习和遵守这些行为规范和准则,按照规范的要求去扮演自己的社会角色,并理解和把握这种有组织群体中的人际关系。在学校里,儿童第一次面对校长、老师等社会权威,要遵守那些带有强制性的行为准则;儿童不再像在家庭中那样被视为宠儿,而要在更大的群体中作为一个普通的成员去努力培养自己与他人交往的合作性和独立性,学会参照他人的评价来评价和调整自己的行为。

(三)同龄群体

所谓同龄群体指由那些在年龄、兴趣爱好、家庭背景等方面比较接近的人们所自发结成的社会群体。同龄群体也是个人社会化的一个重要环境因素。

从人际互动的角度上说,那些在家庭背景、思想观念和兴趣爱好等方面具有较大相似性的同龄人之间,最容易彼此发生人际吸引和人际影响。同龄群体对个人有较强的吸引力和影响力,它的群体规范和价值往往被个人当作社会化过程中的重要参照系,从而成为个人社会化的一个重要环境因素。当儿童逐渐长大,发现自己的一些兴趣和爱好在家庭和学校中不能得到满足时,便开始寻找同龄伙伴。

在同龄群体中,儿童感受到一些不同于家庭和学校环境中的新的东西。首先,在同龄群体中的大多数活动不是由某种权威事先为他安排好的,他可以以一种独立的姿态,在平等的基础上和他人进行交往,建立或中断某种人际关系。这种活动可以使儿童大大提高自身的独立意识,学会灵活地扮演多种社会角色,增加人际交往和解决人际冲突的能力。其次,个体在同龄群体中接受大量亚文化的影响。由于在同龄群体中个体可以摆脱像家庭或学校环境中的那些社会权威的约束,因此他们可以自由地从事自己喜爱的活动,讨论大家共同感兴趣的话题,从而使个体某些朦胧的感受在群体成员之间的沟通中发生共鸣,而形成较为明晰的群体亚文化意识。在年轻人组成的同龄群体中,往往有着独特的亚文化,包括共同的思想观念、价值标准、兴趣爱好、服饰发型、隐语、符号等。这些都构成了对个体社会化发生重大影响的环境因素。

(四)工作单位

当一个人结束自己的学校生活后,就要走入社会,在工作单位里开始自己的职业生涯。这个过程并不意味着个人社会化的结束,而是社会化在工作单位这一新的社会环境中又开始了一个新的阶段。

首先,工作单位是个人进行职业社会化的主要场所。个人要在工作单位的职业活动中学习职业技能,遵守职业规范,学会扮演职业角色等等,个人在工作单位中通过自己的职业活动和职业成就来确立自己的社会地位,实现个人的人生理想和价值,并在这一过程中形成个人的能力、品格、气质、性格等。因此,工作单位是成年人社会化不可缺少的社会环境条件。

其次,工作单位给人们提供了一个检验和发展家庭及学校社会化成果的场所。一个人离开学校,进入工作单位,意味着他开始真正地走入社会,他在家庭和学校中所受的社会化训练能否使他适应这个社会,需要在工作单位这一社会生活环境中加以检验。人们会在工作单位中发现许多书本上没有或与书本上不相符合的文化因素,这些新的因素甚至会冲击和威胁他们在家庭和学校中所形成的价值观念。这种新的社会环境必然促使个人开始一轮新的社会化活动,调整和发展自己的价值标准和行为方式,达到真正适应现实社会生活的目的。

(五)大众传播媒介

所谓大众传播媒介是指社会组织为在广大社会成员之间传递信息、互通情报所采用的各种通信手段,如广播、电视、报纸、书籍、杂志等。大众传播媒介通过新闻报道、舆论宣传、知识教育、生活娱乐等方式,为广大社会成员理解和接受社会所倡导的价值观念、奋斗目标、社会规范和行为方式等,提供了一个广泛的社会环境条件。

在现代社会中,随着大众传播的日益发达,它在人们社会化方面的影响显得日益重要,这种影响表现出形式上的多样性、内容上的丰富性和受众的广泛性,对人们的价值观念具有导向作用,对人们的行为活动具有暗示作用。例如,在社会生活中,报纸杂志特别是电视上的商品广告,实际上在引导着人们的消费行为;电视和电影中所描写的生活历程和塑造的人物形象,经常被年轻人当作自己的人生追求目标和直接模仿的对象。甚至在美国等西方国家,电视被社会学家称为是儿童的"主要社会化力量"

五、文化在人的社会化之中的影响

首先,文化影响人的行为规范。一个人要想成为社会的成员,要想在社会中生存和活动,就必须使自己的行为符合社会规范,而这只有经过社会文化的教育才能够达到。可以说,一个婴儿从呱呱坠地来到世上起,社会文化就开始教育他了(且不说胎教)。最初,他从妈妈喂奶的表情上,如高兴、生气、发怒等,接受妈妈的行为准则;长到稍大一点儿,他开始模仿父母的行为,并从爷爷、奶奶、叔叔、姑姑等首属关系中接受家风、家教一类的行为规范,辨认出远近亲疏的伦理关系;再长大一点儿,他在与邻里、村落、社区的孩子玩耍时及在其他社会活动中,从长者、乡亲等次属关系中学到许多风俗、习惯、伦理、道德以及乡规民约、礼教制度。这些社会化教会他懂得什么是能够做的,什么是不能够做的。有时候违背了,他的屁股上还要挨一巴掌。这就是传统社会对儿童社会教育的过程。自然,他长大以后还要接受许多社会文化教育、训练,直到他的行为合乎礼仪、合乎社会规范需要之时,他才能成为共享一种文化的社会群体成员,才有资格在社会上生存和活动。

其次,文化培养人们对身份、地位的认同。人是一定社会群体中的角色,他在群体中处于什么身份、地位,应该有什么样的行为规范,是由社会环境和文化环境界定的。出生在贵族家庭与贫民家庭的孩子在地位和权力上的不同,不是肉体上的差异带来的,而是他们的家庭在社会关系、社会生活中的地位决定的。同样,他们在教养、礼仪、习惯等行为模式上的不同,也不是由其体质的不同特性决定的,而是家庭及社会的文化教育条件造成的。一个国王的儿子可以说:"我将来是国王!你们都要服从我。"这是社会公认的,社会文化赋予了他这种身份、地位。而一个贫民的儿子可不会有这种奢望,因为父亲在田里干活,母亲在家里织布,他必须从小就学会这样做,否则将来要饿肚皮。即使他在与孩子们游戏时充当一下国王的角色,那也不过是玩玩而已,绝不会有国王的身份、地位的认同,因为社会文化不承认他。自然,人的身份、地位是可以变化的。但是,即使人的身份、地位变化了,也必须有社会文化的认可,同时也必须由社会文化指导其行为,然后他才能在社会群体中充当某个角色,维护自己的身份、地位。最通俗不过的是一个人结婚做丈夫或生子女做父亲,如果没有社会文化教会他怎样做丈夫和父亲,那么可以肯定他是当不好这些角色的,因为这些角色不仅仅承担社会伦理职能,而且还承担着尽丈夫义务和教育子女责任的社会文化功能。一个人只有接受社会文化的教育,才能成为真正的社会人和文化人,才能在社会中确立自己的身份和地位,才能扮演好一定的社会群体角色。

再者,文化可以造就人的心理和人格。人类的正义感、是非感、审美感、羞耻感、罪恶感以及认知、情感、情绪一类的社会心理,人类的道德与良心、伟大与崇高、鄙俗与渺小等的所谓人格,究竟是从哪里来的?人类虽有先天道德本性,但这些意识到的心理、性格、行为,都不是天生的,都不是人生下来就有的东西。而是社会教育的结果。作为社会的人,作为文化的人,他主要是社会文化的产品。离开社会文化的教育,人也就不成其为人了。孟子说:"人之有道也,饱食暖衣,逸居而无教,则近于禽兽。圣人有忧之,使契为司徒,教人以伦:父子有亲,君臣有义,夫妇有别,长幼有序,朋友有信。"❶自然,孟子是从承认人的先天道德本性出发论述人的社会教育的,但他所说的"逸居而无教,则近于禽兽"的话却是有道理的。人要做人,就要有做人之道。而做人之道则要靠社会(包括家庭)用文化教育,也要靠个人在文化环境中修养。所谓人格,就是一定社会文化赋予的思想、性格和行为。人格的高下取决于文化修养的深浅。伟大的文化造就伟大的人格。一个人愈是接受先进文化的教育、高深文化的教育,他的生物属性就愈小,社会属性就愈大,人格也就愈高尚、愈伟大,愈脱离鄙俗的庸人习气。文化不仅培养人的习性和气质,而且更为重要的是指导人的价值取向和行为取向。孔子说,"富与贵是人之所欲也,不以其道得之,不处也"❷;又说,"不义而富且贵,于我如浮云"❸。

---

❶ 孟子·滕文公上.
❷ 论语·里仁.
❸ 论语·述而.

孟子说:"理义之悦我心,犹刍豢之悦我口。"❶儒家的这种价值取向和行为取向在今天某些人看来也许是陈腐的,但它作为一种文化精神却培养了一代又一代的志士仁人,为中华民族造就了许多人格高尚的伟人。相反,杨朱那种一毛不拔的人生哲学,却很少造就出有出息的人,更不要谈人格高尚和伟大了。不同的文化有不同的人格,各个民族的文化所造就的人格的差异也是很大的。但是,不管怎样,社会文化是造就人格的伟大力量。文化对人的心理、品德、性格的教育是最深层次的社会化,是化里化外的彻底社会化。人只有在心态上接受了社会文化的教育,才能真正成为一个社会人。

最后,文化还带给人以经验、知识、技能。一个孩子从小长大,学会劳动、做事、处理问题,他的本领是从哪里来的?除了他自己的经验积累,主要是上一代人教给他的。上一代人的本领又是从哪里来的?从更上一代那里来的。这就是文化传递的结果。这一代人把上代人的经验、知识技能传给下一代,下一代人又通过自己的实践补充、发展这些经验、知识、技能,并传给再下一代。传递就是传授,就是教育。正是有了这种传授和教育,一个生物性的孩子才成长为有一定经验、知识和技能的人,成为有文化的人,成为能够进行社会生产劳动的人。一个人如果不接受上一代的经验、知识、技能,不会使用工具进行生产劳动,不会进行产品的交换和消费,那么,他也就成为蒙昧野蛮人了。经验、知识、技能的传授和教育,不仅可以使人脱离蒙昧野蛮状态,而且可以使他进行社会交往,发展社会关系,从而在社会中真正成为一个独立的人,一个聪明的、有才智的人,一个社会的同类。

综上所述可以看出,社会文化是人的社会化的重要变量,它不仅使生物的人变为社会的合格成员,而且通过人的社会文化教育造就了伟大的人格。正是文化的进步推动了人类文明的发展。自然,文化对于人的社会化是通过一定的社会条件实现的,是与

---

❶ 孟子·告子.

一定社会关系、生活方式等联系在一起的。现在让我们看看,在不同的社会条件下,人们是怎样进行社会教育的。

第二节 文化与人的再社会化

人的初社会化和再社会化是两个相互交织的过程。从现代的社会的教育方式来看,人的初社会化通常是与传统的社会化方式与现代的社会化相互交织的方式进行。而再社会化则不然,是与整个文化巨变所给人们带来的伤痛有直接关系的,通过个人文化伤痛经验而实现。

一、再社会化的含义

再社会化是指全面放弃原已习得的价值标准和行为规范,重新确立新的价值标准和行为规范。再社会化与发展社会化有本质的不同:第一,发展社会化着眼于人的完善,而再社会化着眼于人的改造;第二,再社会化的形式一般比发展社会化要剧烈。再社会化虽然着眼于人的改造,但它并不一定是负面的和强制性的。改造罪犯,让罪犯洗心革面,重新做人,这是再社会化,是负面的、强制性的。而其他某些形式的再社会化,比如新兵入伍后要全盘放弃原来的生活方式,接受新的生活方式,这虽然是强制性的,但却不是负面的;一个移民到了新的国家和文化环境以后,可能也要全盘放弃原来的文化,接受新的文化,这种再社会化既不是强制性的,也不是负面的,反而可能是主动的、正面的。

二、再社会化的原因——文化创伤

(一)文化创伤的概念

文化创伤是指当集体成员感觉到自己被置于某惊恐事件中,

集体意识因此而留下无法磨灭的印记,他与该事件相关的记忆自此有了永久的标记,并使其未来的身份从根本上发生了无可逆转的改变。

文化创伤,首先是一种经验科学意义上的概念。那些过去互相没有联系的事件、结构、理解和行动之间,新的富于意义和具有因果关联的存在。但这种新的科学概念同时也阐明了在社会责任以及政治行动方面一个新兴的领域:通过建构文化创伤、社会群体、国家社会,有时还包括我们的整个文明,它们不仅仅从认知上定义了所谓的人类苦难的存在及其根源,同时还在其上附加了一些重要的责任。从这个程度上来定义创伤产生的原因,并对其做出一些道德责任的假设,集体成员便以这样一种方式来确定他们的集体关系——从原则上来说,他们互相分享彼此之间的苦难。他人的苦难是否也同时就是我们自己的苦难?当我们考虑这个问题的同时,实际上,社会也就将"我们"这个圈子扩展开去了;同样地,从这个意义上来看,社会群体也就能够——却也经常拒绝——意识到他人身上所存在的创伤;因为无法意识到他人的创伤,他们也就无法达成一致的道德立场。通过否认他人苦难的实际存在,个体不仅模糊了自己对他人苦难之存在所应担负起的责任,还可能将自己对自身苦难的责任投射在他人身上。换言之,个体拒绝参与下文描述为"创伤制造"的过程,就可能使社会群体的团结或一致性被限制,导致某些个体终将被孤立起来独自遭受苦难。

(二)常民创伤理论

1.常民创伤理论的原理

文化创伤这个概念深深地植根于日常生活。整个20世纪,首先在西方社会,而后迅速遍布世界各个角落,人们持续谈论着由某一经验、某一事件、某一暴力的抑或骚扰的行为,再或被某一突发的、有时甚至算不上恶性的社会转型引起的精神创伤。一个组织或者集体,当其领袖离开或过世、当一种管理制度趋于无效、当组织遭受突然的金融逆转时,组织将遭受创伤。当个体或者集体所处的环境突然以一种始料未及且令人感到不愉快的方式发生变化时,行动者总将自己描述为受创。

创伤镶嵌于日常生活和语言的特性,而对于现在人们的生活来说,它往往被视为一种可以被战胜的挑战。实际上,日常生活所带给我们的对创伤的常识性理解是非常强势的,它扭曲了我们学术上所理解的创伤特质。而作者所谈论的常民创伤理论的原理也就在于此。

根据常民创伤理论,创伤是自然发生的粉碎个体或集体行动者幸福感的大事件。换句话来说,这种粉碎力量——"创伤"——被认为来自于事件本身。对这种摧毁幸福感的事件的反应——"受创"——则被感知并认为是一种即刻出现的非反思性行为。从常民视角看,创伤体验发生于创伤事件与人类本性互动的过程中。人类需要安全、秩序、爱以及相互关系。如果某些事件突然发生并且强烈地从根本上抽去了这些需要,那么依常民创伤理论,人们就因此而受创。

2. 常民创伤理论的启蒙版本

常民创伤理论还有"启蒙"和"精神分析"两种版本。启蒙版本表示,不论是在个体或者社会层面上,创伤都是一种对突发的变化所做的理性回应。触发创伤产生的物体或事件是行为者能够清楚感知的;他们的反应是清醒的;且这些反应的努力方向是解决问题和积极向上的。当某些坏的事件发生在人们身上时,他们感到震惊、愤怒和愤慨。从启蒙的角度看,存在一些显而易见甚或平凡的现象:政治丑闻是导致愤慨的原因;经济萧条是导致绝望的原因;战争会带来愤怒以及无所适从的感觉;自然环境中的灾难会让人惊恐;对身体进行攻击会让人感到强烈的焦虑;科技灾难会让人对危险感到烦恼,甚至导致恐惧症。对种种创伤的反应将会转变成人试图改变导致创伤环境的种种努力。我们对过去的记忆指导我们如何对未来进行思考,发展出行动计划,个体和集体的环境都在行动中被重构,最终平息创伤的感觉。

亚瑟·尼尔在《国家创伤和集体记忆》一书中对常民创伤理论的启蒙版本做出了详细解释。在解释一个集体是否受创时,尼尔指出了事件本身的性质。他表示,国家创伤既已被创造,是因为"个体和集体对于一个犹如火山爆发般动摇整个社会世界根基的事件产生各种反应"。一个事件之所以能够使整个集体受创,是由于它是"一个非比寻常的事件",一个有着"爆炸性"的制造"混乱"和"在短时间内……发生剧烈变动"的事件。这些客观的经验属性"支配着所有人口中的主要亚群体的注意力",它们触发了情感反应以及公共注意力,因为理性的人们完全无法以任何其他的方式做出反应。"无视或者忽略这种创伤体验是不理智的"。任何"温和的忽视"或者"愤世嫉俗的漠视"也同样不具理性。创伤事件能够导致进步,恰恰是因为行为者是理性之人:"一个混乱的事件已经发生了这一事实",即"创新与变迁的机会出现了"。

3. 常民创伤理论的精神分析版本

关注集体层面的常民创伤理论的启蒙思考逐渐被精神分析的创伤理论所筛选、过滤和取代。

精神分析的视角放在创伤事件与行动者的内在创伤反应之间,放置了无意识的情感恐惧以及认知扭曲心理防卫机制模型。当坏事降临在好人身上时,根据常民理论的学术解释,人们会感到十分的惊骇,以至于他们实际上压抑了这种创伤体验本身。相较于对其进行直接的认知和理性的理解,创伤事件在行为者的想象和记忆中被扭曲了。正确地将责任归咎于某些事件。并渐进对创伤事件发展出一种更好的反应的努力,在人们未能知觉的替换之中被损害了。这种以精神分析为媒介的视角同启蒙视角一样,对创伤事件都继续持有一种自然主义的研究取向,但它对人从意识层面去看待创伤事件的能力有着较为复杂的理解。人们能够对创伤体验有所知觉,但仅仅是在潜意识层面。实际上,事实被挪到了水面以下,正确记忆和反应行动则都是它的受害者。于是,创伤情感和意识不仅仅来源于原始事件,还受到试图压抑它们的焦虑之影响。创伤的解决是可行的,但它不仅来源于外部世界秩序的重整,还来源于个体内部秩序的重整。根据这一观点,我们能够重新发现真实的事实乃至心理上的平静,一如研究大屠杀的历史学家索尔·弗莱德兰德提出的"记忆回来之时"。

"记忆回来之时"实际上是弗莱德兰德所写的回忆录书名,书中讲述了他在德国和法国的集中营度过的童年。弗莱德兰德用动人的文学语言叙述了他早期受到迫害以及不断迁徙的经历,他认为,必须先有心理上的内省,意识才能够感知到严重的创伤事件;"让事情过去的努力"则能够让行动者重新完整地获取其能动性。在过去30年以来,这种受精神分析影响的理论在对大屠杀经历所作出的种种回应而形成的知识架构中具有代表性意义,它特别着重于集体记忆所扮演的角色,并同时强调个体努力去穿越那些存在于其现有记忆当中,来源于原始事件的种种象征残余,是十分重要的。

这类记忆碎片通过精神分析当中的自由联想疗法能够浮现于我们的记忆,再通过文学创作出现在公共生活中。毫无疑问,附带着对象征模式作诠释性研究的文学解释,一贯能够为心理的干预提供一种学术回应。实际上,常民理论的精神分析版本里涉及的主要理论与经验研究的陈述,已经广泛出现在各类人文学科学者的著述中。由于在精神分析的传统里,拉康曾强调过语言在情感成形过程中的重要作用——这是拉康学派理论的重要关注点。此点与德里达的解构相结合,共同形成了有关创伤的人文的奠基性研究。

卡鲁斯将创伤精神分析研究的焦点放在无意识情感加诸在创伤反应之上的复杂排列。卡鲁斯认为,事件之所以无法被人们置之脑后,是因为"心灵所体验到的断裂来得太快了"。这种断裂的体验使得个体的心灵无法完整地认知到这个事件,事件的体验"太过出乎意料……以至我们无法完全感知它,因此,这一事件也就无法进入意识层面。"由于事件始终被埋在无意识当中,对它的体验也就是非理性的,"处在生还者的噩梦及其不断重复的行为当中"。这表明常民创伤理论的精神分析版本是如何超越其启蒙版本的:"与其说创伤不存在于个体的过去情境里的某一简单暴力或原始事件中,不如看到它以某种方式恒定存在的本质——这种方式往往在一开始时我们并不知晓——日后幸存者总返回到原来的地方。"

研究创伤理论的目标是通过去除社会压迫并恢复记忆来使集体心理的健康得到复原。为此,社会科学家们强调,用集体的纪念活动、文化再现,以及公开的政治斗争—这些集体的手段——来挪去压抑,并允许受到抑制的失落以及哀悼的感情被表达出来。这些提出倡议的文献,虽然从道德角度来说毫无可指责之处,而且毋庸置疑它们也十分有利于增加公共讨论和提升自尊,但却仍然受到了常民常识理论的限制。受害者受创伤的感觉以及应该对此做出的回应,都被认为是对压抑本身所作出的无媒介、常识性的反应。比如说,伊丽莎白·杰琳和苏珊·考夫曼主持了一个由福特基金会赞助的大型活动"记忆与叙事",并有一组来自南非的几个不同国家的调查人员前来参与。他们就其初始发现作了一份强有力的报告"记忆的层次:离开 20 年后的阿根廷"。在这份报告里,他们对比了以下两种情况:一是受害者坚持要去认识这些创伤事件和体验的真实存在,二是犯罪人以及他们那些保守的支持者不断对事实进行否认——这种否认要他们向往未来、忘记过去:"在那些呼吁要进行纪念,要回忆那些似乎已经消失的痛苦,要谴责压抑事实的人,以及那些试图弄得好像什么都没发生过的人之间,出现了对抗。"杰琳和考夫曼将这些保守力量称作"恐怖的旁观者",这些力量声称他们"并不知道"也"没有看见"那些事件。但由于这一事件——导致创伤的压抑——是真实存在的,因此,对事件的否认就无法起到作用:"人们已经将记忆个人化了,无论是判决或者某些什么力量都无法将之擦除或者毁去。"我们试图去纪念受到压抑创伤的人们,以此恢复那些悲惨事件的客观存在性,并将它们与被无意识扭曲了的记忆区分开来:"纪念碑,博物馆以及纪念活动试图……声明并肯定(以创造出)这样一种客观性——它具有政治的,集体的和公共的含义,(并)实实在在的提醒我们那段政治冲突的过去。"

(三)文化创伤的社会过程

从社会系统的层面来看,各种社会都可能经历无创伤的巨大破坏。制度可能失败于付诸实施;学校可能失败于教育,甚至不能提供基本技能的教育;政府可能不再能为民众提供基本保障,可能步入权威丧失的种种危机;经济系统可能招致严重破坏,失去供应基础物资的能力。这些问题真切而根本地存在着,但它们在任何意义上都不会必然导致其所影响的群体成员中个体的创伤——笼统地说,社会更是如此。创伤假如发生在集体这一层面,社会危机就必须成为文化危机。事件本身是一回事,而对这些事件的再现则又是另一回事。创伤并不来自于集体共同经历的痛苦,当极大的不适感进入到集体对其自身认同感的核心时,创伤才会发生。集体的行动者"决定"要将这些社会痛苦重现为一种基本的威胁,即将他们是谁,他们从哪里来以及他们想要去哪里等基本问题统统呈现为已经受到威胁。在这一部分,作者将叙述有关这些集体行动的本质过程,以及作为媒介在其中的文化与制度的过程。

1.宣称:文化创伤的开始

事件与再现之间的差距可以被认作为"创伤过程"。往往集体无法做这样的决定,行动者才能做。组成集体的人在身处社会事件的同时也作出象征性事件再现或特征化的传播——事件的过去、现在和未来。他们作为社会群体成员传播事件的再现。这些群体再现被视为对社会现实的形态、原因及其原因所暗示的行为责任的"陈述"。创伤的文化建构就始于这样的一种陈述,它是对某些根本性伤痛的陈述,它感叹某种神圣价值令人惊骇的遭到了亵渎,叙述某个社会过程被可怕的结构了,并呼吁从情感上、制度上以及象征性的进行补偿以及重构。

2.文化创伤的承载群体

文化创伤的"承载群体"这一描述方式,来自于马克斯·韦伯在宗教社会学中所指出的创伤过程的集体能动者——"承载群体"。承载群体既有理念利益也有物质利益,他们在社会结构中处于特殊位置,并且具有一种特殊的天赋,即在公共领域当中明白地说出自己的陈述——那是些"意义制造"的陈述。承载的群体可能由精英构成,但也有可能是遭受歧视或被边缘化了的阶层;他们可能是享有威望的宗教领袖,或者大部分被指为精神贱民。承载群体可能是世代的,代表了年青一代对立于老一辈的观点和利益;承载群体可以是民族的,与假定的敌人进行对抗;承载群体可以是制度的,代表着某个特定的社会领域或者组织在一种破碎而偏激的社会秩序中与他人相抗。

3.受众与情境

创伤过程在本质上是一种言语行为。因为创伤像言语行为一样具有以下要素。

(1)言语者:承载群体。
(2)受众:假定同质但在社会学意义上却是分散的公众。
(3)情境:言语行为发生的历史、文化以及制度的环境。

言语者的目标是以劝说方式将创伤陈述给受众——公众。陈述过程中,承载群体会运用特殊的历史情境、现存的象征资源以及制度性结构所提供的限制和机会。当然,言语者的受众起初是承载群体本身的成员。如果这种语内表现行为获得成功,那么来自集体的成员就会被说服,相信自己已经遭受过某非常事件的创伤。只有获得如此的成功,作为创伤陈述的受众才能够被扩展到整个社会的其他公众。

4. 文化创伤的制造

把事件及其再现联系起来,往往取决于言语者所带来的"意义旋风"。创伤的再现依赖人们建构一种文化分类的强迫性框架。在某个意义上,这就是简述一个全新的故事。然而同时,这个故事叙述的过程是一个复杂且有多元象征的过程,它是偶然的、备受争议的,甚或非常极端的。要让更多的受众接受他们自己也遭遇某种经历或某一事件创伤,承载群体必须进行有效的意义建构。

新的主导叙事需要建立四种至关重要的再现。当我将再现的四个纬度向度置于一种分析序列时,我并不意喻其暂时性。在社会现实中,这些再现以持续交互而混杂的方式展开。这里的因果关系是象征而极富美学意义的,不是顺序或发展的,而是"附加价值"的。

一个成功的集体再现过程必须能对下列问题提供有力的答案:

第一,痛苦的本质。对特殊的群体或者对其所属的更大群体来说,实际上到底发生了什么?

第二,受害者的性质。什么样群体的人遭际创伤的苦痛?他们是特殊的个体、群体,还是大范围囊括了更多这样的人们?遭受痛苦冲击的是单一且有限的群体,还是有许多群体都牵涉其中?

第三,创伤受害者与广义受众的关系。尽管痛苦的本质已经得到澄清,受害者的身份也已经建立起来,但仍然存在着这样一个问题:受害者与广义受众间的关系。在多大程度上作为创伤再现的受众能够体验到与创伤事件的直接受害者一样的认同?在创伤过程的开端,大部分受众成员一向只能看到自己和受害者群体之间存在极少的关系;我们只有将受害者重塑成被更大集体认同所共享的某些价值属性时,受众才能象征性地参与到这种原初创伤的经历中。

第四,责任的归因。当我们试图作一段具有说服力的创伤叙事时,犯人,即"对手"身份的确立是至关重要的。谁真正伤害了受害者?是谁引起创伤?这一题旨一直是象征与社会建构的重要议题。

5.文化创伤所存在的制度性场域

再现过程创造了一个对社会受难的全新主导型叙事。这样的文化(再)分类对于一个使集体受创的过程来说是重要的,但它仍然不能符合哈贝马斯所指称的透明的言语情境。透明性这一概念是由哈贝马斯所提出的,用来表示公共领域其民主功能之核心的规范理想,而非经验性描述。在实际的社会实践中,言语行为永远不会在毫无媒介的情形下发生。语言行动强烈地受其所发生地的制度场域媒介的影响。下面是一些并非穷尽的制度媒介的例子。

(1)如果创伤过程在宗教的场域里展开,那么它就必然会与神祇联系在一起。比如,《摩西五经》(Torah,圣经旧约全书前五卷)中的约伯的故事提出了一个问题"为何上帝容许此等邪恶?"对这类问题的回答将会促使我们去探索性地讨论,人是否已经从神性中迷失,偏离了神圣的伦理以及法律,或者是否邪恶的存在,意味着上帝根本不存在?

(2)如果意义工作发生于美学领域,那么它是受某种特殊类型与叙事引导的——这种类型与叙事的目标是制造想象的认同和情感的宣泄。比如说,在早期对大屠杀的重现中,悲惨的《安妮日记》扮演了一个重要的角色,接着在其后的几年内,一种全新的被称作"幸存者文学"类型脱颖而出。正如该例所示,在美学场域,大众传媒的作用虽然显著但绝非是必需品。

(3)当文化分类进入法律场域时,它就会受到下面这样一些方面的约束:要求发布一个确定的关于法律责任的明确判定,并处以惩罚和物质赔偿。但是在创伤剧的演出中,要求犯人本身承担责任、或要求受众认同创伤剧一样遭遇的情结完全没有。比如,不论是战后的日本政府,或者是大部分的优势日本公众,他们都没有认识到战争这一罪行是由其帝国战争政策所导致的,更不用说将之归咎于自己的道德责任。对帝国的暴行进行诉讼的案例直到最近才开始在日本的法庭上真正的取得实质性进展。当我们终于对一宗指控帝国政府的生物战争单位取得实质性进展的案例进行解释时,观察者们指出了它在法律场域之内的特殊性和自主性。

志之冢(Shinozuka)先生是原日本的生化部队——731部队——的成员,他被要求,如果一旦被中国人捕获就必须自杀,而不能透露关于计划的任何一点内容,显然这些计划是违法了国际法律的⋯⋯这是他对昭和天皇的责任。1955年之后,现在的他虽是一个精神矍铄的77岁老者,却仍然遭受悔恨的困扰,于是他说话了——他提供了有关这一臭名昭著部队的第一手资料,这是来自日本法庭之外、来自一位老兵的直接材料⋯⋯现在这则案例正处在终审阶段,并没有像许多其他案子一样遭到驳回,部分是因为巨细靡遗的法律研究和日本最杰出的几位律师的策略合作。对政府进行控告的律师指出,这是首例法官允许采纳大量证据的案例,而没有像过去一样迅速地被驳回,此案件关于赔偿的议题能够发生重大转变,有很大一部分要归功于此。

(4)当创伤过程进入到了科学世界时,它就必须接受完全不同的证据约束,并创造学术上的争论,进行"揭示"和"修订"。当史学家试图定义某历史事件为创伤性事件时,他们必须首先使用那些得到认可的学术方法对以下几方面作记录:痛苦的本质、受害者及其责任。在这样做的同时,文化分类过程往往能够触发爆炸性的关于方法论的讨论。

(5)当创伤过程进入到大众传媒场域,在获得种种机会的同时它也将遭到某些特殊的限制。媒介存于其中的大众传播能够让创伤以一种极富戏剧性的方式表现出来,某些共存又互相竞争的解释也将能够获得相对于其他解释的巨大说服力。然而同时,这些再现的过程会受到新闻报道的制约,它要求这些过程必须简明扼要,在道德上中立,并能够保持视角的平衡。最后,由于必须争取读者,某些事后大量发行的报纸或杂志的"新闻"制作会被夸大或扭曲。当一个事件被当作创伤来进行报道时,就会有某一特殊群体是"受创的",另一特殊的群体则是"施罪者",政客或者其他社会精英可能会攻击大众传媒,甚至攻击媒体的所有者,有时攻击对建构创伤事实进行报道的记者本人。

(6)当创伤过程进入到了国家官僚场域,它能够吸取政府的力量来引导整个再现过程。政府的行政部门能够决定建立属于国家的调查委员会,通过国会投票建立起团体进行调查,让国家领导下的警察也参与其中,并做出国民优先的新指令,所有这些行动,对于标志创伤过程意义的上涨具有掌控与引导的决定性影响。在过去10年里,蓝带委员会就是国家所特别钟爱的进行此类活动的机构。通过安排以及平衡这类机构的参与状况,国家能够迫使事件的证人以某种特殊的样子出现,在公共戏剧的呈现中精心设计其表演方式;这类团体在对事件进行解释的同时极大的表达出某种倾斜:扩展抑或减少团结,制造抑或否定真实,用道德基础进行补偿或作一些公民赔偿。

6. 文化创伤认同的修改、记忆与常规化

"体验创伤"可以被理解为是一个社会学过程,它定义了对集体所产生的痛苦的伤害,确认受害者,判定责任,并归咎从理念到物质上的种种后果。由于创伤是这样被经历,并因此而被想象和再现的,集体认同就必定会受到明显的修改。认同修改指的是:我们会重新追忆集体的过往,记忆并不只是社会以及流动性的,它同时还深深地和自我现有的感觉联系在一起。认同持续地被建构,在我们面对现在以及未来的时候它能够被确定下来,但在我们重新建构集体早期的生活时,它也同样能够进行。

一旦集体认同被如此的重新进行建构,它们最终会发展出"冷静"阶段。意义上涨变得平缓下来,情感和情绪不再那么激烈,有关神圣和污浊的偏见也逐渐淡去。超凡魅力成为惯例,沸

腾的既已蒸发,分裂的则重新结合。由于极受强调并具有强大感染力的创伤话语消失了,创伤的"教训"便客体化为纪念碑、博物馆以及我们所收藏的历史遗物。新的集体认同将植根于神圣的场所以及仪式惯例。在20世纪70年代晚期,激进的毛派红色高棉政府应当要为超过1/3的柬埔寨国民的死亡负责。这一凶残的政权在1979年被废除。虽然在随后的几十年内,分裂、动荡和威权主义使得创伤过程无法完整地被呈现、重建、再现以及努力让这部分历史过去的种种过程,都使得纪念、仪式以及国家认同的重建得以有效地进行。

对于红色高棉的恐怖记忆,在以下几个地方都能够鲜活地得到提陈:受害者的照片,屠戮场景的绘画以及种种陈列于监狱博物馆里的设备,还有在红色高棉杀人场(Choeung Ek)这一过去的刑场所展示的头颅和骨头,我们仍然能在过去的万人坑土壤中找到骨头和衣服的碎片。柬埔寨人民共和国亦安排了一年一度的仪式——仇恨日(The Day of Hate);在这一天,人们在各个不同的地点聚集起来,一起咒骂并聆听对红色高棉的怨恨。政府的宣传在此活动中扮演这样的角色,它提出如下标语:"我们必须彻底防止过去的黑暗再次到来",以及"我们必须不断努力以防止……屠杀政权的恢复"。这些公式化且由国家核准的标语是十分真实的,它们往往会出现在乎民百姓的日常对话中。

在常规化过程中,一度十分鲜活的创伤过程可能会受到专家们技术性的——有时甚至是不带太多情感的——关注,他们往往将情感与意义区别开来。对曾经受到创伤过程影响的受众来说,这种世俗的胜利往往令人遗憾,承载者群体有时还会强烈地对此进行反对;但常规化过程仍然受到欢迎,因为它是一种公众乃至个人痛苦的减轻过程。当我们为了回忆几年创伤过程并努力将创伤的教训制度化时,它最终被证明无法唤起人们的强烈情感、背叛的感觉,以及那些曾经非常强烈地与之相关的神圣主张。重新被建构的集体认同再也不是一种深深的偏见。然而它却仍然是我们解决未来的社会问题乃至集体意识骚动这类问题的根本性资源。

　　这种无法避免的常规化过程绝不可能冲淡文化创伤带来的特殊的社会意义。与之相反,文化创伤的创造和常规化,对社会生活行为有着深层的规范性含义。借由让更为广泛的公众参与经历他人的痛苦,文化创伤扩大了社会理解和同情的范围,同时,它们还为新的社会团结提供强力的通道。

三、再社会化造成了人的多重性格

　　经受文化创伤的人们必须放弃原来的规范,重新接受新的社会规范。因此人们就要做出感情、心理和性格的牺牲。这种牺牲有时是很痛苦的,要付出很大的文化代价。一个媳妇必须学会按夫家的规矩办事,不然就会造成婆媳不和、夫妇冲突。要再社会化,她就得放弃娘家的思想方式、行为方式以及养成的种种生活习惯,如果在这些方面娘家与婆家有什么不同的话。这自然是痛苦的。许多家庭的婆媳矛盾、夫妇冲突,都是两种家庭不同的文化造成的。媳妇要接受夫家的规矩,就得重新做人,不能像在娘家那样无拘无束,如任性、撒娇、嬉戏、大声地说话、吃零食等。为了在夫家做人,新娘不得不收起女儿态,变得规规矩矩,斯斯文文,谨慎地做事,小声地说话,对公婆毕恭毕敬,对丈夫体贴入微。传统社会的一些大家族,给媳妇定的规矩是很多的。媳妇受不了这些规矩而投河、悬梁自尽以及郁郁而死者有许多。这就是牺牲,这就是再社会化所付出的代价。即使在现代社会里,一个人接受再社会化也是要做出牺牲、付出代价的。一个政法大学学生从进入大学那天起,就必须放弃常人的社会教化,放弃初级教化所给予的行为规范和道德观念。他必须学会从法律的角度看问题。看过印度电影《流浪者》的人也许还记得,丽达在确认拉兹"罪行"的时候,因为有爱情关系,所以有强烈的感情意向。尽管这种感情是合理的,符合一般社会道德观念和自我感情需要,但她是法官,拉贡纳特也总是提醒她不要忘记自己是一位法官,应该学会从法律的角度看问题。从法律的角度看问题就是新的行为规范,就是新的群体角色地位的要求。丽达要这样做,就要在感情上做出牺牲,这就表现为法律与感情的冲突。法律的专业教化是这样,其他物理的、医学的等等专业的再社会化的接受者也要做出牺牲,付出代价。

　　人们要认同新的社会文化规范,就要在思想、感情、心理、性格、行为等方面接受再教化,这样往往就形成了人物心理、性格的二重性。例如《水浒传》里的宋江这个人物就是这样。作为"孝义黑三郎"、作为"刀笔精通,吏道纯熟"的押司,宋江所接受的教化的主要内容是传统家庭和社会统治集团的礼教文化。但是当他作为梁山泊农民革命领袖、作为反抗传统社会制度或作为文化的叛逆者出现时,他所接受的再社会教化是农民英雄们"替天行道、保境安民"的造反规范和"八方共域,异姓一家"的造反理想。两种不同的社会教化、两种不同文化的冲突,给宋江的人格带来了分裂:作为传统社会的"忠臣孝子",他时常控制着自己的行为,唯恐"上逆天理,下违父教,做了不忠不孝的人";作为农民革命的领袖和传统社会的逆子,他又占山寨,抗官兵,除暴安良,充满了正义感和革命精神。对这两种身份的认同使他的内心经常处于矛盾之中,并且在性格和行为上表现出妥协与反抗的此消彼长的冲突,表现为两种社会文化的激烈斗争,其矛盾、冲突的结果,是最后发展为被招安的悲剧。宋江是两种社会文化教化的典型,也是中国古代社会两种社会文化矛盾的一面镜子。

　　初级教化一般的说是经验地、零星地、随时随地地进行的,被教化者也是不自觉地接受社会文化教育和熏陶的,而再社会化则更多地表现为理性的、系统的社会文化教育,接受教化者也有一定的自觉性。因此,人们在初级教化中所形成的心理、性格等虽然有"天然"的合理性,但一般说来不如再社会教化所形成的人格更具有自觉性。以历史上的诸葛亮为例,就可以说明这个问题。在他未出茅庐以前,身为布衣,躬耕垄亩,虽抱经世之才,也只是"苟全性命于乱世,不求闻达于诸侯",笑傲风月,懒得应世。但是在刘备三顾茅庐,咨询当世之事,他归于刘属社会群体,受任军师之后,就大不一样了。新的身份认同不仅使他产生了"夙夜忧叹,恐托付不效"的责任感,而且产生了"不懈于内,忘身于外"的忠诚性格和心理,以至于"鞠躬尽瘁,死而后已"。这一点在现代社会教化中表现得更为突出。一些受过系统的专业教育和训练的人,往往一生笃爱自己的专业,不停地探索和坚韧不拔地追求,以期在事业上有所成就。特别是一些有理想、有信仰的人,不论环境多么困难,总是忠于自己的理想和信仰,邪恶不可毁其意,暴力不可夺其志。凡此种种都说明,再社会化所形成的人格具有伟大的力量。这也正是任何社会都重视再社会教化的原因。

人们在社会生活中是不断地接受再社会教化的。在人们的一生中,社会生活的每一次变化都意味着人们要接受一次再社会教化,要接受新的社会文化规范;同时要求在心理、性格、行为等方面进行适应。一次一次地再社会化,又一次一次地再造心理、性格、行为,这样就产生了人的性格和心理的多层次结构,就像树木每经过一个春秋就增加一个年轮一样。自然,人的性格和心理结构是非生物属性可比的,但是人们每接受一次社会文化教化都会使自己的心理、性格更为复杂,这一点是肯定的,不过是这种复杂结构比树木的年轮更为丰富、更为多样、更为多变而已。这也正是一些人城府很深,心理和性格不可捉摸的原因。特别是在现代社会,居住区位的迁移、社会文化的传播,各种社会环境和文化环境的易动和多变,往往使人们的心理、性格变得异常复杂。所谓"人心变坏了",实际上是说人们的心理不像在传统社会那样单纯了,其性格和行为也不像在传统社会那样简单了,而是出现了多层的心理性格结构和复杂的行为取向。这是社会发展的结果,也是人们不断接受社会文化再教化的结果。人们心理和性格的发展变化,在社会文化变迁中显得更为突出。

第七章 文化与社会阶层和秩序

从文化与权力的关系看,文化是权力的内在支撑。首先,文化为权力在社会上的运行提供了观念上的合理性。其次,文化为新权力获得社会认可,提供了重要的基础。

第一节 文化与社会阶层

任何民族或民族国家都是由一定阶级或阶层的人们组成的。因此,在研究文化的社会学性质的同时,既要研究文化的民族性,也要研究它的阶级或阶层性。因为阶级或阶层及其文化的存在是一个事实,若忽视这种研究,对文化的社会学性质的讨论就是不全面的。

一、社会分工推动社会阶层的出现

我们知道,随着物质文化的创造及生产的发展,人类社会也经历了社会大分裂、大分化。当游牧部落从其余野蛮人群中分离出来的时候,劳动生产率得到了提高,剩余产品及个人之间的产品交换开始出现,而这又促成了私有制,从而使社会分化为不同的阶级或阶层。特别是当手工业与农业分离的时候,由于对财富的追求,社会进一步发生了分化,出现了富人与穷人之分。这种分化使整个氏族制度转化为自己的对立物,即从一个自由处理事务的部落组织转化为掠夺和压迫邻人的组织,而它的各个机关也相应地从人民意志的工具转变为反对自己人民的机关了。当人类走到文明时代门槛的时候,不仅以前所发生的社会分工得到了巩固和加强,而且随着农业和手工业的发展,商品生产和金属货币也出现了,这进一步加剧了农村与城市的对立,并作为一次社会分工的基础固定下来,形成了一个不从事生产而只从事产品交换的商人阶层。

二、社会阶层推动社会权力体系的构建

阶级或阶层的出现,不仅摧毁了人类的血缘联系,也使文化的民族性带有了阶级、阶层性。在罗马帝国称霸的时期,凡在希腊语没有进行抵抗的地方,一切民族语言都不得不让位于被败坏的拉丁语;一切民族差别都消失了,高卢人、伊比利亚人、利古利亚人、诺里克人都不存在了,他们都变成了罗马人。罗马的行政和罗马法到处摧毁古代的血缘团体,从而摧毁了地方的和民族的自主性的最后残余。在罗马化了的高卢人等民族中,有些人学会了罗马口语和拉丁文,变成了有教养的阶级,进入了宫廷,甚至成为被宠幸者,并以采邑的形式得到了大片的田地。这样,他们也就成了新贵族,他们的文化也就成了贵族阶级的文化。

文化的阶级或阶层性的实质乃是文化的支配问题,即哪个阶级或阶层支配文化的生产和分配的问题。这诚如马克思所说:"统治阶级的思想在每一个时代都是占统治地位的思想。这就是说,一个阶级是社会上占统治地位的物质力量,同时也是社会上占统治地位的精神力量。支配物质生产资料的阶级,同时也支配着精神的生产资料,因此,那些没有精神生产资料的人们的思想,一般的是受统治阶级支配的。"[1]人类文化史上的斗争,无论是在政治、宗教、哲学领域里还是在其他意识形态领域里进行的,都主要表现为不同阶级或阶层之间的公开冲突,或无声的抗争。正

---

[1] 马克思恩格斯选集(第1卷)[C].北京:人民出版社,1995,第52页。

因为每一个民族中都存在着不同阶级或阶层的文化,所以我们在谈论民族文化时,不能只谈论它的民族性,还必须具体地分析它所反映的情感与情绪,它所维护的地位与利益。如果我们不能从它的生产和分配中看出它代表哪一种物质力量和精神力量,就会为它的表面现象所迷惑,成为自觉或不自觉的受骗者。

三、文化阶层的社会进步意义

文化的阶级性或阶层性从种族血缘关系及一般的民族观念中分化出来,无疑具有一定的进步意义。因为它不仅标志着社会分工的发展,同时也表示着一种文化意识的觉醒。在血族、民族文化阶段,人们是从血缘关系来界定自己的社会属性的,哪一个是自己人,哪一个不是自己人,都要看一看他是不是属于同一个氏族、胞族,看一看他是不是属于自己的"一家子"。即使到了部落、民族的社会组织中,血缘关系也仍然是人们界定自己的社会环境的主要标志。自从产生了阶级或阶层的文化意识,人们才开始从社会中不同的身份、地位、利益等方面,寻求自己的社会认同与归属。这种文化意识不是自发地产生的,而是通过教育从外面灌输的。所谓教育,就是占支配地位的阶级或阶层利用文化的合法性,巧妙地造成一种文化环境,通过个人参与社会文化意识的过程,培养和造就成千上万的符合自己意志的文化力量。美国实用主义文化社会学家杜威在谈到教育的时候说:"一切教育都是通过个人参与人类社会意识而进行的。这个过程几乎是在人出生时就无意识地开始了。它不断地发展个人的能力,熏染他的意识,形成他的习惯,锻炼他的思想,并激发他的感情和情绪。由于这种不知不觉的教育,个人便渐渐分享人类积累下来的智慧和道德的财富,他就成了一个固有文化资本的继承者。"

四、文化阶层的特性

虽然文化意识是从外面灌输给人的,但是文化意识的强弱是与阶级或阶层本身的封闭程度密切相关的。这从对阶层和等级的进一步分析中可以看得更清楚。阶层和等级也是一种阶级性,是阶级的阶层化。如同任何事物都可以划分为高、中、低的不同层次一样,对阶级也可以做出这种不同等级的划分,其中任何一个等级都可被称为一个阶层。

(一) 文化阶层的等级性

阶层、等级的形成虽然都是社会经济发展的产物,都是由不同的社会经济地位决定的,但是,阶层、等级的划分,绝不是单纯的经济地位问题,而且还与家世、宗族、宗教、年龄、性别、教育、职业、生活方式、身份地位以及语言谈吐等等因素密切相关。在17世纪和18世纪,西方近代商业资产阶级作为"暴发户"虽然很有钱,却买不到上流社会贵族们的威望和地位;相反,封建贵族虽然钱不及近代商业资产阶级暴发户多,然而在社会上依然受到人们的尊敬。这种情况在其他社会中也是同样存在的。虽然部长、议员、教授的钱不及资本家多,然而他们在社会上的地位却是很高的,因为他们的身份、地位和所受的教育是令人尊敬的。资本家可能是百万富翁,他们甚至可用钱收买一些政客及无德的文人为他们服务,但是他们的威望与部长、议员、教授的威望比较起来仍然是相形见绌的。由此可见,阶层、等级虽然是以经济地位为基础的,但它们的划分,除了经济地位之外,还有身世、教育、职业、社会态度、生活方式等标准。这是我们研究阶层、等级文化时应该注意的。

(二) 阶层的松散性与封闭性

虽然阶层、等级也是一种阶级性,但它们没有阶级那样广泛的社会性。文化也是这样,阶层等级在不同的社会中的组织状态是不一样的,既有封闭状态,也有松散状态。阶层、等级的封闭程度不同,其文化意识也有强弱之分。一般说来,阶层、等级的组织状态愈是松散,其成员的文化意识就愈不显著,愈没有一致的认同感和归属感。例如,中国春秋战国时期的"士"阶层就是这样。它是从各个阶级中分化出来的一个知识分子阶层,其成员有的是小土地所有者,有的是小生产者,有的则是从其他阶级、阶层中分化出来的。"士"的形成是当时社会动荡变迁的结果,同时,这种激烈的社会变迁也给他们的社会地位、文化意识带来了不稳定性。"朝为布衣,夕为相卿",就是他们的社会生活的写照。社会地位的不断变化不仅给这个阶层带来了开放性,而且在文化意识上也给其成员带来了非独立性。这正如刘知几所说的:"战国虎争,驰说云涌,人持弄丸之辨,家挟飞钳之术,剧谈者以谲狂为宗,利口者以寓言为主。《史记》载苏秦合纵,张仪连横,范雎反间相秦,鲁连解纷而全赵也。"他们常常是不自觉地围绕自身的利益进行思考的,今天社会需要时,就坚持一种学说、思想、见解;明天社会不需要时,就可以把它们放弃,另外换一种学说、思想和见解。苏秦、张仪等就是这样一些人物。虽然这个阶层中也不乏为坚持自己的学说而奋斗者,如孔子、庄子、墨子等,但是与其说他们的思想、学说是"士"这个阶层的文化,还不如说他们各代表了许多阶级、阶层乃至天下的文化更好些。"士"在当时虽然是一个阶层,但在文化上却是很少有独立性的。最主要的原因是这个阶层本身是松散的,没有形成一个封闭的阶层体系,因而共同的文化意识是不显著、不强烈的。

但是,对一个封闭性很强的阶层、等级来说,文化意识就不大相同了。例如,中国魏晋时期大贵族官僚特权阶层就是这样。这个阶层是从汉以来长期实行门阀制度和分封制度所形成的一个特殊的社会等级,它具有很强的封闭性。在政治上,"上品无寒门,下品无世族";在婚姻家庭制度上,门第高贵之家不得与门第卑微之族通婚;在社会组织上,他们甚至编订"百家谱",以显示这个等级的范围。由于阶层、等级的封闭性,他们的共同文化意识是很强的。赵翼在《二十二史札记》说:"魏晋及南北朝三四百年莫能有改之者。盖当时执权者,即中正高品之人,各自顾其门户,固不肯变法。且习俗已久,自帝王以及士庶,皆视为固然而无可

第七章 文化与社会阶层和秩序

如何也!"由于文化上有一致的认同性,谁是这个等级的,谁不是这个等级的,都很清楚,外圈的人是很难进去的,所以当时"高门华阀,有世及之荣;庶姓寒人,无寸进之路"。由于他们是世袭的等级,在婚姻制度上实行集团内婚,因此,他们在文化上有很强的血缘联系。中国元朝的等级制度也同样如此。世袭的阶层、等级的文化意识,不是使人变得更宽容,而常常是使人变得狭隘、自私或陷入非理性。因此,世袭的阶层、等级文化的出现,从社会学的意义上说是一种退步,因为它是从文化的社会属性向文化的血缘属性退化。

最后要说的是,虽然文化的阶级、阶层性是一个事实,但是我们绝不可过分夸大这种性质,更不可把它提高到政治思想高度,在文化领域提倡阶级斗争。因为提倡阶级、阶层的文化及其意识,虽然在社会革命或社会变革时期能增强一些人的文化意识,或唤起一种文化意识上的自觉,但就整个社会的发展来说,阶级、阶层的文化及其意识过分加强,绝不会造就社会的均衡、和谐、和平和有序,只能造成疯狂、偏颇、混乱和非理性,而任何疯狂、混乱、非理性的社会都是不能持久的。因此,它不仅是治国安民者之大忌,也是一切理性的革命家、改革家所不取的。同时,就个人来说,若不能超越阶级、阶层的文化及其意识,也是不能把自我提升到"与天地为一,与万物并生"的思想境界的,也是不能获得普遍价值合理性的,是不能获得思想和精神上的自由的。

社会的发展是一个不断分化和整合的过程,也是文化不断获得新的社会学属性的过程。一般说来,社会群体越小,其封闭性也就愈强,文化的共同意识也就愈容易产生。当社会分化为无奇不有的各种小群体和小集团时,文化的社会学属性就变得更为复杂了。

第二节　文化与社会秩序

社会学家普遍认识到了文化生产和传播能力的重要性,但当论及权力利益从其自身利益出发控制文化事物的形式与内容时,对这种控制的程度、方式和种类却有相当大的争议。其中一种理论的可能性是,文化生产的既定秩序整体(这种秩序处在不断的组织过程中)对于不同社会群体有着功能性的后果,并且这种后果独立于任何个体、组织或阶层对于秩序的控制能力。比如说,音乐产业的结构是各种力量的产物,但音乐产业"相对自主"于特定公司或企业某个部门组织既定文化秩序的能力;而同时,特定的组织和社会阶层也能从既定秩序中机会不等地得到某些利益。

关于文化与社会秩序可以有两种理解的方法:首先,技术和不同社会力量的相互作用会生产出文化模式,并对权力进行分配;其次,与这些过程相独立,也可以将文化秩序理解成思想符号的领域,这些思想和符号是权力在社会中进行组织的中介。

一、技术、社会力量和文化秩序

依赖印刷的文化和口头传播的文化是否有所不同？当人们经常看电视、使用录像机、计算机和传真机时,文化是否有所相同？独裁社会明的文化模式和民主社会的文化模式是否有所不同？如果以刻板的方式来研究这些问题则会得出一些早已获得证实的答案,而要作更精细的研究则要考虑社会差异是否以测如何影响了社会的权力安排。

(一)技术

马歇尔·麦克卢汉著名的公式"媒介即信息"隐含了一种技术决定论。在麦克卢汉看来,不论是对于信息和娱乐的传送能力而言,还是对于人们将日常生活之外的蒯声音组合到日常世界活动之中的方式而言,我们在广播中听到的内容远不如广播组织我们的世界的方式来得重要。这一判断对调汽车、电视、录像和电脑同样适用。

约舒亚·梅罗维茨通过考察我们凭借各种媒髑获得的信息,扩展了麦克卢汉的分析。梅罗维茨不再假定信息在进入社会世界的过程中并未受到改变,而是考察媒介如何改变了社会世界本身。他认为,印刷媒介,如书籍、杂志、报纸,弼供了深度的和详细的信息,这使得每个人在阅读的基础上成翔某一方面的所谓专家,不论是天体物理学理论,还是消遣读物或是闲聊栏目。通过印刷媒介,我们每个人对某些话题都知之甚多,但我们所知与他人所知却相当不同,因为我们在不同的论题中进行讨论。而另一方面,电视针对的则是更普通的阅听人,它无法传递详细的内容,因此为普通阅听人提供了对于事物的广泛了解,而这些都是以前专家才知道的事(例如太平洋岛屿土著的战争仪式)。一般观众也能熟悉大部分以前只具有特殊地位的普通人才能有的知识。产生于年龄和性别划分的知识将会被打破,因为孩子们在看情景喜剧时认识到了他们在日常家庭生活中不能直接见到的父母的生活方式。公民不仅能在报纸上读到对于政治家言论的评论,而且能知道最高法官候选人克莱伦斯·托马斯和比尔·克林顿总统的私人生活细节。梅罗维茨认为,这意味着专家与普通人、后台与前台之间界线的模糊——公众人物"前台"的表现与他们后台活动的形象开始竞争,而所谓"前台"的表现也就是他们希望人们看到的表现。如同很多评论者注意到的那样,公众也开始能够看到充斥着已发生的隐秘"丑闻"的肥皂剧。同样,专家也成了事后诸葛亮,因为电视已为大家在诸多领域拼凑了专业知识。电视也使我们知道了更多关于"作秀"的复杂知识,也许因为如此,人们变得不那么容易感动。我们已看到了专家和公众人物如何努力在电视上抛头露面。

也许梅罗维茨对于电视的论述可以扩展到其他更新的技术

上,例如录像、随身听、激光唱片、电子邮件等。每一种技术都导致了人与文化之间一系列特殊的关系,也导致了参与其中的人们之间特殊的社会关系。麦克卢汉郑重其事地想象了一种"地球村",生活在其中的我们由于无所不在的通信网络,而被组合进同一个大社区中去。但同时与此相反的(异化的)意象依然存在:由于随身听之类的技术的作用,使得人们具有了个人化地选择和体验文化的可能性,因此也变得彼此隔离。飞速发展的技术于是也改变了通信网络以及人们与该网络的结合程度。

  这些变化与权力有什么样的关系?这一问题的答案有赖于不同技术之下的文化的特征,也有赖于技术与既定文化秩序的关系。批判理论中法兰克福学派的成员自20世纪30年代以来就认为关于权力如何在社会中运作不存在一个简单的答案,每一种朝向自由的变化都建立了一系列有助于产生新的控制机制的条件。在权力的运作中也存在着辩证的转变,因此民主会被宣传所破坏,同样,市场中的自由选择也会受权力运作的社会环境所制约,于是选择的范围将不再适合消费者的欲求和需要。

  在批判理论家指出的辩证权力中,那些对减小权力非法运作可能性感兴趣的人们需要确定在直接可知的环境中权力运作的特定来源。起初,批判理论家想知道为什么工人阶级缺乏卡尔·马克思曾预见的革命热情。瓦尔特·本雅明根据绘画、电影等艺术作品的机器复制的可能性,以及以大众化的方式进行传播的可能性,对文化作了一个重要的区分。很显然在我们这个时代,文化的大众化生产和大众化传播是人们接触文化的主要方式,不仅流行文化如此,高雅文化亦如此。古典音乐作曲家和滚石乐队的作品都以唱片的形式传播。既然如此,那么本雅明关心的是什么?本书中已经提到,本雅明认为,真正的文化事物有其"真实性"、特殊的"气韵",以及"权威性",而这些因素都在大众复制的过程中消失了。在他看来,艺术向大众生产的转变,如从音乐会现场到音乐录音,从戏剧到电影和电视,从原画到印刷的复制品,都会带来灾难性的后果。于是,艺术失去了其作为批判性活动的重要性，而是在大众复制的作用下变成了一种商品，与其他商品一样，如汽车、洗衣粉，受生产和销售力量的支配。本雅明写道："被复制的艺术作品越来越成为按可复制性的要求而设计出的艺术品"。

　　当然本雅明没有看到事情的另一面。电视也许只是断章取义地表现了世界，但编辑技术、表演和复制的可能性却意味着电视所表现的世界仅存在于荧屏之中，尽管这种影像现实可能会遮蔽日常生活的意义。电视给我们的家庭所带来的是一种关于真实性的新观点。新技术带来的体验令我们眼花缭乱，让我们耳闻目睹了日常世界中不存在的事物。当然，本雅明会认为，我们被复制文化吸引的这种反应已在设计者的预料之中。成功的大众娱乐和广告的生产者知道如何运用传媒技术在阅听人中产生特定的反应。本雅明认为，这种操纵的可能性并不只限于大众文化，但大众生产使娱乐而不是批判性思想更易推销，同时，通过"仪式性价值的生产"，提供了能脱离实际生活之外的消遣。

　　简言之，技术以重要的方式塑造着文化：它建立了文化相互变化的中介，它能使某些群体更易接触到文化，而另一些群体则不能，它也能转变我们与文化的关系，改变我们对世界的看法。但仅以技术是不能充分解释权力对于既定文化秩序的影响的。在有关技术与文化关系的讨论中，批判理论家马克斯·霍克海默和西奥多·阿多尔诺观察到："没有一种观点注意到如下事实：技术获得的对社会的权力，正来源于那些能最大程度的对社会实现经济控制的人们所有的权力"。

(二)社会力量

　　尽管技术很重要，但经验社会学研究表明既定文化秩序不能还原为它的技术基础，恰恰相反，不论文化秩序对权力分配带来什么影响，还有许多社会力量有助于该秩序的产生。例如，我们可以假定印刷技术的革新导致了现代报纸的产生。但迈克尔·舒森却认为正好相反：在 19 世纪 30 年代的美国，社会力量的变迁走在前面,产生了对新型报纸的需要,这种需要反过来推动了使印刷更为简便易行的技术革新。

在现实社会中,这些社会力量又是什么?迈克尔·舒森指出有这样三种社会力量:有广泛基础的市场经济的出现;越来越多的人对政治的参与;小规模社区的崩溃,及取而代之的复杂社会。当越来越多的人们卷入到市场经济中去时,他们也搁以前只有商人问津的商业新闻开始感兴趣了。同样,不断增长的政治兴趣也不能从作为政党喉舌的报纸中得到满足,这些报纸的首要任务是宣传政党的观点,而不是提供我们今天理解的"新闻"。最后,在小社区中面对面的交谈可以作为沟通的途径,从而将人们结合在一起。而一个更复杂的社会创造了在邻里囊外的更广泛的兴趣联系:在另一个州或国家发生的事也成为人们的兴趣所在,人们的视野变得开阔了。在19世纪,这些社组量改变了社会世界及人们与社会世界的联系,舒森认为,这些变迁中的环境使得现代意义上的"新闻"获得了足够的阅听人,从而导致了现代报纸的产生。

其他各种社会设置又如何,例如物质文化?让我们以汽车旅馆为例。人们很容易就会认为是技术促使了汽车旅馆的产生。在19世纪末,旅馆是与城市、或专为城市服务的旅行工具(如火车),联系在一起的一种住宿设施。20世纪早期,一项技术革新——汽车出现了,汽车旅馆开始被解释为移到高速公路旁的旅馆。但沃伦·贝拉斯科对这种常识的解释表示了疑问,他认为汽车旅馆确实是为了迎合开汽车的大众的需要而产生的,但却不仅仅是在城市边缘的旅馆。相反,汽车旅馆作为一种夜间旅行住宿形式的出现是地位竞争的副产品,这种地位竞争是在精英阶层的度假者与其他公路驾车者之间展开的。当19世纪下半叶,精英阶层常去的豪华度假胜地也开始吸引一些非精英阶层人士光顾时,有的赞助人就开始寻找其他的娱乐方式。19世纪末、20世纪初,有的人带着怀旧思乡的心情渴望回归自然,同时也受到西奥多·罗斯福总统倡导的"奋发有为的生活"的影响,开始用第一批汽车去"汽车野营",或者按他们自己的说法是去"过一种吉普赛人的生活",从而试图逃避日益增长的工业化、科层化和城市化的社会束缚。与这一趋势相适应,开始逐渐出现了城市野营地,进而出现了私营的此类收费场所,于是就将流浪汉和贫穷移民排除在外。到 20 世纪 20 年代,实业家开始在自己的土地上兴建旅游小屋和临时别墅,并为付费的顾客配备了良好的设备。在这些汽车野营地中,产生了最初的汽车旅馆。于是,汽车旅馆作为一种住宿业经营方式就在汽车旅游者的与地位竞争有关的趣味的变化中产生了。

各种社会力量的重要性也能在朝向当代文化方向发展的几个世纪的文化变迁中看到。罗伯特·伍斯诺探讨了导致三种对社会生活最有影响的意识形态构架出现的社会力量:16 世纪的宗教改革思潮;17 世纪尤其是 18 世纪的启蒙知识;以及 19 世纪产生的社会主义公共话语。伍斯诺认为,这些改变世界的"话语体系"并非偶然的革新。倡导这些新话语的人们的行动有赖于对其行动有效果的"环境条件"和"制度背景"。在 16 世纪,宗教改革并未在每个地方都开展;而在 17 和 18 世纪,科学和哲学的提倡者必须和与他们思想对立的政治、经济和宗教利益争论;到了 19 世纪,社会主义政党在不同的民族国家也呈现出驳杂的历史面貌。

诸如报纸、汽车旅馆和几种主要的公共话语等文化的产生及其模式不能仅仅以技术来加以解释。既定的文化形式是由该文化所在的社会中的社会力量的运作所塑造的。我们会怀疑类似的研究是否会表达出社会力量对于各种文化的重要性,这些文化比如流行音乐、电影、手工艺展览、文学、摩托帮等。当然,不论用技术影响还是社会力量来解释既定社会文化秩序的起源都不必定能解释作为社会权力基础的文化秩序,这归咎于如下两个原因:首先,不论文化秩序的起源是什么,它带来的结果都是一套既定的意义和事物的体系,从而使权力印刻于社会中;其次,在既定社会秩序中拥有或控制了关键组织的个人或群体能够通过他们对文化生产的占有和管理来运作其权力。

二、文化秩序作为一种权力手段

赋予我们行动意义的文化的制度化模式是否本身就是一种权力秩序？如果是这样，为什么如此？又如何形成这种状况？迪尔凯姆（1965年）这样的社会学家集中探讨了作为社会整钼力量的文化，但这并非否定了文化的权力，恰恰相反，文化能界定社会整合、异化和越轨的界限。这至少暗示文化是一种权力的手段：在文化边界内操作的人们受其范畴和意义的支配，那些偏离了文化期望的人们要获得权威及遵从既定文化秩序的人们的认可。

西格蒙德·弗洛伊德较迪尔凯姆而言，更多地看到了文化的强制性力量。弗洛伊德认为，在个体潜意识中对性快感的欲望和文化世界要求个体屈服于家庭与工作的责任之间有着深刻的矛盾。个体自我必须接受代表社会规范对个体要求的超我，否则社会就不能存在。对于弗洛伊德而言，文化得以延续存在就要求对个体自由进行压抑。而对于迪尔凯姆而言，文化对于个人的胜利在任何社会都是一种功能必要性。

从批判理论家的观点来看，文化支配的"必要性"已组织进了当代社会，而这种组织是通过以欲望的资本主义满足方式来引导社会生活而实现的。如同本书第五章所表现的那样，像本雅明这样的理论家认为，文化的大众化生产可能导致如下结果：生产、传播和消费建立起了一种有组织化的复杂局面，从而导致了特定的资本主义生活方式的出现。晚近，赫伯特·马尔库塞探讨了资本主义的文化支配及其和特定社会阶层生活方式间的关系，这些阶层如青年工人阶层、城市专业人员阶层等。马尔库塞认为，消费也许是一种自由选择行动，但这种选择是"虚假的"，因为这就揭示了消费者的"整体性配合"，对消费者同样有着支配的效果，不论它反映了工薪阶层的生活方式，还是富人的生活方式。

事实上，从社会学的意义上看，在大公司领地里的高标准生

第七章 文化与社会阶层和秩序

活是"限制性"的：个体购买的商品和服务控制了他们的需要、损害了他们的能力。个体获得了使其生活富足的商品，作为交换，他们出卖的不仅是劳动，而且还有自由时间。

像霍克海默和阿多尔诺一样，马尔库塞强调了公司的商业利益在构造一个包围消费者的组织化的世界中的作用。从这种观点看来，权力的基础是构造世界的能力，以使人们能够通过消费自由地选择如何界定他们的需要和欲望，即他们的总体存在。但这种权力也不是全能的，20世纪90年代早期的经济低迷表明，消费者的消费活动会发生急剧的变化，这种变化对于资本主义消费秩序有着戏剧性的后果。

尽管批判理论提供的与其说是具体研究，不如说是一种解释，但并非没有经验证据支持他们的解释。例如，研究商业建筑的社会学家发现，饭店和商店的设计试图来扩大销售，保证销售额，满足其他公司的目标，如用强有力但却令人欣快的"商业筹划"来取悦于不同的消费价值。在连锁餐厅，我们进入了一个通过设计来延伸其广告形象的世界，这种设计的基础是市场研究。同样的设计思想也用于购物中心，购物中心重塑了城市的市民社会，但全由私人经营的商店能够将对环境的控制最大化，排除那些不一致的商业活动、无家可归者、政治争论者于是营造出"商场风雅派头"（mall gentility）的氛围，在这种氛围中"没有什么不寻常的事会发生"。在19世纪40年代早期，卡尔·马克思在发展出他的人本主义理论之前，曾对资产阶级社会进行过哲学批判，他告诫他们要提防私人利益会构造市民社会的组织形式。但马克思却没有预见到在百货商店的世界中，有那么多的消费者会发现商店如此诱人。

餐厅、商店和购物中心的设计是商业公司创造的文化的物质体现。但并不只有物质文化才按照商业利益进行构造。如同本书第五章表明的那样，消费社会的出现是以市场研究和广告的核心活动为基础的。丹尼尔·布尔斯廷依照这种观点认为，企业生产出来的符号已成为我们与我们对现实的体验之间重要的联系。

一条牛仔裤的出售不再意味着其生产成本加上利润,而像格斯(Guess)或利维(Levi's)这样的生产商的广告生产了一种定义该产品的意象。当我们购买带有高等地位意象的服装、高价化妆品或汽车时,我们就不仅在"支付"广告成本,我们还在购买广告创造的这种意象,于是广告就不仅仅是传播产品信息有关的一种成本,而且是我们购买的产品价值的根本所在。

当然并不是每一个人都对同一种意象感兴趣,于是,即使对于一种既定的物质需要,也要求有许多不同的产品来满足不同人的需要。市场研究能够确定消费者的"细分市场",从而能撑门为其中某一"目标市场"设计特定的产品。在这一基础上,刻板印象被运用到市场的发展战略中,广告或广告支持的大众文化,如电视娱乐节目、电影、杂志等,强化、修正或创造了消费者购买的意象。于是广告就有可能建立起某些消费者转而用来改进个人身份的意象(如万宝路广告中的男人),即使当个人身份所依赖的物质环境未被改变时也是如此。如同前文所表明的那样,广告提供给我们一个关于我们世界的理想化的意象,这种意象给予我们的世界一种在日常生活中不可能获得的和谐一致。

批判理论关于权力的关键性分析中,并未假定一种单一的、一致的、享有权力的群体,这种群体也不是基于对传媒的控制之上的。广告、市场研究和资本主义消费品的生产是一种广泛的社会制度的重要因素,这一社会制度包括政治、政府科层制、信息处理组织、计划部门和科学实验机构。这些制度的权力依赖于他们无所不在的同时又是极具渗透力的特征。当代批判理潮家尤尔根·哈贝马斯认为,日常生活的社会世界——"生活世界"(life-world)——已经被"体系"(system)所遮蔽。这种变化的出现部分地是因为社会生活的体系理性化过程侵入了生活世界,我们的生活越来越通过科层化的政府体系,以及生产商品、服务和信息的企业体系组织起来,这一特征影响了环境、城市的特征、我们的食物、获得健康的方式以及治疗疾病的方法等。生活世界已从行动所在之处向相反的方向变化,也就是说,日常生活的领域现已

第七章 文化与社会阶层和秩序

日益被外在的"体系"所组织。

批判理论提出的权力模式认为,社会世界的组织方式产生了一种通过文化安排来对社会成员形成的实际统治,而这种文化安排是由大规模经济政治组织的活动领域所塑造的。这种理论推至极端可以追问这种文化安排的运作是如何产生这种权力形式的。对于这个问题最有洞察力的回答是米歇尔·福柯提供的,而他的理论方向则与批判理论有相当大的不同。

福柯在一系列引人入胜的关于监狱、精神疾病和其他社会生活方面的研究中,也引用了其他揭示制度化的文化权力的研究。例如,标签论认为"疯狂"不仅是一种心理学的事实,而且还是一种不断变化中的对于意义的社会建构,这种建构与制度化安排协作,来定义和处理那些处于社会边缘的人们。而谁处在社会的边缘则依时间和地点的不同而不同。福柯在自己关于前现代世界的理论中深化了这种基本观点。他认为,在前现代世界中,既不是用"理性"也不是用"疯狂"来描述普通人的。而把理性当作描述大多数人的人格范畴对于社会秩序而言有两层含义。首先,它允许了关于疯狂的理性化。但这是一个困难的工程,因为随着理论的变化,像"精神错乱"(delirium)这样的早期范畴让位于其他标签,而且因为对待疯狂的态度依赖于是被视为一种兽性的狂乱还是被视为一种道德失败。福柯认为,理性的力量是有限的,仅有理性并不能保证获得真理。无论如何,理性当中仍有某些未被驯化的疯狂。

也许这种失败来自于理性出现的第二种意义:如果说在早期疯狂并不多见是由于理性也不多见的话,那么福柯认为,理性的产生使得对于疯狂的记录也成为可能。理性建立起了一种比较的标准,从而疯狂可以得到界定。但如果疯狂与理性紧密地结合在一起的话,那么对于理性的定义也会改变对于疯狂的定义。福柯似乎是在暗示我们落入了一个陷阱之中,这个陷阱是因为我们自己试图获得确定的范畴,并使其长久存在而造成的。通过处理、监禁或监视而形成的对人们进行安排的社会设置的效果在于建构了一个关于疯狂的特定环境,包括以前的精神分裂症和20世纪90年代由于"精神疾患"而导致的无家可归者。也就是说,基于理性知识(包括精神病学和心理学等学科)。社会福利和治安程序的制度化实践建构了生活环境和关于"疯狂"范畴的意义(福柯,1965年,1979年)。福柯批判了理性本身,以及理性在其展开过程中,如何使我们落入其圈套,因此福柯有别于社会建构论者。

福柯将"理性"与规训(disciplines)联系起来,知识的规谙胆成为其他规训的基础,也是施加于规训化知识对象之上的权力的基础。但并非只有罪犯、越轨者和精神失常者才受到"规獬中建立起来的知识与实践的巨大影响。福柯认为规训的目光两样也"凝视"着日常生活,例如医学实践(1975年)。但他的观点并非对医生的责难,因为他们也如同病人一样受到规训他们思想的范畴的统治。使人消除疑虑的、甚至是使人感到惊讶的是福柯对于文化统治的叙述,这种文化统治的实现不需要用阴谋诡计,但却能将自主行动的主体还原到对塑造社会生活的文化范畴的简单反映的程度。随着主体性的崩溃,权力与统治问题出现了另一种状态:再也不存在着某些享有特权的立场(如马克思主义的工人阶级),我们都落入到文化建构的立场的圈套中,而这些圈套囚禁了我们的理性能力。

福柯认为,甚至个人生活最隐秘的方面——性,也受其实践领域之外的力量所"部署"(deploy)。但福柯并未沿着弗洛伊德的思路将文化权力视为对性的压抑。而是相反,性的话语在电影、广告、报刊、治疗群体和医生中四处泛滥。这些话语的巨大影响并非由于它们提供了行动的规则,而是他们建立起了意义的网络,从而将性嵌入社会生活的架构中去。于是,尽管性活动的核心是一种本能行为,但却与特定的道德品质联系起来。所以我们并不仅仅像动物那样进行性活动,性实践承载了特定的文化意义。异性恋、一夫一妻制、婚姻、同性恋等性活动开始在由专业话语和传媒话语组织起来的意义领域中出现。仅举一例,流行音乐

第七章 文化与社会阶层和秩序

的歌词传播了"过于武断"的性别标志,如男性的攻击性和女性的温顺,这就有助于强化男性的社会统治。

在由批判理论家发展起来的文化与权力的关系研究领域中,福柯以及其他人在某些方面各不相同。有的理论家强调文化模式是资本主义消费社会的产物,另一些人,如哈贝马斯和福柯看到了当今社会的文化权力基础,这一基础是一套广泛的制度而不仅仅是经济因素。这两种观点的共同之处在于,它们搬出了文化影响下的社会设置并非平等地有利于每一个人,相反,这种安排出自于特定条件下的特定社会阶级、种族群体、职业和男性群体的利益要求。但重要的是需指出关于既定文化秩序理论的一个特征:从文化模式中受益的特权群体获得利益的方式并不必然是对权力的直接使用,而无特权阶层的人们也并不必然被排除在对这种机制的参与之外。重要的是一套无所不在且极具渗透力的意义、客体和安排体系将文化结合进我们的日常生活中,从而建立起了一种实际权力。文化权力无所不在,那么就像福柯所认为的,政治变迁、甚至是经济组织的变迁也不会改变文化对我们的日常生活的巨大影响。实际上福柯认为,甚至大规模的文化变迁,如宗教改革或性习俗的变迁,也只不过是絮化之网变换出的一套迷惑我们的新范畴。因此,福柯有时被解读为保守的理论家,他对于文化变迁的可能性和益处持悲观态度。只有当福柯错了,并且文化的内容与特定的政治经济利益被联系起来,那么关于谁控制了文化生产的问题才有意义。

参考文献

阿尔弗雷德·韦伯,2005.文化社会学视域中的文化史[M].姚燕,译.上海:上海人民出版社.

阿兰·德波顿,2004.哲学的慰藉[M].资中筠,译.上海:上海译文出版社.

阿雷恩·鲍尔德温,2005.文化研究导论[M].陶东风,译.北京:高等教育出版社.

奥斯瓦尔德·斯宾格勒,2006.西方的没落[M].吴琼,译.上海:上海三联书店.

柏拉图,2002.理想国[M].郭斌和,译.北京:商务印书馆.

本尼迪克特,1990.菊与刀[M].吕万和,译.北京:商务印书馆.

彼得·迪肯斯,2005.社会达尔文主义[M].涂骏,译.长春:吉林人民出版社.

蔡俊生,2003.文化论[M].北京:人民出版社.

程序经,2004.东西文化观[M].北京:中国人民大学出版社.

程序经,2004.中国文化的出路[M].北京:中国人民大学出版社.

程序经,2005.文化学概观[M].北京:中国人民大学出版社.

崔丽娟,2002.心理学是什么[M].北京:北京大学出版社.

戴维·波普诺,1999.社会学[M].李强,等,译.北京:中国人民大学出版社.

戴维·斯沃茨,2006.文化与权力——布尔迪厄的社会学[M].陶东风,译.上海:上海译文出版社.

丹尼尔·贝尔,2001.意识形态的终结[M].张国清,译.南京:江苏人民出版社.

傅国涌,2006.偶像的黄昏[M].武汉:长江文艺出版社.

高宣扬,2006.流行文化社会学[M].北京:中国人民大学出版社.

顾忠华,2004.韦伯学说[M].桂林:广西师范大学出版社.

何兆武,2004.文化漫谈[M].北京:中国人民大学出版社.

胡军,2002.哲学是什么[M].北京:北京大学出版社.

雷蒙·阿隆,2005.社会学主要思潮[M].葛志强,译.上海:上海译文出版社.

李小娟,2000.文化的反思与重建[M].哈尔滨:黑龙江人民出版社.

李泽厚,2004.中国古代思想史论[M].天津:天津社会科学出版社.

李泽厚,2004.中国近代思想史论[M].天津:天津社会科学出版社.

李泽厚,2004.中国现代思想史论[M].天津:天津社会科学出版社.

李泽厚,2004.论语今读[M].北京:三联书店.

李泽厚,2005.实用理性与乐感文化[M].北京:三联书店.

马克·史密斯,2005.张美川,译.文化——再造社会科学[M].长春:吉林人民出版社.

丘泽奇,2002.社会学是什么[M].北京:北京大学出版社.

塞缪尔·亨廷顿,2001.文明的冲突与世界秩序的重构[M].周棋,译.北京:新华出版社.

司马云杰,2003.文化悖论[M].西安:陕西人民出版社.

司马云杰,2003.文化社会学[M].北京:中国社会科学出版社.

衣俊卿,2000.回归生活世界的文化哲学[M].哈尔滨:黑龙江人民出版社.

衣俊卿,2001.文化哲学[M].昆明:云南人民出版社.

衣俊卿,2003.哲学之路[M].哈尔滨:黑龙江人民出版社.

尹继左,2006.当代文化论稿[M].上海:上海社会科学院出版社.

余秋雨,2001.文化苦旅[M].上海:东方出版社.

张岱年,2006.文化与哲学[M].北京:中国人民大学出版社.

张意,2005.文化与符号权力[M].北京:中国社会科学出版社.

赵敦华,2004.西方哲学简史[M].北京:北京大学出版社.

赵汀阳,2004.观念图志[M].桂林:广西师范大学出版社.

赵汀阳,2004.论可能生活[M].北京:中国人民大学出版社.

赵汀阳,2005.没有世界观的世界[M].北京:中国人民大学出版社.

周国平,2006.风中的纸屑[M].太原:北岳文艺出版社.

周国平,2006.幸福的悖论[M].北京:作家出版社.

庄锡仓,1987.多维视野中的文化理论[M].杭州:浙江人民出版社.